VIDA RELIGIOSA E NOVAS GERAÇÕES
MEMÓRIA, PODER E UTOPIA

MÁRCIO FABRI DOS ANJOS (Org.)

VIDA RELIGIOSA E NOVAS GERAÇÕES
MEMÓRIA, PODER E UTOPIA

EDITORA SANTUÁRIO
Aparecida-SP

DIRETORES EDITORIAIS:
Carlos Silva
Marcelo C. Araújo

EDITORIAIS:
Avelino Grassi
Roberto Girola

COORDENAÇÃO EDITORIAL:
Denílson Luís dos Santos Moreira

COPIDESQUE:
Leila Cristina Dinis Fernandes

REVISÃO:
Ana Lúcia de Castro Leite
Lígia Maria Leite de Assis

DIAGRAMAÇÃO:
Simone A. Ramos de Godoy

CAPA:
Marco Antônio Santos Reis

Dados Internacionais de Catalogação na Publicação (CIP)
(Câmara Brasileira do Livro, SP, Brasil)

Vida religiosa e Novas Gerações: memória, poder e utopia / Márcio Fabri dos Anjos (org.). - Aparecida, SP:
Editora Santuário, 2007.
Vários autores.

ISBN 978-85-369-0106-0

1. Consagração 2. Vida religiosa e monástica I. Anjos, Márcio Fabri dos.

07-5568   CDD-248.894

Índices para catálogo sistemático:
1. Vida religiosa consagrada: Cristianismo
248.894

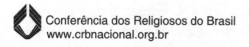

Conferência dos Religiosos do Brasil
www.crbnacional.org.br

Todos os direitos reservados à **EDITORA SANTUÁRIO** — 2007

Composição, impressão CTcP e acabamento:
EDITORA SANTUÁRIO - Rua Padre Claro Monteiro, 342
Fone: (12) 3104-2000 — 12570-000 — Aparecida-SP.

Ano: 2011   2010   2009   2008   2007
Edição: **8**   **7**   **6**   **5**   **4**   **3**   **2**

Apresentação

É com imensa alegria que apresentamos este livro organizado pelo Pe. Márcio Fabri dos Anjos, C.Ss.R. – membro da Equipe de Reflexão Teológica –, com o título *Vida Religiosa e Novas Gerações: Memória, Poder e Utopia,* que traduz a soma de nosso esforço em motivar a Vida Religiosa Consagrada (VRC) a continuar avançando pelos caminhos da refundação, revigorando a mística e profecia para sermos sentinelas credíveis de um tempo em transformação.

Este livro, respaldado por um longo itinerário de reflexão, aprofundamento e diálogo intergeracional, pretende situar, explicitar e registrar parte do processo desencadeado pela CRB Nacional na pertinente temática Novas Gerações. Recolhe em suas páginas as grandes conferências proferidas durante o Congresso Novas Gerações e Vida Religiosa, que extrapolam o evento como tal e deixa entrever os sinais da novidade que a Vida Religiosa Consagrada é chamada a seguir, urgida pela força inovadora do Espírito de Deus.

A VRC necessita de um novo sopro vital que a faça recuperar a ânsia e o desejo de viver – *é preciso ter vida para colocar-se a serviço da vida.* Interpela a consciência da atual geração, o dom do Carisma Fundacional recebido como herança, que transcende os horizontes de um determinado grupo, e o compromisso de repassar essa herança enriquecida, revitalizada, atualizada numa linguagem motivadora e cheia de encanto, que permita tornar significativo este projeto de vida às novas gerações que seguirão ouvindo o convite do Senhor: *vem e segue-me.* Assim, o sonho de uma nova primavera de fidelidade criativa e de radicalidade evangélica marcará o ponto de partida de uma nova etapa na história da VRC a serviço do Reino.

Um agradecimento à Equipe de Reflexão Teológica da CRB pelo incansável serviço e dedicação à VRC no Brasil, em especial, nosso reconhecimento e apreço ao Pe. Márcio, C.Ss.R., que organizou o conteúdo e articulou os colaboradores. Agradecemos a todas e todos que deram sua parcela de contribuição na realização desta obra. Um reconhecimento à Editora Santuário pela tarefa de colocá-la em nossas mãos.

Certamente toda a riqueza contida neste livro nos ajudará a prosseguir o caminho do seguimento de Jesus Cristo com fé ousada e estimulará nossa criatividade a reinventar uma Vida Religiosa Consagrada para nossos dias, provida de sólida força carismática e fecundidade de levedura que faz a massa crescer.

Ir. Maris Bolzan, SDS
Presidente Nacional da CRB

Sumário

Introdução
APRESENTAÇÃO – *Maris Bolzan, SDS* – 5
VIDA RELIGIOSA DESAFIADA – *Márcio Fabri dos Anjos*, C.Ss.R. – 13
1. A memória prospectiva – 14
2. Novos tempos do poder e da sexualidade – 15
3. Estudo participativo – 16
4. Utopia – 19

Capítulo I
VIDA RELIGIOSA CONSAGRADA: MEMÓRIA E PERSPECTIVAS
– *Carlos Palácio, SJ* – 21
1. Esclarecimentos prévios – 22
2. Como compreender este "presente"? – 23
   2.1. Mudanças no horizonte de compreensão – 23
   2.2. Desafios da renovação – 24
3. Recuperar a "memória" do passado – 27
   3.1. Ser expressão viva do Evangelho – 28
   3.2. Das intenções aos fatos – 29
   3.3. O mergulho na experiência de Jesus – 30
4. Reinventar o futuro ou transformar a "memória" em "projetos" – 31
   4.1. Tradição viva: o que nos faz viver? – 31
   4.2. De geração em geração – 32
   4.3. Receber e transmitir – 33

Capítulo II
MEMÓRIA E FUTURO DA VIDA RELIGIOSA – DISCERNINDO A AÇÃO DO ESPÍRITO – *Pe. Jaldemir Vitório, SJ* – 35
1. Os relatórios e seus contextos – 36
2. A memória sob variadas perspectivas – 37
   2.1. Recuperação dos marcos históricos mais significativos da VR – 37
      2.1.1. O problema dos elos da história – 38
      2.1.2. História do rosto da Vida Religiosa no Brasil – 38
      2.1.3. Sobre a renovação instaurada pelo Concílio Vaticano II – 39
      2.1.4. Rumos da história recente – 39
   2.2. Densidade profética da memória – 40
   2.3. Significado de "memória" e de "utopia" – 42
   2.4. A interatividade entre as gerações – 44

3. Pisando o chão da memória – 45
   3.1. Considerando o passado e o presente – 46
      3.1.1. A virada do Concílio Vaticano II – 46
      3.1.2. As luzes da Teologia da Libertação – 47
      3.1.3. A ação inspirada de pessoas cheias do Espírito – 47
      3.1.4. A exigência de conversão – 48
      3.1.5. O desafio da comunhão e da co-responsabilidade – 49
   3.2. Olhando para o futuro – 50
      3.2.1. A recuperação da mística e da profecia – 50
      3.2.2. A qualidade humana de nossa vida – 50
      3.2.3. A qualidade evangélica de nossa vida – 51
      3.2.4. A ação de indivíduos e de pequenos grupos – 52
      3.2.5. O valor positivo das crises – 53
      3.2.6. Construir o futuro, tarefa de todos – 53
4. Sob a ação do Espírito – 54
   4.1. Religiosos movidos pela esperança e pela utopia – 54
   4.2. Religiosos capazes de intuir novos rumos – 55
   4.3. Religiosos movidos pelo Espírito – 56
   4.4. Religiosos abertos para o novo – 57

Capítulo III
SUBJETIVIDADE SEXUALIDADE E CONSAGRAÇÃO HOJE
– *Pe. Dalton Barros de Almeida, C.Ss.R.* – 59
1. O hoje que inquieta – 60
2. Mudanças na noção de tempo – 60
3. Mudanças nas relações de intimidade – 62
   3.1. Uma revolução na intimidade – 62
   3.2. Como se educar para a intimidade? – 63
   3.3. O que seria uma verdadeira intimidade? – 64
   3.4. Desejar a intimidade – 64
4. Rememorando como somos nascidos – 66
   4.1. Assim somos nascidos – 66
   4.2. Experimentando a afetividade – 67
   4.3. Experimentando a subjetividade – 68
5. Questões sobre a subjetividade – 69
   5.1. A vocação modula a subjetividade – 69
   5.2. De nossa posição de sujeito somos sempre responsáveis (Lacan) – 70

5.3. *Subjetivação, ética e consagração se configuram a favor de minha autenticidade de consagrado(a)* – 71
6. **Sobre a sexualidade que se consagra** – 73
  6.1. *Um estilo de vida sexual consagrada?* – 74
  6.2. *Um eros consagrado?* – 77
  6.3. *Sobre a purificação dos desejos* – 78
  6.4. *O espiritual-carnal* – 79
Referências bibliográficas – 80

Capítulo IV
CORPOREIDADE, AFETIVIDADE E NOVAS TECNOLOGIAS
– *William César Castilho Pereira* – 81
1. **Corporeidade** – 81
2. **Afetividade e vida religiosa** – 83
3. **Transformações das subjetividades: tendências contemporâneas e revoluções tecnológicas** – 85
4. **Impactos e desafios do mundo globalizado nas transformações da Vida Religiosa Consagrada** – 92
Referências bibliográficas – 96

Capítulo V
APRENDIZAGEM E VIDA NAS NOVAS TECNOLOGIAS
– *Juliane Corrêa* – 97
1. **Como acesso as informações do mundo?** – 98
2. **Como seleciono as informações?** – 99
3. **Como analiso os processos de mediação?** – 100
4. **Considerações finais** – 102
Referências bibliográficas – 103

Capítulo VI
SEXUALIDADE E CONSAGRAÇÃO HOJE
– *Ir. Annette Havenne, SM* – 105
1. **A dimensão pessoa: o "eu"** – 106
2. **A dimensão relacional: o "tu"** – 107
3. **A dimensão social: o "nós"** – 108

Capítulo VII
UM TOQUE DE AMOR – Afetividade e sexualidade na Vida Consagrada – *José Lisboa Moreira de Oliveira, SDV* – 109
1. Pontos de partida: contexto e pressupostos – 111
  1.1. Contexto: o chão onde pisam as pessoas que falaram – 111
  1.2. Pressupostos teológicos e antropológicos – 113
2. Pontos de chegada: propostas e desafios – 115
  2.1. Propostas – 115
  2.2. Desafios que permanecem – 117
3. Olhar prospectivo – 118
  3.1. No horizonte do Reino – 119
  3.2. Redescobrir a beleza da vida – 120
  3.3. Cuidar melhor da dimensão afetivo-sexual – 121
  3.4. Estranho silêncio – 124
4. Acolher o grito das "novas gerações" – 126

Capítulo VIII
PARTICIPAR DO PODER NA VIDA CONSAGRADA
– *Ir. Afonso Murad* – 127
1. Um olhar integrador, mas não ingênuo – 127
2. Liderança – 129
3. Autoridade e poder – 130
4. Liderança e participação na Bíblia: o caso de Moisés – 132
5. O Poder de Jesus – 136
6. Poder e participação, a partir de Jesus – 139
7. Alguns conselhos para a Juventude da Vida Religiosa – 143
8. Conclusão aberta – 144

Capítulo IX
AUTONOMIA E COMUNIDADE
– *Pe. Jailton de Oliveira Lino, PSDP* – 145
1. Autonomia: um processo – 145
2. Comunidade: desafio de construção – 149
3. Espaços construtivos – 152
Referências bibliográficas – 153

Capítulo X
DESAFIOS DA ECONOMIA E DA PARTILHA NA VIDA RELIGIOSA
– *Ir. Eurides Alves de Oliveira, ICM* – 155
1. Projeto econômico neoliberal – uma economia de morte – 156
2. O projeto econômico solidário – uma economia de comunhão e partilha – 158
3. Relações econômicas à luz das primeiras comunidades cristãs: um projeto de solidariedade possível – 160
   3.1. Setas no caminho – 162
4. Considerações finais – 163
Referências bibliográficas – 163

Capítulo XI
EXPERIÊNCIA BÍBLICA DE PARTILHA NA ECONOMIA: UMA LUZ PARA A VIDA RELIGIOSA – Um enfoque bíblico-espiritual
– *Pe. Ângelo Perin* – 165
1. Economia e partilha em duas aproximações bíblicas – 166
   1.1. Mc 6,30-44: o episódio dos pães – 166
   1.2. Emaús (Lc 24,13-35): *a partilha que abre os olhos* – 168
2. Um enfoque a partir da espiritualidade – 168
3. Um convite para as Novas Gerações – 169
4. Três apelos conclusivos – 170

Capítulo XII
CAMINHOS DA AUTONOMIA NA VIDA EM COMUNIDADE
– *Ir. Patrizia Licandro, USC* – 173
1. Alguns marcos históricos – 173
2. Desafios atuais – 174
3. Da identidade individual ao pensar em comum – 175
4. Subjetividade e co-responsabilidade – 177
5. Conflitos e mudanças: provocações – 178
6. Favorecendo a vida religiosa adulta – 179
7. Superando a acomodação – 181
8. Repensando a vida religiosa em comunidade – 182

Capítulo XIII
PODER E PARTICIPAÇÃO NA VIDA RELIGIOSA
– Uma leitura comentada – *Fr. Luiz Carlos Susin* – 185
1. **"Vejam os grandes deste mundo...": Poder na VR, um lugar histórico de contradições (Ver)** – 186
   1.1. Poder e hierarquia – 187
   1.2. Poder e patriarcado – 188
   1.3. Poder, economia e saber – 189
   1.4. Poder e questões psicológicas – 190
2. **"Entre vós, porém...": o poder evangélico que vem de Deus e sua experiência humana (Julgar)** – 191
   2.1. Poder como substância e poder como verbo: "potestas e potentia" – 191
   2.2. Um pouco de psicanálise do poder – 193
   2.3. Poder e "kénosis" pascal – 194
   2.4. Poder e linguagem – 194
   2.5. Poder e Espírito – 195
   2.6. Ausência de poder? – 197
   2.7. Assumir poder – 199
3. **"Portanto, quem quiser ser o primeiro...": algumas orientações práticas** – 199

Capítulo XIV
CRISES E UTOPIAS DA VIDA CONSAGRADA – Um Testemunho
– *Ir. Márian Ambrosio, DP* – 201

BIOGRAFIA – 207

Introdução
Vida Religiosa Desafiada

Márcio Fabri dos Anjos, C.Ss.R.[1]

A Vida Religiosa no Brasil vive, nos tempos de hoje, grandes interrogações sobre seus caminhos em direção ao futuro. As profundas transformações socioculturais em curso atingem em cheio todas as formas de organização humana, a começar pelo horizonte de sentidos e significações que conferem razão à vida das comunidades religiosas. Este é o amplo contexto em que se insere esta obra e que justifica seu título geral *Vida Religiosa e Novas Gerações*. Podemos dizer que a Vida Religiosa está sendo desafiada pelos novos tempos.

Quando dizemos *Vida Religiosa*, estamos referindo-nos a um grande conjunto de congregações e grupos religiosos católicos, que abrigam cerca de cinqüenta mil membros em suas instituições. Sua história milenar, suas imemoráveis tradições e, sobretudo, seu compromisso cristão, traduzido em sinais e realizações concretas através dos tempos, conferem-lhe uma grande herança espiritual. Mas em meio às transformações vigentes, como viver nos novos tempos os ideais que a guiaram durante tantos anos através da História? E como transmitir às novas gerações presentes e vindouras esta sua herança espiritual e esta sua experiência de compromisso cristão?

---

[1] Doutor em Teologia, professor do Centro Universitário São Camilo (São Paulo); professor no ITESP – Instituto São Paulo de Estudos Superiores – e na Faculdade de Teologia Nossa Senhora Assunção; coordenador e autor de várias obras e artigos.

1. A memória prospectiva

Essa pergunta gera a necessidade de consultar a *memória* da Vida Religiosa. Mas não seria suficiente uma memória descritiva e linear de sua história. Requer, antes de tudo, uma leitura seletiva dos pontos determinantes de sua história que têm impulsionado sua construção em direção a seus ideais evangélicos. Trata-se, portanto, de uma memória sobre o que foi realmente força construtiva de sua vida através da história. Trata-se de uma memória em que se busca, como em uma fonte, a inspiração prospectiva para a geração do futuro.

A condição humana da Vida Religiosa implica em potencialidades e vulnerabilidades internas. Suas organizações estão submetidas às ambigüidades morais e ao processo de envelhecimento, inadequação e corrupção, como todas as organizações humanas. A história é capaz de descrever com abundância esses processos. Mas por outro lado existe, e pode ser evidenciada, a fidelidade criativa com que se revigoram as formas de se viver a Vida Religiosa. Pode-se notar inclusive, como em determinado momento da história, que se criam novas formas de se viver a inspiração primeira e de organizar concretamente a vida, formas tão marcadamente novas, que permitem falar de um *novo modelo* de Vida Religiosa.

Quando se consulta a memória da Vida Religiosa pelo viés de seu vigor criativo, percebe-se sua interação com seus contextos socioculturais. Em uma leitura sociológica e secularizada se poderia interpretar esse processo como preservação e autodefesa institucional, o mesmo que leva as empresas a se adaptar a novos contextos para sobreviver e, enquanto possível, crescer. Até é possível verificar estas posturas. Mas uma leitura da memória da Vida Religiosa pelo viés de sua fidelidade criativa evidencia exatamente os esforços que não colocam à frente a preservação das instituições, mas sim o desenvolvimento do espírito evangélico que ilumina as opções fundamentais de vida. É a partir daí que se refazem as organizações. Em outros termos, a Vida Religiosa não visa defender suas próprias instituições, mas carrega a inquietação de criar instituições capazes de acolher e possibilitar formas decididas e corajosas de vida cristã em seu contexto.

Assim, pode-se notar que o próprio surgimento da Vida Religiosa monástica, desde as mais antigas experiências dos anacoretas no deserto, carrega um sentido criativo de rompimento com as formas de vida cristã, na cidade, cooptadas pelos sistemas de vida dos impérios. Outro exemplo dessa criatividade pode ser identificado através das Ordens Mendicantes no auge da Idade Média, quando se busca um modelo de vida cristã audaz, diante da opulência, das desigualdades e dos privilégios estabelecidos em uma sociedade teocrática.

O modelo que chega até nós é derivado do esforço criativo da Vida Religiosa em responder aos tempos modernos. Os diferentes espaços da vida social abertos pela cultura moderna deram lugar a uma grande pluralidade de objetivos institucionais que marcaram a organização da Vida Religiosa em nossos tempos mais recentes. Suas diferentes missões caracterizam seus carismas institucionais.

Hoje nos encontramos exatamente em um processo de mudança de época. As transformações socioculturais são radicais e profundas. Dentro do grande contexto em que os modelos de organização técnica e social para a vida humana vão tornando-se obsoletos, as organizações da Vida Religiosa igualmente são atingidas pelo anacronismo e exigem renovação. Isto abre uma realística interrogação a respeito da sobrevivência das instituições. Põe em dúvida se as atuais instituições conseguirão adaptar-se e sobreviver aos novos tempos.

Na verdade, essa não pode ser a preocupação específica da Vida Religiosa, pois ela não pode cair na tentação de existir em função de suas instituições e obras. A grande questão da fidelidade criativa que sonda a memória da Vida Religiosa será esta: se a Vida Religiosa conseguirá ser uma forma de vida cristã audaz e profética nestes novos contextos culturais; e então como organizará seu modo de vida em vista disso.

2. Novos tempos do poder e da sexualidade

A tarefa de analisar os caminhos da Vida Religiosa em um contexto de radical transformação sociocultural é sabidamente uma tarefa complexa e exigente. Isto requer o senso de modéstia para circunscrever algumas áreas escolhidas para a reflexão. Neste livro, foi tomado o *poder* como uma referência para o desdobramento das reflexões, a partir da memória. Esta escolha deve-se exatamente à radicalidade das transformações culturais em torno desta categoria. Hoje o poder se tornou eminentemente *saber*. Mas essa transformação está conjugada estreitamente com a potencialização dos *indivíduos* humanos e dos *sujeitos* enquanto gestores de suas escolhas, decisões e ações. Os tempos atuais prezam a autonomia dos sujeitos e valorizam extremamente as subjetividades. Estas significam as características que marcam a capacidade dos sujeitos na condução de suas vidas, não apenas em suas dimensões racionais, mas também emocionais e afetivas, em seus desejos e aspirações, em suas circunstâncias e condicionamentos.

Com esse enfoque, a *corporeidade* e a *sexualidade* são particularmente consideradas como uma privilegiada condição de poder e de fragilidade dos sujeitos humanos. Não é difícil perceber através dessas categorias como os tempos de hoje abrigam igualmente profundas mudanças nas formas de lidar com o corpo, na construção da identidade sexual, nas relações entre os seus sujeitos diferentes e nos comportamentos sexuais da vida cotidiana. A opção de vida celibatária desenvolvida pela Vida Religiosa, muitas vezes confundida como repressão do corpo e da sexualidade, torna essas categorias um lugar interessante para a pergunta sobre perspectivas e tendências.

Mantendo presente o interesse em pensar de modo prospectivo, colocam-se nesta obra algumas perguntas elementares sobre como a Vida Religiosa possa lidar com corporeidade, sexualidade e afetividade, com a autonomia e subjetividade, com o poder econômico e com a gestão de pessoas em seus dinamismos e organizações internas.

3. Estudo participativo

Há certo tempo a CRB – Conferência dos Religiosos do Brasil – tem-se dedicado a projetos que envolvam seus membros conjuntamente no estudo dessas questões. Situando os esforços desenvolvidos nesta última década, vale lembrar uma pesquisa publicada em 1998,[2] na qual se buscava um perfil descritivo da Vida Religiosa no Brasil e na qual se ensaiavam algumas análises sobre suas tendências. "Um direcionamento tentador era pesquisar apenas as tendências das *novas gerações* para a Vida Religiosa no Brasil. Mas se ponderava também a importância de religiosos e religiosas de todas as idades

---

[2] CERIS-CRB (org.). *Vida Religiosa no Brasil. Pesquisa e Primeiros Resultados*. Rio de Janeiro: Publicações CRB, 1998.

terem um melhor conhecimento sobre os problemas comuns que os desafiam, para juntos tirarem lições para o futuro próximo."[3] Levantando aspectos sobre a composição sociológica dos grupos, sobre as relações internas nas comunidades e sobre as próprias motivações para a Vida Religiosa, essa pesquisa teve, entre outras, o mérito de reforçar a inquietação sobre as perspectivas futuras.[4] A CRB ao mesmo tempo somava projetos de estudos nessa direção.[5]

Os olhares se voltam então particularmente para as *novas gerações*. Uma nova pesquisa, realizada em 2001, interroga jovens religiosos e religiosas sobre suas percepções, sentimentos e desejos referentes à Vida Religiosa situada na sociedade atual, na Igreja e em seus próprios dinamismos internos. Os resultados foram amplamente debatidos e finalmente publicados em 2004, com o acompanhamento de estudos analíticos que desdobravam suas diferentes faces.[6]

Entre as importantes conclusões dessa etapa, foi significativa a interpretação do conceito de *novas gerações* em um sentido dinâmico que superava sua simples identificação com a juventude ou pessoas cronologicamente menos idosas. O sentido dinâmico resgatou para o termo a capacidade e a responsabilidade de *gerar o novo* frente aos desafios dos novos tempos. As *novas gerações* incluem dessa forma todas as pessoas, de todas as idades, que assumem a tarefa de contribuir para gerar o futuro, um futuro marcado pela dignidade e fidelidade ao Evangelho. Com essa percepção, devolve-se aos membros da Vida Religiosa no Brasil a tarefa de refletir sobre seus próprios caminhos, tomar consciência sobre suas potencialidades, ambigüidades e possibilidades, para se lançar conjuntamente na construção do novo. Colocava, dessa forma, todos os religiosos e religiosas de diferentes idades e contextos diante de uma tarefa comum, apelativa e envolvente, porque desafiadora para a Vida Religiosa em seu conjunto.

---

[3] ANJOS, M. F. "Perfil da Vida Religiosa no Brasil-1998. Leitura Teológica". In CERIS-CRB, *Vida Religiosa no Brasil. Pesquisa e Primeiros Resultados*. Rio de Janeiro: Publicações CRB, 1998, p. 57 (57-86).

[4] ANJOS, M. F. "Tendências da Vida Religiosa no Brasil em final de século". In *Convergência* 34(1999), n. 320, p. 109-118.

[5] CONFERÊNCIA DOS RELIGIOSOS DO BRASIL. *Tempo de Sinais, Sinais dos Tempos. Provocações para a Refundação da Vida Religiosa*. Rio de Janeiro: Publicações CRB, 2000 (Cadernos da CRB 29).

[6] ANJOS, M. F. (org.). *Novas Gerações e Vida Religiosa: Pesquisa e prospectivas de Vida Religiosa no Brasil*. Aparecida-SP: Editora Santuário, 2004.

Um projeto intitulado *Novas Gerações e Vida Religiosa* foi uma interessante iniciativa realizada em 2005 pela CRB, que propiciou um gesto concreto de assumir essa tarefa. Esse projeto estimulou a formação espontânea de grupos de reflexão constituídos por religiosos e religiosas nos vários pontos do território nacional. As condições foram apenas de que o número não superasse 12 membros, com a finalidade de facilitar a interação nas discussões; que pelo menos a metade dos participantes do grupo tivesse até 30 anos de idade; e que se selecionasse um dentre os seguintes temas para os debates: a) memória e futuro da Vida Religiosa; b) sexualidade/afetividade e consagração; c) poder e participação na Vida Religiosa.

Dentro do pouco tempo disponível para divulgar a idéia e constituir os grupos, o projeto pode ser considerado bem-sucedido, pois recebeu a adesão de mais de 64 grupos nos diferentes pontos do território nacional, envolvendo bem mais que 600 participantes. A publicação sobre o perfil dos grupos e alguns relatórios contendo suas reflexões mostram a riqueza dessa experiência.[7] Na presente obra, dedicamos três capítulos que, levando o subtítulo de "leitura comentada", sintetizam e desdobram através de comentários teológicos cada um dos temas desenvolvidos por esses grupos nas bases.

A presente obra faz, portanto, parte de um conjunto mais amplo de reflexão. A oportunidade criada para socializar seus resultados se deu com um congresso, promovido pela CRB – Conferência dos Religiosos do Brasil – e realizado em São Paulo,[8] cujas conferências e comunicações se encontram em grande parte transformadas em capítulos deste livro.

Cumpre, desta forma, um agradecido reconhecimento às pessoas que direta ou indiretamente têm contribuído para esse processo de amadurecimento e reflexão. Vale lembrar os esforços das diretorias da CRB, sempre constantes nesta direção; e particularmente o empenho mais recente da diretoria sob a presidência da Ir. Maris Bolzan, SDS, junto com os valiosos serviços de Ir. Neiva Furlin e Ir. Mariluce Gonçalves Dorilêo. O grupo multidisciplinar de professores e professoras, que, ao longo do processo, discutiu constantemente as questões e as formas de abrir seu debate para uma participação ampliada, foi composto mais assiduamente por Alexandre Otten, Antônio Aparecido da

---

[7] Cf. FURLIN, Neiva (org.). *Novas gerações e Vida Religiosa. Memória, sexualidade e poder.* Rio de Janeiro: Publicações CRB, 2006.

[8] O congresso teve como tema "Novas Gerações e Vida Religiosa – Memória, poder e utopia", e foi realizado de 15 a 18 de junho de 2006.

Silva, Bárbara Pataro Bucker, Delir Brunelli, José Lisboa Moreira de Oliveira, Luiz Carlos Susin, Márcio Fabri dos Anjos, Maria Carmelita de Freitas, Maria Helena Morra e Vera Ivanise Bombonatto.

4. Utopia

Os estudos apresentados neste livro são, como se percebe, o fruto de uma reflexão há mais tempo partilhada. Entretanto, a mobilidade do contexto de transformações, em que a Vida Religiosa se insere, exige certamente o cuidadoso empenho em levar adiante esta reflexão, junto com as práticas das pessoas que procuram acompanhar os novos tempos através de uma corajosa fidelidade a seus ideais evangélicos. Esta era de transformações deixa evidente que os lugares que ocupamos não são fixos, os espaços não estão garantidos e, por isso mesmo, as formas e organizações da vida não estão estabilizadas. Neste sentido, o título desta obra inclui também o termo *utopia* para evocar a consciência da Vida Religiosa de estar morando em tendas provisórias, sendo constantemente provocada a uma criativa busca de outros espaços para o lugar de sua fidelidade.

Capítulo I

VIDA RELIGIOSA CONSAGRADA: MEMÓRIA E PERSPECTIVAS

Carlos Palácio, SJ[1]

A amplidão e a complexidade implicadas em uma leitura da Vida Religiosa, associando a memória de suas trajetórias com suas atuais perspectivas, deixam-me um tanto embaraçado. Talvez por não estar mais lidando com livros, ou mais exatamente porque agora estou aprendendo a ler outros livros, os "livros vivos das pessoas", permeados de armadilhas e sinuosidades – na feliz expressão de São Francisco Xavier –, mas nos quais aprendemos muitas coisas que não se encontram nos "livros mortos escritos". Por isso falarei mais a partir de minha experiência – do que vejo e sinto a meu redor –, mais com o coração do que com a razão.

Seria uma pretensão desmesurada fazer um diagnóstico – rigoroso e exato – da Vida Religiosa consagrada, dada a complexidade do momento histórico em que vivemos. E, no entanto, parece indispensável, pelo menos, arriscar uma interpretação que introduza um pouco de ordem e clareza no que nos toca viver, projetando, se possível, um pouco de luz – e de lucidez! – sobre o momento atual da VRC.

O simples fato de associar os dois termos "memória" e "perspectivas" põe em evidência que a VRC tem necessidade de mergulhar em suas raízes, ou seja, redescobrir o que está na origem de sua existência (memória), para compreender o que está acontecendo com ela na inegável "crise" atual, e

---

[1] Carlos Palácio é doutor em Teologia, professor do CES – Centro de Estudos Superiores (Belo Horizonte-MG) –, sacerdote jesuíta e autor de várias obras.

assim poder pensar seu futuro (perspectivas). Esse esforço está na linha da releitura que faz a carta aos Hebreus do "hoje", que continua a ressoar (Sl 95), pois "somos companheiros de Cristo, contanto que mantenhamos firme até o fim nossa constância inicial" (Hb 3,14).

1. Esclarecimentos prévios

É necessário pôr-se de acordo desde o início sobre o sentido de alguns dos termos que estão em jogo: Vida Religiosa Consagrada, o "momento atual" e "novas gerações".

Minhas reflexões se referem basicamente à chamada *Vida Religiosa "apostólica"*, que surgiu como forma nova a partir do século XVI. Não só porque representa a maioria quantitativa da VR na Igreja, mas, sobretudo, porque manifestamente é a que mais preocupa a hierarquia. (O que não acontece com a VR contemplativa, por exemplo, ou, em outra esfera, com os "movimentos eclesiais".) E ainda por ser ela, sem dúvida, a que mais sente os efeitos da crise atual, exposta como está por sua forma de vida a todos os embates da sociedade e da cultura.

O *"momento atual"*, o "hoje", o "presente", ao qual me refiro, é o período histórico que começa com o Concílio Vaticano II. Foi ele que concitou a VR a passar para a "outra margem", a se compreender e a viver de "outra forma", a partir da "volta às fontes" e da redescoberta dos próprios "carismas". Esse processo foi truncado. Em parte pela crise que se fez sentir na Igreja já nos primeiros anos "pós-conciliares". E simultaneamente pela crise concomitante da sociedade e da cultura ocidental. Assim se explica que, 40 anos depois, continuemos a nos perguntar "quem somos", "qual é nosso lugar na Igreja", "qual é nosso papel na sociedade". Queiramos ou não, essas perguntas são uma interrogação sobre nossa *identidade*. "Crise", se quisermos, mas no sentido histórico: um momento a ser atravessado e superado. E, por isso, "crítico", carregando em si possibilidades de morte e de vida.

É neste contexto que deve ser entendido o termo *"novas gerações"*: os religiosos e as religiosas nascidos ao longo desse período histórico, ou seja, os que estão na casa dos 40 anos. Sem esquecer, contudo, as diferenças que introduz a aceleração do tempo: uma diferença de poucos anos é suficiente para nos depararmos com "mentalidades" diferentes.

Assim entendidas, essas "novas gerações" possuem algumas características comuns:

– são religiosos e religiosas que não conheceram a VR pré-conciliar (e, portanto, o que representou a "virada" do Concílio Vaticano II);
– e por isso mesmo são religiosos e religiosas que não tiveram de fazer a travessia para a "outra margem" (Mc 6,45), ou seja, incapazes de imaginar o que significou naqueles anos a conquista do novo, a luta para transformar a VR;
– e, por fim, são religiosos e religiosas que receberam como herança uma VR desarticulada, contraditória, em fragmentos.

2. Como compreender este "presente"?

Lançando mão da imagem da travessia, poderíamos dizer que hoje nos encontramos no meio do mar, atormentados no remar e com o vento contrário (Mc 6,47s.). Mas não podemos esquecer que o que acontece hoje com a VRC é o reflexo do que aconteceu com a própria Igreja depois do Vaticano II: o encontro com o mundo moderno significou o confronto da fé cristã com a transformação das mentalidades, dos valores, dos comportamentos, e com uma profunda mutação do religioso na sociedade contemporânea.

2.1. Mudanças no horizonte de compreensão

De maneira muito simples, poderíamos dizer que o encontro da Igreja com o mundo moderno no Concílio Vaticano II – a passagem do anátema para o diálogo – significou a descoberta e o confronto com um *horizonte de compreensão* do mundo, do ser humano e da história, radicalmente diferente daquele no qual tinha sido vivida e expressada a fé cristã desde as origens. Uma das características da modernidade é a afirmação do ser humano como centro absoluto de compreensão e de criação de sentido. O homem moderno se compreende e se move dentro do horizonte *imanente* da história, sem referência nenhuma à *transcendência*.

Diferença radical com relação à orientação teocêntrica do horizonte pré-moderno, no qual se tinha expressado sempre a fé cristã. Mas esse antropocentrismo radical, essa distância profunda com relação à fé, só veio a manifestar todas as suas conseqüências concretas na vida de cada dia com a profunda mutação de mentalidades e valores que se fez cada vez mais visível a partir dos anos 75 do século passado.

Essa é uma das razões pelas quais entrou logo em crise o projeto do Vaticano II: o "mundo moderno", tal como ele começava a se revelar, cada vez mais não era o "mundo" com o qual o Concílio imaginava estar dialogando.

2.2. Desafios da renovação

A VRC, em sua travessia para o "aggiornamento", ao qual tinha sido convidada pelo Concílio (com a "volta às fontes" dos próprios "carismas"), foi colhida por uma tempestade inesperada:

– Mal começou a *"primeira renovação"*, com todas as reformas no modo de viver e de conceber a missão e a presença da VR no mundo (ou seja, a transposição do modelo tradicional de VR – no qual tomava corpo e se fazia visível a sua experiência de vida – para o horizonte de compreensão e de valores da modernidade).

– A VR foi surpreendida por duas ondas arrasadoras: a crise do que significou o "projeto da modernidade" e o desencanto da "pós-modernidade" com a desconstrução do universo cultural, social e religioso tradicional. É o que denominei "travessia truncada". Começou todo um processo de transposição dos valores tradicionais da VR para o horizonte moderno de compreensão, houve uma assimilação de novos valores sem o tempo necessário para decantá-los ou processá-los, diríamos hoje, evangelicamente. Porque o "moderno" não é sem mais e automaticamente "evangélico".

– O resultado foi uma desarticulação profunda da *unidade viva* do projeto de VR. O modelo tradicional de VR não tinha mais significação; a gestação do "novo", começada com o Concílio, foi abortada sem ter podido chegar a uma síntese nova; e a VR ficou à deriva no meio dessa tempestade, fazendo experiências e tratando de abrir-se a novos desafios – como a inserção entre os pobres, a questão das minorias e do gênero, as novas gerações e semelhantes –, sem ter um rumo definido e, em certo sentido, sem saber para onde caminhava.

– Aproximando-nos hoje, com a distância que o tempo permite, ao que foi essa evolução, poderíamos dizer que o cerne da "crise" consistiu no que poderíamos chamar uma *desarticulação da "figura histórica"* da VR tradicional, ou seja, daquele conjunto vivo que, durante séculos, deu unidade interna, coerência e visibilidade social à VR.

Essa "figura" estava constituída por três dimensões íntima e inseparavelmente articuladas entre si:

– a *"mística fundante"*, ou seja, uma experiência originária e originante de Deus *em Jesus Cristo* que capturava a totalidade da pessoa (do fundador ou da fundadora);
– tal experiência fez com que essas pessoas – verdadeiros "loucos por Cristo" – adotassem um *estilo e forma de vida* configurados *cristologicamente*, do jeito de Jesus, constituindo aos poucos um "ethos" próprio, uma maneira de viver que se tornava "sinal" para os outros, que chamava a atenção, que provocava e atraía;
– e desse "ethos" fazia parte integrante *a entrega da vida* a serviço dos outros, a "missão". Esse conjunto é o que costuma ser chamado "experiência fundante", isto é, a "mística" que alimentava, sustentava e animava a vida dessas pessoas. A experiência fundante, portanto, não se pode confundir com algo intimista e espiritualizado: é a unidade viva desses três aspectos e, por isso, fica mutilada e perde sua força quando se separam ou se regionalizam (por um lado o "espiritual"; a vida e o comunitário por outro; e a "missão", sem alma, muitas vezes reduzida a um trabalho desenfreado, por mais generoso que seja).

A meu modo de ver aí se encontra o cerne da "crise" da VR pós-conciliar, cujas causas foram apontadas rapidamente acima. Crise de *identidade*, sim, e não deveríamos ter medo de confessá-la, porque sem termos consciência de onde radica a dificuldade não poderemos encontrar saídas. Mas não qualquer tipo de crise: o que está em jogo é a "experiência fundante" em sua totalidade. Ela repercute evidentemente nas pessoas, mas não poder ser reduzida às "crises pessoais", das quais não escapa ninguém (porque fazem parte de todo o processo humano de crescimento), independentemente da opção de vida.

Temos de ter a honestidade e a lucidez necessárias para dizer a nós mesmos que essa "crise" é:

– *humana*, isto é, todos nós, independentemente da idade (não é, portanto, questão de gerações), estamos, em graus diferentes, marcados e até infeccionados pela mentalidade do mundo no qual vivemos: modo de pensar, valores, comportamentos etc., que não são sempre, nem de longe, evangélicos;

– é também uma crise *espiritual*; por mais que desejemos fugir de uma experiência espiritual "alienada", é preciso reconhecer que a assim chamada "vida espiritual" pula por cima do real na maioria das vezes, é vivida à margem do cotidiano e, em todo caso, não articula todas as nossas dimensões, não unifica nossa vida, não constitui nossa espinha dorsal. A maioria das vezes somos incapazes de *ver* e *experimentar* Deus em nosso mundo, tal como ele é. Daí a sensação, muitas vezes, de um vazio de Deus, de uma ausência de Deus, que transparecem em nossa vida, mesmo que nossa linguagem seja religiosa;

– há igualmente uma *dimensão eclesial* da crise: a valorização pelo Concílio da vocação cristã fundamental fez com que todas as outras "vocações" (religiosa e sacerdotal) tivessem de redefinir sua identidade a partir da primeira e fundamental vocação que é sermos cristãos. Até hoje parece que não encontramos ainda nosso lugar próprio na Igreja. Dois indícios apenas: essa espécie de rivalidade entre VR e "movimentos eclesiais" e a diminuição de vocações para a VR (uma de cujas causas é a consciência dos cristãos de que a VR não é o único caminho de perfeição nem de missão);

– e, por último, mas não menos importante, é que, por razões internas à evolução da VR e pela profunda transformação sociocultural de nosso mundo, não encontramos ainda *nosso* lugar nessa sociedade, outra maneira de estarmos presentes e de servir. Qual é ou deveria ser a "missão" da VR na sociedade contemporânea?

Essa descrição não é para desanimar ninguém, nem é o resultado de um pessimismo larvado. É a expressão concreta do que chamei acima de a "desarticulação da experiência fundante". Por isso, nossa vida (ou seja, a VR como proposta de vida) não se apresenta nem pode ser captada como *alternativa* (outra maneira de pensar e de viver), nem aparece como *propositiva* (outra forma de comprometer-se com os outros), e acaba deixando de ser *atrativa* (outra das razões da crise de vocações). Nossa vida não é de verdade "anticultural" (como diz uma linguagem em voga hoje). A não ser no desejo ou nas intenções.

Mas o que está em jogo nessa crise não são as intenções nem a boa vontade das pessoas, é a *totalidades desses aspectos*, ou seja, a ausência de uma *unidade viva* que devolva à VR a capacidade de encontrar e dar a si mesma *expressões significativas* (para os de "dentro" e para os "de fora").

É evidente que essa crise não é privilégio de uma "geração", mas repercute em todos, embora de maneiras diferentes: nos que viveram (e às vezes vivem ainda) o "modelo tradicional" de VR; na geração dos que fizeram a travessia do Concílio e se empenharam com todo o entusiasmo na "renovação" da VR; e nos que hoje chamamos as "novas gerações", que são os herdeiros de todo esse processo.

Esta análise não pretende ser um diagnóstico estrito e definitivo. É um esforço honesto de lucidez (que pode ser discutido evidentemente) sobre o que vivemos. Justamente para poder sair dessa situação. Não se trata de anatematizar o Concílio e o processo de renovação da VR, nem é uma confissão pessimista de capitulação. Esforço honesto e realista – lúcido e humilde ao mesmo tempo –, condição indispensável para podermos reconhecer onde nos encontramos neste momento e qual é o futuro que nos abre a docilidade ao Espírito que, sem dúvida, nos interpela nessa realidade. Nada de "morrer na praia", como diz a canção, nem de "entregar os pontos". "Ainda não resistimos até o sangue" (Hb 12,4).

A interrogação sobre nossa identidade é uma forma de respondermos, de maneira atual, ao que o Concílio disse sobre a VR: que significa afirmar que a VR é um "carisma" para a Igreja, um dom do Espírito – imprevisível e incontrolável, portanto –, mas essencial para a vida da Igreja? É aqui que entra a questão da "memória". Ela nos ajuda a mergulhar nas raízes, a descobrir de novo o que está (e esteve sempre) na origem da VRC como fonte inspiradora do futuro. Inspirando, isto é, animando, alentando e dando asas à imaginação criativa.

3. Recuperar a "memória" do passado

A "memória" é algo fundamental na experiência humana, individual e coletiva. Ela é o fio condutor de um itinerário e o que nos permite reconhecer o que somos como pessoas, como povo e como humanidade (identidade). A "memória" está ligada, portanto, a uma experiência de vida que se vai acumulando e que se transmite "de geração em geração". Mas não pode ser confundida com saudade de um passado, que tendemos a considerar sempre melhor e que facilmente deriva para o tradicionalismo.

É um aspecto delicado e problemático numa cultura como a nossa, crispada sobre o "presente" (como se tudo tivesse de começar hoje, a partir do nada), e que, por isso mesmo, valoriza só uma geração, a que produz hoje.

Não é por acaso que tanto os "velhos" como a "juventude" não encontram lugar nesta sociedade, são descartáveis. É o que explica a crise de valores na sociedade atual (porque houve uma ruptura com a tradição), a ausência de critérios e referências que permitam às pessoas se situarem, e a impossibilidade de pensar o futuro como uma "construção *comum* de sentido", na qual todas as gerações são indispensáveis e têm seu lugar nessa construção da história.

Que significa para a VR recuperar a "memória" de suas origens? Questão inseparável da interrogação pela identidade: perguntar-se *quem somos* equivale a interrogar a história da VR e poder dizer *o que nos foi transmitido*, como experiência acumulada de vida, e, portanto, *de que vivemos* hoje. A verdadeira tradição é essa "memória" viva e que faz viver.

3.1. Ser expressão viva do Evangelho

Do ponto de vista *histórico* é inegável que a VR nasceu na Igreja e para a Igreja como uma *"memória viva do evangelho"*. Desde suas origens, no século IV, passando pelo monacato e as ordens mendicantes até as fundações mais recentes (como as do Ir. Carlos de Foucauld, hoje beato, isto é, reconhecido pela Igreja em sua qualidade evangélica de vida). As expressões e o papel que desempenharam, por exemplo, o monacato e as ordens mendicantes fixaram, na vida da Igreja, essa "memória" do evangelho como um desafio, uma interpelação e um grito permanente de fidelidade.

É igualmente a paixão por Jesus e pelo evangelho que está na origem da chamada VR "apostólica" que se difundiu na Igreja a partir do século XVI. Forma nova e diferente do monacato, mas abeberada na mesma fonte. Dois expoentes significativos dessa "virada" da VR – em seu começo no século XVI e no outro extremo do século XX –, pelo papel que tiveram em termos de ousar formas novas, foram Inácio de Loyola e Charles de Foucauld. Em ambos os casos, a adesão a Jesus Cristo configurou um modo de vida peculiar, original. Verdadeira opção de vida que se tornou fonte de atração, "memória viva do evangelho" para muitos outros. Também eles, como Francisco de Assis, queriam o evangelho sem glosa.

É o que pode ser encontrado na origem das diversas famílias religiosas, em sua riqueza e diversidade: a descoberta da *pessoa de Jesus* levou os fundadores e fundadoras a uma adesão apaixonada por ele, que acabou *configurando um estilo próprio de vida* (pessoal e de grupo) e uma *entrega incondicional da vida* "pelos outros", do jeito de Jesus.

É assim que a VRC surge como "carisma", como "dom" para a Igreja, sem detrimento de outras vocações ou movimentos eclesiais. Trata-se de um modo de *ser*, de um *estilo de vida* que se transforma em "sinal" para a comunidade eclesial e, por isso, pode atrair outros. A questão é saber *se* somos isso hoje e *como* deveríamos sê-lo. Não teríamos de reconhecer que, sob muitos aspectos, o que Francisco de Assis queria como "evangelho sem glosa" se transformou para nós em muitas glosas sem evangelho?

3.2. Das intenções aos fatos

Mas esta constatação histórica que a "memória" nos permite não pode ser reduzida a um consolo fácil (como são belas nossas origens!) ou a uma pura "declaração de intenções" sem efeito. É preciso que ela tome corpo de fato em nossas vidas.

Temos de ser ousados e coerentes. O que significou para nossos fundadores a adesão apaixonada à pessoa de Jesus Cristo como opção de vida não se confunde com o que habitualmente chamamos nossa "vida espiritual". Recuperar essa experiência fundante como raiz, fonte e origem de nossa VR atual, significa pelo menos duas coisas.

Em primeiro lugar, é preciso *recuperar a experiência original de Deus que era a de Jesus* e que não é sinônimo de qualquer experiência espiritual ou religiosa. Para ser *cristã*, isto é, enraizada em Jesus Cristo, a experiência "espiritual" tem de ser "encarnada". E isso significa que ela tem de tocar e afetar todas as dimensões do humano em nossa vida (os sentidos, a afetividade, as relações, o modo de pensar, os valores etc.), que têm de ser processadas evangelicamente. Viver como Jesus não é algo automático. E só será possível se a paixão por ele operar em nós um verdadeiro descentramento antropológico. Temos de ser humanos de outra forma. Ao aderir a Jesus na VR, o "eu" da pessoa não pode ser mais o eixo central a partir do qual ela constrói sua vida: não podem ser meus desejos, meus interesses, minha realização. A maneira de compreender-se humanamente tem de passar pelo crivo do evangelho, tem de ser reconfigurada em todas as suas dimensões (corpo, afetividade, psicologia, mentalidade, valores etc.). Isso é ser descentrado: não termos mais nosso centro em nós, mas fora de nós, em Jesus e em sua forma de vida.

Concretamente isso requer que aprendamos a discernir constantemente o que somos, o que vivemos, aprendendo a vivê-lo de "outra" maneira, a de Jesus, não menos humana, mas "outra". E isso vale para todos. Não só para as "novas gerações" (com as marcas que trazem do mundo em que nasceram), mas também para as "outras gerações". Nada nem ninguém nos podem garantir essa experiência. Quem sabe seria salutar para todos nós escutar a dura resposta de Jesus a Nicodemos (que tinha, sem dúvida, boa vontade): é preciso nascer de novo.

3.3. O mergulho na experiência de Jesus

Uma autêntica experiência de Deus como a de Jesus tem de nos levar a *uma maneira diferente de experimentar o mundo e de estar nele*. Para Jesus a experiência do Pai e a experiência do mundo são inseparáveis. Mas para isso é necessário poder olhar o mundo e a realidade humana (por mais dilacerada que seja) com os olhos de Deus. Porque Deus não nos olha de longe. A realidade humana, tão ferida, toca o coração de Deus, afeta seu olhar de ternura e o leva a derramar-se sobre nós, a dar-nos seu Filho, a identificar-se conosco. Deus assumiu para valer nossa vida, começando pelo que estava perdido, e parecia definitivamente abandonado e sem valor. Por isso se fez pequeno. E essa boa notícia faz parte de nossa realidade.

Mas para poder "contemplar" a realidade indo além das aparências, é preciso ter feito a experiência do apaixonamento de Deus por nós em Jesus Cristo. Sem essa experiência será impossível "contemplar" a verdade mais profunda da realidade e "estarmos presentes" de outra forma, como estava Jesus, sem sermos puros repetidores do que outros fazem, por mais justo, necessário e importante que seja. Se formos incapazes de experimentar Deus como Pai nas mais cruéis realidades da vida, seremos incapazes de reconhecer como irmãos tantos seres humanos desfigurados. E vice-versa. É impossível ver e acolher o outro como irmão sem experimentar constantemente Deus como Pai.

Só uma experiência dessas poderá levar a VRC a deixar-se configurar de tal maneira que seja capaz de deixar aparecer nela um *modo de vida alternativo*, outra maneira de ser: um "ethos" diferente, uma vida "comunitária" que seja comunhão e integração do diferente etc. A linguagem que mais fala não é a das palavras, mas a da vida e das obras. Se nossa vida for de verdade "alternativa" ao que aí existe, nossa presença na sociedade será em si mesma uma *presença capaz de sanar e reconstituir* o tecido humano e social.

Dessa forma estaríamos reconstituindo a unidade perdida. É o que acima denominava a "experiência fundante" característica da VR "apostólica", que soube articular de maneira nova e original o "espiritual", a "vida comunitária" e a "missão". Estou convencido de que esse é o único caminho pelo qual a VRC poderá recuperar a capacidade de atração e de fascínio que suscitou ao longo da história. Apesar de nossas fragilidades.

É uma utopia impossível ou se trata de uma possibilidade real?

4. Reinventar o futuro ou transformar a "memória" em "projetos"

Quando falamos de *outra* VR, estamos falando de "formas" diferentes ou dessa "raiz" mencionada acima? Não basta substituir as "formas". É indispensável atingir a "raiz" da vida. E a *vida* não se confunde com os meios que utilizamos, as estruturas que nos damos, as práticas que se repetem ou as obras que fazemos. A *vida* de Paulo, de Francisco de Assis, de Inácio de Loyola, de Charles de Foucauld e de tantas outras testemunhas que nos precederam, começou a ser *outra* a partir do momento em que foram "atingidos" por Jesus Cristo na totalidade de sua existência (cf. Fl 3,12). É até essas profundezas que somos convidados a descer se quisermos transformar a "memória" do passado em "projeto de futuro". É o que gostaria de insinuar brevemente a título de conclusão.

Uma *construção comum do sentido da VR* exigiria de todos nós recuperar o verdadeiro sentido da *tradição viva*, transmitida "de geração em geração" até hoje, e, por isso mesmo, uma *interação e um diálogo entre as diversas gerações*.

4.1. Tradição viva: o que nos faz viver?

O que está em jogo, em primeiro lugar, é a *tradição viva*. Eis uma questão que pode ser desconfortante para as gerações mais velhas, mas hoje resulta ineludível: que *transmitimos* às "novas gerações"? Uma experiência vital, vida que faz viver, ou uma série de práticas – vazias e petrificadas muitas vezes – às quais nos apegamos desesperadamente? E não se trata só dos "conteúdos" de uma formação teórica, mas do que transmitimos – para bem ou para mal – com a própria vida. De que vivemos de verdade? O que nos faz viver? O que nos alimenta e sustenta nosso entusiasmo e esperança? Só se nosso testemunho (que não deve ser "buscado", mas tem de brotar espontaneamente) for contagiante é que estaremos sendo elos de uma verdadeira tradição "de geração em geração".

Essa maneira de formular a questão significa assumir a tradição como um fato humano e histórico – experiência acumulada de sentido e de valores – no qual cada geração ocupa um lugar próprio e tem sua função insubstituível. Mas ela põe em questão nossa responsabilidade histórica: o que fizemos (e continuamos a fazer) da VR? Porque a "crise atual da VR" não pode ser imputada às "novas gerações". Pelo contrário, sob muitos aspectos, elas são "vítimas" de uma situação herdada da qual não foram artífices. O que não significa isentá-las de qualquer responsabilidade, porque nos tornamos responsáveis por aquilo que cativamos ou pelo que fomos cativados. Às novas gerações cabe perguntar-se que fizeram do que receberam, como acolheram essa "tradição" e até que ponto foram capazes de assimilá-la em vida própria, capaz de suscitar vida em outras pessoas.

Questão tão delicada quanto decisiva, que está subjacente e perpassa todos os "projetos de formação". Esses projetos não podem ser reduzidos à mera transmissão de conhecimentos teóricos ou de conteúdos específicos, mas pressupõem uma *"experiência fundante de Deus"*, capaz de articular a vida da pessoa em todas as suas dimensões. Experiência do Deus de Jesus Cristo, experiência *cristã*, portanto, não simplesmente "religiosa", mas de um Deus inseparável de nosso mundo – amado por Ele com paixão – e que, por isso mesmo, pode ser "visto", "reconhecido" e "encontrado" *nessa realidade* (mesmo secularizada, injusta e religiosamente heterogênea) como a razão oculta e mais profunda de ser. É o sentido da vida. O que J. Saramago em seu livro *Ensaio sobre a cegueira* aplica à cultura e à sociedade moderna poderia e deveria ser transposto para a VR. Não teremos ficado também "cegos"? E essa "cegueira" não estará a nos impedir de ver nossos descaminhos? Essa perda da "visão" nos torna incapazes de "contemplar" e, portanto, de descobrir o sentido e a razão de ser da VR.

Por aí começa o resgate da verdadeira tradição. Tarefa difícil hoje porque ela não dispõe mais de um *horizonte comum*, nem de *compreensão* do que seja a VR e seus valores fundamentais, nem de *tradução e expressão* da experiência vivida. O que torna mais urgente o verdadeiro diálogo entre gerações.

4.2. De geração em geração

De que gerações se trata? Na verdade não estão em jogo só as "novas gerações", mas as diversas gerações que constituem hoje a VR: tanto as tradicionais ou pré-conciliares (embora cada vez menos numericamente), como a chamada "geração do Vaticano II" (que viveu o Concílio e foi sujeito ativo das mudanças), além das primeiras gerações pós-conciliares (que receberam os resultados iniciais da renovação da VR), até as gerações que estão entrando hoje na VR (e que seriam a rigor as "novas gerações"). Essa co-existência (nem sempre pacífica e, portanto, "com-vivência") de gerações tão diversas no mesmo tempo e espaço pode ser uma fonte de tensões, mas também uma riqueza muito fecunda.

As tensões surgem quase que inevitavelmente da justaposição de horizontes contraditórios de sentido (no modo de entender que é a VR, a comunidade, o tipo de relações, a experiência espiritual, a compreensão e as exigências da missão etc.). Mas essa dificuldade pode transformar-se na mola propulsora de uma busca comum de sentido. Desde que todas as perspectivas aceitem ser relativizadas, isto é, postas em relação com o único horizonte comum da VR: o confronto com o evangelho e a vida de Jesus Cristo a quem queremos seguir. A partir desse ponto comum, cada pessoa e cada geração poderão dar sua contribuição, porque por hipótese todos somos obrigados a abrir-nos à riqueza que nos vem da diversidade, a essa incômoda alteração (verdadeira *des-instalação*) que provoca em nós a presença do outro com sua diversidade.

É possível harmonizar essa diversidade sem reduzi-la à homogeneidade? A experiência cristã é, em sua origem mesma, uma "harmonia de contrários". E a VR teria de ser testemunha viva de algo tão essencial ao evangelho. Eis um desafio que daria matéria para não poucas "reuniões comunitárias" e discernimentos que muitas vezes se tornam artificiais e vazios por serem incapazes de discernir a complexidade da própria vida.

Estamos dispostos a instaurar um verdadeiro diálogo de gerações? Mas é preciso ser conscientes de que esse diálogo será um fator de *des-instalação* para todos, sem distinção de gerações, e que só assim seremos capazes de resgatar a verdadeira tradição da VR, a memória viva do evangelho da qual ela sempre quis viver.

4.3. Receber e transmitir

Sem essa aprendizagem e prática concreta do diálogo entre as gerações que compõem e que são responsáveis em conjunto pelo futuro, a VR sucumbirá à desarticulação da experiência comum e à contraposição estéril de posições irreconciliáveis entre velhos e jovens, conservadores e progressistas, tradicionalistas e modernos etc.

A construção comum de um futuro para a VR supõe que cada geração assuma seu papel e exerça sua responsabilidade. Só assim poderá haver tradição, isto é, transmissão "de geração em geração" de uma experiência acumulada de vida e de sentido. Construção comum que exige interação de uma sabedoria recebida e transmitida, mas confrontada constantemente com a novidade da história e dos contextos sociais e culturais. É desses contextos que vêm os questionamentos das novas gerações. Elas, por sua vez, devem ser submetidas ao crivo do evangelho e purificadas pelo confronto com a vida de Jesus. Nem tudo o que é moderno é compatível com o projeto de uma VR evangélica.

Encarar o futuro como responsabilidade comum significa, entre outras coisas, aceitar o caráter inacabado do VR como projeto de vida. E render-se à evidência de que o "modelo tradicional" de VR foi *um* modelo, histórico e condicionado, não *o* modelo definitivo. O que leva consigo uma profunda mudança de perspectiva sobre a que durante muito tempo foi considerada a figura ideal e apoteótica da VR. Acolher essa mudança significaria entre outras coisas aceitar que a VR possa ser numericamente muito menor, que sua força não reside na grandeza e no poder ostensivos e que, para ser evangélica, ela terá de tornar-se muito mais ágil, flexível e livre.

Mas recuperar essa leveza da VR implicaria encarar com serenidade o que poderíamos designar como a "crítica das ideologias espirituais", ou seja, uma série de racionalizações de cunho espiritual com a qual encobrimos a verdade da situação real da VR e nos impede de reconhecer que, como toda a realidade humana, ela é e será sempre um processo inacabado, pela simples razão de que não nos podemos apoderar definitivamente do evangelho.

Essa humildade recuperada nos permitiria passar do "desencanto de Emaús" (Lc 24,21), tão perceptível em muitos de nossos irmãos e irmãs, ao encantamento apaixonado de viver e "dar razão de nossa esperança" (1Pe 3,15). Ora, a razão de nossa esperança não são "nossas razões", mas a *fidelidade de Deus* (Jo 8,16.29), que, em Jesus ressuscitado, nos oferece cada dia o Espírito que nos capacita para imaginar e criar o novo, o que ainda não demos conta de manifestar, o que está por vir, o futuro de Deus.

Capítulo II

MEMÓRIA E FUTURO DA VIDA RELIGIOSA DISCERNINDO A AÇÃO DO ESPÍRITO

Pe. Jaldemir Vitório, SJ[1]

A Vida Religiosa (VR), nas últimas décadas, tem sido desafiada a repensar sua identidade. Sinais de esgotamento de uma figura histórica da VR, construída ao longo de séculos, foram tornando-se evidentes. Seu vigor profético esvaiu-se ao se tornar, em muitas circunstâncias, instituição esclerosada e anacrônica, incapaz de despertar o interesse de jovens portadores de grandes ideais, por se ter descolado de suas raízes evangélicas.

Entretanto, a tradição da VR chegou até nós. Somos herdeiros de uma caminhada feita de altos e baixos, de mesquinhez e heroísmo, de grandeza espiritual e da mais pura mundanidade. O ideal da VR está aí. Brasas vivas permaneceram escondidas sob as cinzas. Chegou a hora de torná-las fogo incandescente. Será obra dos depositários e herdeiros do espírito da VR, capazes de remar contra a maré e reavivar esse carisma eclesial digno de apreço.

No âmbito do projeto Novas Gerações, levado a cabo pela CRB-Nacional, vários grupos espalhados pelo Brasil deram-se ao trabalho de refletir sobre o tema *Memória e Futuro da Vida Religiosa*, registrando por escrito o fruto de suas reflexões. O presente estudo consiste numa leitura sistematizadora e comentada dos textos sobre esses temas, em

---

[1] Pe. Jaldemir Vitório é doutor em Ciências Bíblicas; professor do CES – Centro de Estudos Superiores (Belo Horizonte-MG) –, sacerdote jesuíta e autor de várias obras.

seu conjunto, enviados à coordenação do projeto. Esse percurso possibilitou-nos apresentar, de forma esquemática, o conteúdo do bloco de relatórios e, ao mesmo tempo, tecer considerações complementares e fazer observações críticas.

1. Os relatórios e seus contextos

Doze grupos trabalharam o tema *Memória e Futuro da Vida Religiosa* e elaboraram seus relatórios. Têm as seguintes proveniências: Santa Maria (RS); Porto Alegre (RS); Jacarezinho (PR); São Paulo (SP); Brasília (DF); Divinópolis (MG); Cristalândia (TO); Goiânia (GO); Aracajú (SE); Natal (RN); São Luís (MA); Belém (PA). A constatação da abrangência geográfica dos relatórios tem sua importância. O lugar onde se vive a VR incide de cheio na forma de interpretar sua história e de se posicionar em vista do futuro.

É notável o fato de as reflexões dos grupos situados em grandes metrópoles coincidirem com as dos grupos situados em cidades de porte médio ou pequeno. Esperar-se-ia que a problemática das grandes cidades suscitasse questões particulares para os religiosos. A VR defronta-se aí de maneira contundente, com situações particulares de superpopulação, anonimato, violência urbana, pluralismo religioso, cultural e étnico, com fortes contrastes na vivência dos valores ético-morais. A Igreja Católica tem menos peso e presença nas grandes capitais do que em capitais menores ou cidades do interior, onde o catolicismo ainda detém certo peso sócio-religioso.

Ressente-se a pequena quantidade de relatórios oriundos da Região Norte do País, destino de enorme fluxo migratório nas últimas décadas, onde surgiram novas cidades e largas faixas da população estão às voltas com a questão do latifúndio e da violência agrária, do desrespeito às populações indígenas, do extrativismo mineral descontrolado, da destruição das florestas. Teria sido interessante escutar um número maior de religiosos atuantes nestas situações concretas, para conhecer suas perspectivas para a VR. São situações particulares, nas quais os desafios tornam-se mais agudos.

Considerar as pessoas implicadas na elaboração dos relatórios tem sua importância. Nota-se a pluralidade de Congregações envolvidas, com variedade de procedências, espiritualidades, compromissos pastorais e projetos congregacionais. Portanto, o futuro foi considerado a partir de um amplo leque de perspectivas, de forma a evitar posturas monocolores.

A prevalência das mulheres salta aos olhos. Se a VR tem futuro, este passa pelas mãos das religiosas. Sobretudo a acentuação da vertente clerical dos religiosos presbíteros e a baixa cota de religiosos irmãos dificultam pensá-los desempenhando algum papel relevante na gênese da nova figura da VR. O novo da VR tende a ser construído pela ação das religiosas.

Alguns relatórios aludem às idades de seus membros. Num deles, o arco das faixas etárias variou dos 25 aos 76 anos; noutro, dos 22 aos 66 anos. Um grupo compunha-se apenas de formadores. Logo, religiosos com mais anos de experiência. Superou-se, dessa forma, a tentação de identificar as novas gerações com os religiosos recém-chegados nas Congregações. Novas gerações têm a ver com a ação do Espírito, englobando a totalidade dos religiosos. Ele é quem "renova a face da terra". A construção do novo rosto da VR não se dará pelo simples aumento do número de religiosos; nem tampouco a construção da nova figura histórica da VR pode ser tarefa confiada, única e exclusivamente, aos debutantes da VR. As novas figuras da VR serão construídas, em mutirão, por religiosos de múltiplas procedências, idades, mentalidades, na docilidade aos impulsos do Espírito.

2. A memória sob variadas perspectivas

As reflexões dos grupos seguiram diferentes roteiros. Sabe-se como toda leitura histórica exige algumas chaves de interpretação. Vejamos os traços principais das percepções e opções dos grupos a este respeito, ao mesmo tempo em que tecemos sobre elas nossas observações.

2.1. Recuperação dos marcos históricos mais significativos da VR

Houve quem se reportasse aos albores da VR recuperando a experiência de vida eremítica e cenobítica. Outros se limitaram a um período de tempo mais restrito, fazendo a retomada histórica de 1954 a 2004, marco cronológico correspondente à história da Conferência dos Religiosos do Brasil.

Na aplicação desse referencial, alguns detalhes chamam a atenção:

2.1.1. O problema dos elos da história

É insuficiente a percepção dos momentos marcantes e criativos correspondendo ao esvaziamento de certas figuras históricas da VR e ao esforço de criar novas figuras, mais condizentes com os apelos do Espírito. Os grupos justapuseram as várias figuras históricas, sem indicar o processo de passagem de uma para a outra. Faltou explicitar como se processam sua gênese e posterior declínio, com a exigência de descobrir caminhos novos.

Nenhuma forma histórica, ao ser implementada, elimina pela raiz as anteriores. Estas permanecem, mas sem protagonismo. Daí o fenômeno de conviverem formas de VR de diferentes tipos: abertas e fechadas, sintonizadas com o momento histórico e alienadas, proféticas e conservadoras, inseridas e conventuais. Em meio a tanta variedade, urge perguntar-se, em cada momento: que modelo de VR mais se conforma com o projeto de Deus aqui e agora? Onde a VR deve estar como exigência da obediência ao Senhor? As novas gerações surgirão como instrumento da ação do Espírito, para construir o novo ansiado por Deus.

2.1.2. História do rosto da Vida Religiosa no Brasil

A trajetória da VR no Brasil, desde a chegada dos primeiros colonizadores europeus, deixou de ser contemplada pelos relatórios. Membros das grandes ordens – franciscanos, carmelitas, beneditinos, capuchinhos, mercedários e jesuítas – foram denodados na tarefa evangelizadora, embora sejam alvo de críticas por sua atuação no tempo da colonização. Com o passar do tempo, surgiram as Ordens Terceiras, as irmandades leigas e as confrarias inspiradas na VR, então, conhecida. Uma forma de VR não-canônica, cabocla e brasileira, foi vivida por ermitães, beatos e recolhidas. A perseguição do Marquês de Pombal e a expulsão dos jesuítas (1759) geraram esfriamento e declínio da VR, masculina e feminina. No final do século XIX a VR, no Brasil, estava moribunda. A chama permaneceu acesa, exatamente, nas experiências não-institucionais e leigas de VR.

Na primeira metade do século XX até o Concílio Vaticano II (1962-1965), houve um reflorescimento, pela presença de congregações masculinas e femininas vindas da Europa. As comunidades religiosas, quase sempre, eram compostas de muitos membros. As casas de formação estavam repletas de vocações. As obras dirigidas por religiosos – colégios, hospitais, centros sociais etc. – tinham presença marcante na sociedade. Os hábitos, com seu aspecto bizarro, destacavam os religiosos dos demais cidadãos, dando-lhes respeitabilidade. Os religiosos gozavam de prestígio. No final do século XX, a VR brasileira dava sinais de cansaço. Entretanto, existe ainda muito sangue bom correndo em suas veias.

Qual será o rosto da VR, no Brasil, no século XXI? Cabe-nos escrever a nova página da VR em nossa pátria. A consciência da caminhada histórica feita por aqui nos permite contemplar os caminhos traçados pelo Espírito, ao longo dos tempos, e nos move a desbravar caminhos novos.

2.1.3. Sobre a renovação instaurada pelo Concílio Vaticano II

Os grupos foram quase unânimes em se referir ao Concílio Vaticano II como divisor de águas, em tempos recentes. É possível falar em VR antes e depois do Vaticano II. Os primeiros passos do *aggiornamento*, postulado pelo Concílio, foram turbulentos. Passados 40 anos de sua conclusão e após muitas pisadelas em falso, vários elementos da VR foram consolidados, configurando-se como verdadeira renovação, embora, os anacronismos insistam em permanecer.

Como a recepção do Concílio nem sempre foi feita da forma mais conveniente, quiçá, seja preciso reler os textos conciliares, de modo especial os referentes à VR, para captar, nas entrelinhas, as moções do Espírito. É certo, porém, que o apelo ao *aggiornamento* aponta para um processo continuado de colocar-se no compasso da história, do qual o Espírito nos fala. Esta dinâmica previne a tentação de nos apegar a instituições caducas e nos predispõe a estar onde e como o Espírito quer, pelo tempo disposto por Ele.

2.1.4. Rumos da história recente

Um grupo descreveu a evolução da VR no Brasil, nos últimos anos. Um estilo de VR fechada em si mesma, feita de formalidades e formalismos, com muito devocionalismo e pouca espiritualidade, foi questionado pelo Vaticano II. As grandes obras perderam o lugar central ocupado no planejamento das congregações, com a ênfase dada aos pobres e excluídos. "Os ventos de Medellín, Puebla e Santo Domingo forjaram profetas e profetisas engajados na luta do povo, sobretudo dos pobres, para criar melhores condições de vida e de maior liberdade e comunhão no âmbito eclesial. As novas levas de religiosos eram animadas pelo discurso social de libertação dos pobres e oprimidos e buscavam, através da consagração religiosa, suscitar na Igreja e na sociedade uma cultura de inclusão e diálogo."

Se, antes, a grande maioria das vocações era constituída de "filhos e filhas da tradição religiosa, cunhada nos lares, pelos pais, tendo sua vocação alimentada pelas devoções vividas em família, pela participação, quase diária, na missa, e pelo ambiente religioso dos colégios confessionais", os jovens religiosos começaram a provir da PJ, das CEBs e dos meios populares. "Os antigos centros da reminiscência religiosa, os colégios de religiosos e religiosas, as famílias clássicas não eram mais 'berços de vocação'. Passaram a se destacar os grupos de jovens, as comunidades de periferia e os movimentos sociais." No momento, muitas vocações provêem de grupos religiosos ligados à Renovação Carismática. O pentecostalismo católico, aliás, tem sido um terreno fértil onde têm brotado novas formas de vivência comunitária da fé, centradas em valores, até então característicos da VR.

Ficam algumas perguntas: qual será a procedência dos jovens capazes de colaborar, deveras, para a reconfiguração histórica da VR? Para onde o Espírito quer-nos levar, na presente quadra da história? Que rosto a VR deve ter para fazer jus a seu nome cristão e a sua condição profética?

Um grupo mostra-se preocupado com o surgimento de projetos de VR de caráter fundamentalista, aos quais muitos jovens acorrem encantados com "suas promessas de segurança e estabilidade", retornando à VR "com bases sólidas, claras e firmes, outrora perdidas". Outro observa: "Novas formas de VR estão surgindo, as quais, ao resgatarem a memória da disciplina e esquemas bem definidos de estilos de vida, trazem segurança para uma juventude às voltas com um mundo de incertezas".

Um grupo detectou o processo de "deseuropeização" experimentado pela VR no Brasil. Só se tem a ganhar com a "abertura às várias etnias e classes sociais", com a "parceria de gêneros, de congregações, de comunidades e com muitos grupos sociais".

2.2. Densidade profética da memória

Este eixo teórico faz-se presente em vários relatórios. O centro do profetismo da VR consiste na volta "à radicalidade do seguimento de Jesus". O movimento de redescoberta das raízes da VR coincide com a "proximidade com os pobres e a busca de uma espiritualidade autenticamente encarnada", nos passos do profeta Jesus. Quanto mais a VR for pobre e solidária com os pobres, tanto mais será profética. "Jesus nos leva aos pobres e os pobres nos levam a Jesus."

"A densidade profética da memória está em podermos buscar sentido e significado na fonte, onde o sopro inspirador tocou primeiro, e daí tirar inspiração para recriar a vida hoje." A solidariedade com os pobres está na origem das congregações modernas. Na prática, todas surgiram como resposta ao sofrimento dos pobres e marginalizados, concretizada com a partilha de vida, a presença solidária e a comunhão fraterna dos fundadores. A descaracterização da VR inicia-se com seu distanciamento dos pobres e ao deixar de ser, ela mesma, pobre. Quando os religiosos viram-se forçados a defender suas propriedades e suas obras, a VR perdeu seu vigor profético. Se quiser recuperá-lo, só existe um caminho: voltar ao seguimento radical do profeta Jesus em sua *kénosis* e no serviço gratuito à humanidade empobrecida e sofredora.

Os grupos fizeram pouca ou nenhuma memória dos mártires da VR brasileira e latino-americana contemporânea, profetas e profetisas de primeira grandeza. O discurso teórico sobre o profetismo e o martírio carece de sentido sem o respaldo de profetas e mártires de carne e osso. O martírio da Irmã Dorothy Stang em 2006 constitui um exemplo luminoso de testemunho de vida religiosa profética, solidária com os pobres. A VR brasileira teria muito a aprender se seguisse as pegadas dos mártires Rodolfo Lunkenbein, João Bosco Burnier, Irmã Creuza, Ezequiel Ramin e tantos outros religiosos os quais, ao longo dos tempos, testemunharam sua fé e serviram aos pobres, a ponto de seguir o profeta Jesus no destino de morte violenta. A VR infiel a seu Senhor tende a ser medrosa e a buscar segurança. A VR profética é destemida, preocupada realmente com a fidelidade ao Reino.

Um grupo observa a facilidade com que se perde "a memória significativa e profética", quando é "crítica do sistema dominante presente na sociedade e na VR". E cita o esquecimento a que foi relegado o testemunho profético de Dom Oscar Romero, cujo martírio "deveria ter estremecido a VR". O mesmo se diga da Irmã Dorothy. Seu trágico fim "não parece ter causado uma mobilização e consciência mais expressiva" por parte dos religiosos. É mister recordar tantas outras religiosas e religiosos cujas vidas se consomem no serviço evangélico aos irmãos, sem receber o devido valor. Como a história tende a focalizar os grandes personagens, acaba-se perdendo a inestimável riqueza de testemunho e de memória oferecida por quem faz, no escondimento, seu itinerário de consagração ao Reino. A esses religiosos se deve reportar, quando se trata de fazer memória da VR pensando no futuro.

2.3. Significado de "memória" e de "utopia"

Houve quem trabalhasse esse importante referencial. Afinal, "somos todos herdeiros de uma tradição" de santos fundadores, apóstolos, profetas e mártires, cujo testemunho de vida serve-nos de incentivo na caminhada. "Quando fazemos memória da coragem de nossos fundadores, nós a fazemos presente, podemos senti-la, podemos tê-la, porque é nossa herança... O mesmo Espírito dinamizador da vida, da opção e dos sonhos de nossos fundadores está presente na memória da VR; ao ser resgatada, torna-os presentes aqui! Este Espírito continua a impulsionar quem, hoje, quer caminhar."

O vocábulo memória e a expressão fazer memória foram definidos como "olhar o passado para arrancar dele a força que nos permita construir o presente, enquanto olhamos para o futuro". Portanto, a memória atualiza o passado, presencializando-o e, assim, responsabiliza quem se coloca nesta dinâmica. A memória é criativa e fonte de renovação; "tem a força de recriar a vida no presente". Ela "não se reduz a estudar a história, mas na memória resgatamos a experiência e o sentido que impulsionaram a construção da história no passado e que nos ajuda a construir nossa história hoje". "Fazer memória é olhar com o olhar de Deus, ultrapassar o tempo e perceber que a força do 'Novo' se constrói apropriando-se da sabedoria e da experiência do 'Velho'."

A Bíblia oferece um excelente exemplo de como fazer memória: "o povo de Deus fazia memória da vivência e da experiência passada de pai para filho para continuar mantendo sua identidade e fidelidade a um projeto que foi significativo para seus antepassados". Na VR, a memória pode ser resgatada pela pesquisa em arquivos, pelo estudo de textos, no qual se relata a experiência missionária e espiritual dos membros da congregação, e pela recuperação da história dos fundadores. Todavia, os irmãos(ãs) avançados em idade são portadores da "memória viva da VR, com sua densidade profética, seu sentido e seu valor". O espírito da VR, neles, mantém-se vivo e atuante. Daí serem imprescindíveis no processo de resgate da memória da VR.

A memória autêntica recusa-se a ser seletiva, caindo na tentação de censurar os fracassos e frustrações do passado e de insistir nos sucessos e nas vitórias. A história da humanidade constrói-se em meio a gestos grandiosos de bondade e de solidariedade, bem como de conquistas em todos os sentidos. Na direção contrária, quanta desumanidade, quanta infâmia e quanta maldade perpassam-na. A VR segue a mesma trilha. Mas existem religiosos veteranos, os formadores em primeiro lugar, dispostos a encobrir com a capa do silêncio os momentos sombrios da história da congregação com o intuito de evitar o escândalo dos recém-chegados. Ledo engano! O passado de erros e infidelidades pode funcionar como incentivo a acertar o passo e evitá-los no futuro. Assim como silenciar o passado negativo é inconveniente, pode sê-lo também se fixar nos elementos censuráveis do passado, como se tudo se resumisse a eles. O discernimento histórico, conduzido de forma acertada, permite constatar os contrastes com os quais a VR é tecida. Se houve erros, houve também acertos. Se houve derrotas, houve também vitórias. Se houve infidelidades, houve também muita fidelidade.

O desafio das novas gerações consiste em recuperar, na atual quadra da história, com seus desafios e possibilidades, idêntico dinamismo e entusiasmo de companheiros e companheiras do passado. O espírito impulsionador dos religiosos de outrora precisa ser resgatado, visando à construção da nova figura histórica da VR, num processo interativo: a memória do passado incentiva a criatividade do presente. Assim se torna possível vislumbrar a utopia, como pólo de tensão a impelir a VR para frente e impedi-la de se esclerosar. Saudosismos e posturas conservadoras ficam de fora. A recordação do passado está em função de alimentar a caminhada no presente, construindo, passo a passo, o futuro.

O desafio da VR no trato com os jovens religiosos consistirá em inseri-los neste processo, pois "o jovem tem dificuldade de abordar o passado, de conciliar memória (passado) com a utopia (futuro)". "A juventude que ingressa na VR traz consigo características da sociedade neoliberal e globalizada com seus aspectos positivos e negativos. Essas características devem ser analisadas com cuidado, para se tomar consciência delas e aprender a lidar com elas, confrontando-as com os valores fundamentais da VR."

Entre outros, três fatores dificultam o exercício da memória por parte dos jovens religiosos:

– A desestruturação familiar impede muitos religiosos de conhecerem suas origens. Seu horizonte histórico-familiar abrange, apenas, as pessoas com quem tiveram contato imediato. Desconhecem a história da família, já que ninguém se deu ao trabalho de introduzi-los nesse grande processo geracional do qual fazem parte. Resultado: nada têm a contar de seus avós, tios, tios-avós, primos. Que significa para um religioso nessas circunstâncias falar de memória histórica da VR, sem ter experimentado, no nível mais elementar, a inserção numa história? No âmbito congregacional, esse poderia ser um dos motivos pelos quais muitos religiosos são incapazes de se sentir família e desenvolver o senso de pertença.

– O mundo cibernético mergulha as pessoas no âmbito do virtual. O real torna-se insignificante. Tempo e espaço são prescindíveis no mundo da comunicação, movida por incríveis progressos da ciência e da tecnologia. "O excesso de informações produzido pela mídia não dá espaço para pensar e refletir. Vive-se a realidade do 'aqui e agora', do descartável. As pessoas ficam mais vulneráveis e fáceis de serem manipuladas e os valores do seguimento de Jesus e o profetismo sem uma forte resistência podem parecer também ultrapassados."

– A cultura moderna padece de acentuada fragmentação. Este fenômeno atinge a ciência, a história, a sociedade e, até mesmo, a religião. A realidade foi reduzida a cacos, cuja unidade original é de difícil reconstrução. O discurso em torno da memória vai para a direção contrária, no sentido de visão integrativa e sensata dos fatos do passado pensados com projeção futura. Em termos teológicos, a memorialização recupera os efeitos históricos da ação do Espírito, com sua lógica peculiar, nos meandros de fatos muitas vezes desencontrados. A memória supera a fragmentação, ao possibilitar uma leitura unitária da história.

Portanto, falar em memória para um jovem religioso exigirá dele entrar em outro horizonte cultural, para o qual, quiçá, esteja despreparado. Narrar e interpretar a história se tornarão tarefas cada vez mais complicadas.

2.4. A interatividade entre as gerações

O conceito de gerações, aqui, diz respeito à cronologia de entrada na VR, pensando os religiosos veteranos integrados com os religiosos debutantes, no esforço de construir a nova figura histórica da VR. Gerações, enquanto fruto da ação do Espírito, prescindem da idade cronológica. Neste sentido, pode-se falar em diferentes gerações de religiosos: inseridos, profetas, atentos aos sinais dos tempos, missionários *ad* gentes, imbuídos de espírito intercongregacional. Quando falta o Espírito, surgem as gerações de religiosos alienados, consumistas, autocentrados, falso modernos. Sempre que os religiosos deixam-se tocar pelo Espírito, desponta o novo na VR, donde o sentido teológico-espiritual de novas gerações. Novas gerações são obras do Espírito.

Estão implicados neste movimento pneumático religiosos sem exceção de idade, gênero, etnia e condição social. Quanto mais abrangente, mais divino. Se houver exclusões, o Espírito também será excluído. O Espírito não produz novas gerações em meio a sectarismo, fanatismo, competição e exclusivismos. Francisco e Clara, jovens em idade, deram início à nova geração de VR, marcada pela pobreza e pela solidariedade com os pobres. Inácio de Loyola, já adulto, também está na origem de um momento novo na VR, cuja marca é o discernimento dos sinais dos tempos e a presença nos lugares onde a fé é posta à prova em grau elevado. A continuada gênese de novas gerações na VR é claro indício da ação do Espírito para além de nossos estreitos esquemas mentais, pois o "Espírito sopra onde quer".

O repensamento deste tema pode evitar graves mal-entendidos. Por exemplo, descartar os religiosos provectos, considerando a tarefa de construir a nova figura histórica da VR exclusividade dos recém-ingressados nas fileiras das congregações. Daí a importância de frisar o sentido teológico-espiritual da expressão *novas gerações*. Então, os religiosos de tradição recente serão impelidos a se voltarem para os veteranos para se imbuírem do espírito da VR, em sua genuína tradição, e a se perguntarem: qual nosso papel neste preciso contexto histórico de VR e de congregação, em processo de reconstrução de sua figura histórica?

Já os religiosos adiantados na caminhada tomarão consciência da importância de contarem com os jovens no processo de tradição da VR. Ser-lhes-á transmitida a memória da VR, da forma mais evangélica e translúcida possível, como patamar para a articulação da nova figura histórica da VR.

Muitas congregações desapareceram e estão desaparecendo por falta de sangue jovem. O Projeto Novas Gerações poderá reavivar-lhes a convicção da importância sócio-eclesial do carisma próprio da VR, motivando-as a propor o ideal religioso a jovens em busca de um projeto de vida relevante, ao qual vale a pena consagrar suas vidas.

3. Pisando o chão da memória

Analisando o conteúdo das reflexões, com suas ênfases e tendências, foi possível dividi-lo em dois grandes blocos. O primeiro – "considerando o passado e o presente" – tem um caráter de diagnóstico, no sentido de percepções a respeito da situação da VR, contemplada sob o prisma dos referenciais teóricos. O segundo – "olhando para o futuro" – tem um caráter de *prognóstico*, no sentido de perceber para onde a VR tende a caminhar.

3.1. Considerando o passado e o presente

3.1.1. A virada do Concílio Vaticano II

Na caminhada da VR, os últimos 40 anos têm significado especial. O gigantesco movimento de *aggiornamento* eclesial, promovido pelo Concílio, lançou-a numa reviravolta nunca dantes vista. A VR "foi chamada a voltar a suas origens evangélicas e carismáticas e a dar uma maior atenção aos sinais dos tempos". Teve a possibilidade de superar o isolamento, imposto pelo ideal de *fuga mundi*, e situar-se com mais decisão na história, abrindo-se para a realidade em suas variadas dimensões. A inserção levou os religiosos a estarem mais próximos do povo e a sentirem na pele os efeitos da pobreza e da marginalização socioeconômica. A figura histórica da VR alienada da realidade ruiu, embora muitos religiosos ainda se guiem pelo modelo superado e fortes redutos de resistência, hoje, ganhem novo fôlego. Um fato é certo: uma VR consciente e crítica está em franco processo de gestação.

A gênese do novo na VR vai, paulatinamente, acontecendo. A pessoa humana passou a ter primazia em relação às instituições, com seu legalismo, às vezes, desumano. A obediência exige o empenho da liberdade dos religiosos, confrontados com opções a serem feitas. Os projetos e programas, com duração ilimitada e aplicabilidade em qualquer parte do mundo, tornaram-se irrelevantes e inadequados. Cada novo contexto exige pensar como encarnar ali a VR. As grandes comunidades deram lugar às pequenas comunidades. No início do processo, foram cometidos equívocos: comunidades de indivíduos mútuo-escolhidos, fechados para quem estivesse fora de um estreito círculo de amizade; criticismo em relação a quem escolhera um caminho diverso; a pequena comunidade entendida como se fora um modismo; ruptura com valores congregacionais essenciais. Essas posturas desviantes estão, aos poucos, sendo corrigidas.

Raridade, hoje, são as grandes comunidades. As circunstâncias tornam difícil pensá-las nos moldes do passado. A escassez de vocações e o envelhecimento dos quadros obrigam a VR a se configurar de maneira humilde e reduzida, mais conformada com o evangelho. A história a obriga a se colocar no rumo querido pelo Espírito.

A recepção do Vaticano II, no Brasil, aconteceu num momento de recrudescimento da ditadura militar. A repressão generalizada obrigou a VR a assumir posturas históricas, decidindo-se diante do regime e definindo seu lugar sociopolítico. Foram muitos os gestos corajosos e proféticos de enfrentamento dos religiosos na defesa da democracia. Destaque especial teve a ordem dominicana, quiçá a que pagou o preço mais alto por sua postura impávida diante dos desmandos da ditadura. Posição antipodal foi a dos religiosos incapacitados para o discernimento evangélico do momento histórico. Aliaram-se aos militares e os apoiaram, convencidos de estarem cumprindo a inescusável obrigação patriótica de salvar o país do comunismo.

3.1.2. As luzes da Teologia da Libertação

A teologia da libertação tem um papel saliente na reconfiguração histórica da VR, sendo reconhecido seu efeito no âmbito eclesial, no sentido de ajudar o povo de Deus a repensar a fé em contexto de injustiça. A convicção de ser urgente viver a fé como serviço à libertação e à construção da dignidade humana, ponto fundamental da teologia latino-americana, levou os religiosos a viver a opção preferencial pelos pobres com nova consistência. Substituiu-se o assistencialismo pela promoção humana libertadora. A VR sentiu-se chamada a se inserir nos meios populares e a comungar com a sorte dos pobres. As comunidades religiosas irmanaram-se com as comunidades eclesiais. A solidariedade radical com os empobrecidos e marginalizados desafiou os religiosos, em circunstâncias conflitivas, a doarem a vida em favor dos sem voz e sem vez. O testemunho martirial desses irmãos carece de ser recuperado ao se fazer memória da VR e pensar-lhe o futuro.

3.1.3. A ação inspirada de pessoas cheias do Espírito

Fazer a memória da VR corresponde a recuperar gestos concretos de pessoas conduzidas pelo Espírito e, por isso, capazes de realizar, na história, os anseios de Deus, traduzidos "em comportamentos, estilos de vida particular e em comum, plasmados por uma fecunda espiritualidade, conforme as exigências de cada tempo". Os fundadores, em geral, foram pessoas simples, do povo, mas convocados para protagonizar a construção de novas figuras históricas da VR. Embora os relatórios raras vezes façam alusão a pessoas concretas, é fácil vislumbrar nas entrelinhas das evocações da história da VR rostos conhecidos, dentre eles, o singular pobrezinho de Assis.

Seria ingênuo esperar as novas gerações e as novas figuras históricas da VR provindo da instituição como tal, por força de decretos ou documentos. O novo começa a ser gestado por ações simples e despretensiosas. Como a semente de mostarda da parábola evangélica, tendem a se expandir e influenciar largas porções de religiosos.

Esse caminhar no Espírito, quase sempre, é feito em meio a contradições, às vezes, de perseguições, promovidas pela própria instituição à qual a pessoa inspirada pertence. Aquela tende a ser conservadora, avessa a mudanças e preocupada com sua auto-segurança. O Espírito, por sua vez, desinstala, lança para frente, desafia e leva os religiosos a superar os próprios limites.

3.1.4. A exigência de conversão

A VR deixou-se esclerosar e entrou em descompasso com a história. A excessiva institucionalização e uniformização, o autoritarismo despersonalizante e bloqueador, o ritualismo vazio foram alguns dentre outros fatores de empobrecimento da VR em sua vertente espiritual e carismática. A tomada de consciência da necessidade de deixar o novo acontecer pela força do Espírito, de imediato, faz despontar a exigência de conversão. Trata-se de deixar o Espírito permear todas as dimensões da VR, a começar pelo coração de cada religioso. O Espírito que renova a face da terra é quem renovará a VR, tornando-a mais evangélica e atenta aos sinais dos tempos na Igreja e no Mundo. O despontar de novas gerações pressupõe a vivência da VR com autenticidade e radicalidade. Sem a superação dos esquemas não-evangélicos de VR, ou seja, conversão, será vã a espera do novo.

A preocupação de se livrar da figura histórica anacrônica, gestada ao longo de séculos, trouxe para dentro da VR um perceptível secularismo e outros traços negativos da modernidade: individualismo, consumismo, hedonismo, culto do corpo. A exigência de conversão passa pela postura crítica diante da modernidade, para acolher-lhe os elementos positivos, em vista da vivência autêntica dos valores humanos e cristãos. Deixar-se levar pelos modismos efêmeros de cada momento, na ilusão de se constituírem em nova figura histórica, é indigno da VR ansiosa por se deixar configurar pelo Espírito de Deus.

A conversão da VR terá sempre um caráter contracultural, na medida da exigência evangélica de os religiosos caminharem na contramão de certos valores tidos e havidos como indispensáveis para a inserção social. As novas gerações comportarão religiosos com suficiente espírito crítico, a ponto de impedir a contaminação da mensagem evangélica com esquemas do anti-Reino.

3.1.5. O desafio da comunhão e da co-responsabilidade

A VR configurou-se como uma espécie de gerontocracia (governo por anciãos). Os jovens religiosos, mesmo adultos em idade, tendem a ser tratados como crianças. Pessoas capazes de renunciar a cargos de grande responsabilidade para ingressar na VR são colocadas em estruturas infantis ou infantilizantes e tratadas pelos formadores como indivíduos incompetentes. Só após a profissão perpétua terão alguma chance de receber missões exigentes. Até lá, contentem-se com a passividade e a submissão! Os destinos da congregação, afinal, dependem de um grupinho açambarcador do poder e nada favorável a abrir espaço para outras pessoas com mentalidade diversa.

A liberação propiciada pelo Vaticano II colocou em xeque essa situação. O grito de liberdade dos jovens franceses, em maio de 1968, ecoou pelo mundo afora e chegou ao ouvido dos religiosos. Daí as rebeldias dos jovens e os choques com os de mais idade. Em muitos casos, o autoritarismo dos mais velhos foi substituído pela insubmissão dos mais jovens, de forma a quebrar a comunhão característica da VR.

O desafio atual, a ser enfrentado em vista do futuro, consiste em deixar de lado posturas autoritárias, mas também as rebeldias, para se chegar a um diálogo maduro. "A interatividade das gerações supõe o dom da escuta gratuita e a objetividade na análise." Só assim a VR poderá dar os passos queridos pelo Espírito. Um grupo usou a imagem do retrovisor dos carros. "Olhando no retrovisor da memória das antigas gerações, poder-se-á dirigir o carro da VR, com segurança, para as utopias das novas gerações."

A interatividade tem suas exigências: coragem de ir ao encontro do outro desarmado e com verdade, paciência, respeito mútuo, sabedoria para superar os limites num clima de amizade e confiança, sensibilidade em relação aos interesses do outro e sintonia constante. Um grupo designou este processo como "transcendência sadia em favor do outro(a)".

"A memória da antiga geração serve para a construção do futuro da nova geração. A memória de uma experiência vivida pode ser facilmente uma fonte de renovação. A refundação das relações fraternas pode ocorrer pelo diálogo vivencial entre as gerações, e isto serve plenamente como formação permanente em uma congregação."

A interatividade de gerações previne uma série de armadilhas. Entre elas, o narcisismo individualista e o fechamento de coração, e, por outro lado, certo tipo de fundamentalismo religioso.

3.2. Olhando para o futuro

A gestação do novo é obra do Espírito. Entretanto, cabe a cada religioso criar as condições para a ação do Espírito.

3.2.1. A recuperação da mística e da profecia

A profecia da VR acontece nas diferentes realidades em que está inserida. Os grandes conventos com seus altos muros, na prática, estão em fase de extinção. Os religiosos tendem a morar em casas semelhantes às do povo, sem elementos exteriores para identificá-las. O profetismo é vivido na realidade da inserção: universidade, trabalho profissional, engajamento sociopolítico, pastoral. Ao contrário dos eremitas fugitivos do mundo, a VR vê-se desafiada a se realizar no meio do mundo. Seu profetismo é sustentado pela vivência de uma espiritualidade consistente, ancorada no Absoluto de Deus e na vivência do Evangelho. Isto faz a diferença!

"A VR perde sua identidade quando esquece seu motivo primeiro: profetizar." O profetismo da VR torna-se patente na vivência radical dos valores evangélicos, no serviço desinteressado e gratuito aos pobres e na vivência da vida comunitária humanizante. Este é o caminho escolhido para denunciar as mazelas de um mundo cada vez mais avesso a Deus e a seu projeto.

3.2.2. A qualidade humana de nossa vida

A VR foi e tem sido palco de falta de humanidade. Tirania de superiores, relações interpessoais tumultuadas (inimizades, ciúmes, invejas, perseguições), individualismo (fechamento, fuga), despersonalização foram situações corriqueiras. Agora, a VR é chamada a se apresentar na Igreja e na sociedade com feições humanas, próprias de quem acolheu um projeto de vida humanizador. "A caridade deve sobressair-se em nossas comunidades, a partir das coisas mais simples." A VR "precisa resgatar a alegria e a mística dos discípulos, a paixão por Cristo e pela humanidade. Tudo deve ser tomado não no sentido de sacrifício, mas de realização pessoal e por espírito de doação". Isto se faz mostrando "um rosto bonito de Jesus"; engajando-se em projetos de defesa da dignidade humana; pondo-se a serviço da recuperação da pessoa humana, em sua totalidade, "sobretudo no gosto pela estética, pela simplicidade e pelo altruísmo.

Assim, a VR se configurará como um novo paradigma numa sociedade desmantelada". A humanização da VR terá força de encantamento e de atração para quem deseja consagrar-se a um projeto de vida sensato e valioso. Então, "as pessoas certamente procurarão a VR não como uma empresa apostólica, mas como um sinal da presença misericordiosa de Deus. Nesse sentido a VR dará sua contribuição à humanidade sedenta de fé, de esperança e de caridade".

É mister transformar a VR numa "opção verdadeira de realização pessoal". E, assim, convertê-la em apelo para os jovens, sendo despertadora de sonhos e mediadora, para muitos deles, para a realização de seus projetos no âmbito da VR.

3.2.3. A qualidade evangélica de nossa vida

O apelo evangélico mais forte, detectado por vários grupos, centra-se no encontro com o próximo, com destaque para os pobres e marginalizados, em cujos rostos contemplamos o Mestre Jesus. Esta qualidade evangélica de vida tem atraído muitos jovens para novos projetos de vida comunitária, configurados como novas formas de VR. Na contramão do evangelho, estão o aburguesamento, o consumismo, o encantamento com as modas passageiras e a busca de segurança.

A qualidade evangélica da VR depende da vivência radical do seguimento de Jesus. Porém, o seguimento cristão radical "coincide sempre com a proximidade com os pobres e a busca de uma espiritualidade autenticamente encarnada". A VR "será tanto mais fiel a sua vocação quanto mais for pobre e estiver do lado dos pobres. Jesus leva-nos aos pobres e os pobres levam-nos a Jesus. Esta é uma lição do passado que precisamos assimilar hoje". Sem "o rosto do pobre, a VR será mera caricatura" de projeto cristão. Um grupo definiu, nos seguintes termos, o genuíno da VR: "proximidade do pobre, austeridade de vida, desprendimento do mundo e tensão evangelizadora". Outro grupo afirmou: "pode-se dizer que a VR se alimenta na e da periferia, em vista da libertação mais profunda que ela não encontra nas estruturas vigentes do centro político ou eclesiástico".

A intercongregacionalidade e as parcerias no serviço aos irmãos surgem como elementos constitutivos da nova figura histórica da VR. Exigem-se para um serviço mais efetivo. As congregações perceberão sempre mais o inconveniente de se enclausurarem no pequeno mundo de suas obras, mesmo as mais beneméritas. Urge fazer um caminho compartilhado entre congregações e grupos engajados na construção da sociedade mais humana.

3.2.4. A ação de indivíduos e de pequenos grupos

Na VR, o novo surge quando pessoas e grupos deixam-se mover pelo Espírito e se dispõem a discernir os sinais dos tempos e a responder-lhes com audácia e criatividade. Audácia, porque será preciso enfrentar forças contrárias, pressionando para a manutenção do *status quo* ou, quando muito, contentando-se com mudanças cosméticas. Criatividade, porque inexistem fórmulas pré-fabricadas, nem tampouco bastará repetir esquemas, outrora, exitosos. Só quem se puser à escuta do Espírito, será capaz de sintonizar-se com o projeto de Deus para a VR e se disporá a levá-lo a bom termo. A história da VR é a história de cada religioso disposto a se abrir à ação do Espírito. As ações individuais podem refletir sobre o conjunto da VR, para o bem ou para o mal. As novas gerações passam pela ação de indivíduos e pequenos grupos. Importa cada religioso assumir seu papel na construção do novo. Somos, com nossas conquistas e fracassos, alegrias e tristezas, certezas e dúvidas, resultados da ação de religiosos do passado. Agora, compete-nos dar nossa colaboração. "O hoje foi construído milenarmente e somos nós, no aqui e agora da história, os responsáveis por essa continuidade. Não podemos ser meros espectadores." O futuro da VR dependerá de nossas atuais opções. Deus é o senhor da história. Entretanto, escolhe contar com nossa colaboração. Se nos abrirmos, com largueza de coração, à ação do Espírito e nos devotarmos ao serviço do Reino de Deus, com toda a certeza veremos o novo acontecer.

3.2.5. O valor positivo das crises

"As crises são necessárias para inovar e revigorar." São tempo de graça, quando tomadas como apelo do Espírito em vista de novos passos. Quem fica abatido e desanimado nos momentos de crise revela a fragilidade de sua fé. Os momentos de crise exigem discernimento e capacidade de tomar decisões firmes, tendo em vista sintonizar-se com o projeto de Deus para nós. Por conseguinte, as crises apelam para a fidelidade criativa e para a criatividade fiel. Tempos de crises são tempos de gerar o novo! Quem perde essa oportunidade, perde o bonde da história. As crises "estimulam a buscar soluções criativas, pois não apenas sonhamos, mas também cremos num futuro de mais esperança e alegria também dentro da VR".

As crises não tocam nem podem tocar os valores constitutivos da VR: seguimento de Jesus Cristo, vida fraterno-comunitária, oração, mística, testemunho profético, vida apostólica, serviço aos pobres e marginalizados. Antes, desafiam a buscar a maneira mais conveniente de implementá-los. Confrontam os religiosos com a tarefa de encontrar caminhos novos para viver valores perenes a serem, sempre de novo, encarnados na história, na fidelidade a Deus e a seu projeto.

Um grupo pergunta-se: "Serão nossas congregações religiosas um caminho para se chegar à descoberta de Deus ou apenas refúgio para quem busca a segurança não encontrada num mundo em mudança?" Este questionamento é um desafio apresentado a todos os religiosos. Da forma como será enfrentado, dependerá o desabrochar do novo na VR.

3.2.6. Construir o futuro, tarefa de todos

O novo na VR resultará da interação de todos os religiosos, sem exceção. "É necessário recuperar o mesmo dinamismo e entusiasmo que originou a ousadia e a novidade do passado, e este processo deve ocorrer de forma interativa entre as gerações presentes na VR. Cada geração é chamada a viver e recriar essa relação no ambiente em que vive, com seus conflitos, perspectivas e esperanças." Isso supõe respeito, compreensão, escuta e acolhida entre as gerações. Cabe aos veteranos partilhar com os principiantes a memória e a mística da VR, e aos principiantes compete assumir este carisma eclesial e encarná-lo, com postura evangélica, na história. Tanto uns quantos outros são chamados a se colocar à escuta do Espírito para discernir por onde e como caminhar. Privilegiar o protagonismo dos jovens, em detrimento dos mais avançados na caminhada, seria insensatez. Correr-se-ia o risco de construir uma VR sem raízes, inconsistente, levada pelos modismos do momento. Privilegiar o protagonismo dos veteranos, por desconfiança da capacidade dos jovens, seria condenar a VR à mesmice de sempre, em aberta contradição com a ação renovadora do Espírito. As intuições, a espontaneidade e a ousadia dos jovens podem descortinar novos horizontes para a VR. Esta será renovada e encontrará o caminho da fidelidade ao Reino pelo empenho generoso e criativo de todos os religiosos. A colaboração de cada um, embora pequenina, é indispensável.

Novas figuras históricas estão em gestação ao se propor novas formas de vivência dos valores da VR, em sintonia com os apelos da humanidade sofredora. A memória histórica, pensada de forma devida, tem o efeito de reavivar o senso de responsabilidade histórica. Assim como hoje olhamos o passado e nos admiramos como os religiosos foram capazes de reconfigurar a VR, no futuro seremos julgados por nossa habilidade em corresponder aos apelos dos tempos e construir a figura histórica da VR compatível com as exigências do Espírito.

4. Sob a ação do Espírito

As entrelinhas dos relatórios revelam a extraordinária riqueza espiritual das religiosas e religiosos envolvidos no labor de repensar a memória e o futuro da VR. É a riqueza espiritual almejada para todos quanto estão às voltas com a construção do futuro da VR.

4.1. Religiosos movidos pela esperança e pela utopia

Os nomes, com os quais alguns grupos se autodesignaram, apontam para o clima emocional presente nas entrelinhas dos relatórios, bem como o modo como seus membros posicionam-se diante do desafio de recriar a figura histórica da VR. *Fonte* e *Fonte de renovação* revelam o desejo de voltar aos momentos fundacionais da VR, no intuito de desbravar caminhos novos. O futuro constrói-se ao se evocar a memória. *Caminho de esperança* expressa a postura evangélica de quem se vê desafiado por inúmeras dificuldades, sem se deixar abater. E, como Abrãao, é capaz de "esperar contra toda esperança", certo de ser Deus o Senhor da história. O grupo *Raízes e Renascer* apela para o esforço de ir fundo na memória, em seu substrato histórico-espiritual mais elementar, para aurir a seiva necessária para a VR reflorescer. Desvinculada da raiz, a árvore morre. Se a raiz permanece na terra e é protegida, daí poderá crescer uma árvore robusta. Tendo permanecido as raízes, resta a esperança de ver a VR renascer vigorosa.

O grupo *Zakar* – recordar –, verbo hebraico, posicionou-se diante do tema com mentalidade bíblica. Na cultura bíblico-semita, a volta ao passado está em função do presente, mirando o futuro. O historicismo está excluído desse horizonte. Fazer memória é beber na fonte da Tradição, para poder levá-la adiante com fidelidade e criatividade. *Rio Araguaia* evoca a inserção da VR num ambiente preciso de microcosmos. E vai além! Evoca o esforço da VR de sintonizar-se com os anseios da humanidade, entre eles, o respeito pelo meio ambiente e sua proteção.

Um espírito de positividade e disponibilidade à ação do Espírito permeia os relatórios. Se essa mesma disposição estiver no coração de todos os religiosos, teremos fundados motivos para esperar a nova primavera da VR, como resposta atualizada aos apelos do Espírito.

4.2. Religiosos capazes de intuir novos rumos

Alguns grupos chegaram a verbalizar sua visão do futuro, apontando elementos bem concretos da nova figura histórica da VR. A VR "será mais itinerante e surpreendente". Sua organização fundar-se-á mais em projetos, com prazos delimitados, que em obras feitas para durar séculos. Alguém ousou afirmar: não se criarão estruturas/obras para durarem mais de dez anos. Um grupo acredita que "serão mais valorizados os religiosos nos colégios, nos hospitais, na universidade e na mídia do que os colégios, hospitais, universidades e mídia dos religiosos". A intercongregacionalidade será prática rotineira. A figura do "religioso adiado" será evitada ao se reduzir o hiato de tempo entre a formação inicial e o exercício da missão apostólica real da congregação. Em outras palavras, o risco de o religioso ser infantilizado tenderá a ser menor.

A pobreza individual e comunitária será mais efetiva e menos teórica. Os religiosos integrarão equipes pastorais e outros projetos, em pé de igualdade com as demais pessoas, sem exercer a liderança. Com isso, a relação dos religiosos com os outros cristãos e não-cristãos será mais enriquecedora. A VR saberá discernir os melhores caminhos para atingir as pessoas e interagir com elas. A participação dos religiosos na vida social será mais efetiva, no sentido de ser "sal da terra e luz do mundo". A qualidade humana dos religiosos será incrementada, a ponto de as comunidades religiosas se tornarem referenciais de humanidade.

Quiçá muitos colocarão essas prospectivas sob suspeita. Antes de criticá-las, seria prudente perguntar-se se cada uma dessas projeções e muitas outras possíveis sintonizam-se com o Evangelho e se, de fato, são relevantes para nosso tempo. Se a resposta for positiva, seria sensato acolhê-las e se deixar pautar por elas. A capacidade de verbalizar nossos sonhos é um passo necessário no sentido de concretizá-los. De certo modo, nós somos nossos anseios. Quanto mais ricos forem, tanto mais empolgante será nossa caminhada.

As novas gerações serão constituídas por quem, movido pelo Espírito, se esforçar para concretizar as inspirações do Espírito. Religiosos de todas as idades são convocados a se irmanarem nesta aventura espiritual. Os formadores têm a tarefa de iniciar os religiosos, desde os primeiros passos na VR, neste caminho do Espírito. Os jovens religiosos, por sua vez, são convocados a se inserirem, com sempre maior intensidade, na tarefa da construção da nova figura histórica da VR. Nada de esperar os votos perpétuos! Quem ingressa, hoje, na VR, defronta-se com esta inadiável missão.

4.3. Religiosos movidos pelo Espírito

A afirmação do profeta Jeremias – "Há uma esperança para o teu futuro" (Jr 31,17) – foi, várias vezes, repetida. Confirma-se, assim, a ação do bom Espírito no coração dos religiosos às voltas com o futuro da VR. Quando os horizontes se encurtam, o Espírito move a olhar o futuro com esperança. É a melhor forma de enfrentar o presente. Urge, porém, precaver-se contra o risco da alienação. Olhar para o futuro, esquecendo-se das tarefas urgentes do presente. Olhar para o futuro, na espera de uma espetacular intervenção divina, para pôr as coisas em ordem. Olhar para o futuro, na expectativa de surgimento de um messias, para liderar ações concretas. Quem pensa assim, sente-se no direito de cruzar os braços e se considera dispensado de qualquer tarefa especial.

A espera do futuro torna o religioso responsável pela construção do presente, como protagonista, dócil ao Espírito. A opção por um estilo evangélico de ser religioso, expresso numa vida simples, autêntica, fraterna, solidária com os pobres e marginalizados, é o desafio do momento. Urge evitar a tentação da VR *light* e acomodada. O profetismo, fruto do Espírito, leva a superar o medo, a insegurança e a ansiedade. "A vontade de acertar pode fazer-nos esquecer que o erro é uma oportunidade a mais para crescer." Porém, quem tem medo de errar e fracassar, e sempre recomeçar, jamais terá a alegria de ver o novo acontecer.

4.4. Religiosos abertos para o novo

O novo sempre gera insegurança. Daí muitos preferirem os caminhos desbravados, as experiências consolidadas e a obediência cega de quem está dispensado de comprometer a própria liberdade. Isto a VR pode oferecer. O novo, porém, exige ousadia, coragem, sensibilidade, nas pegadas do Mestre Jesus e dos fundadores, capazes de responder às interpelações da cada época, às vezes, na contramão das evidências. Os fundadores "souberam descobrir e interpretar os sinais dos tempos e tiveram a genialidade de encontrar respostas novas para desafios novos".

As pessoas implicadas na elaboração dos relatórios dão mostras de serem religiosos dispostos a se deixar interpelar pelo Espírito. Em outras palavras, querem ser "mulheres e homens apaixonados por Jesus Cristo e sua causa", dispostos a serem radicais na vivência da VR, a ponto de ajudá-la a "recuperar a originalidade, a credibilidade e a fecundidade".

Religiosos assim, sob a ação do Espírito, garantirão o futuro da VR!

Capítulo III

SUBJETIVIDADE, SEXUALIDADE E CONSAGRAÇÃO HOJE

Pe. Dalton Barros de Almeida, C.Ss.R.[1]

Tento neste escrito demarcar alguns pontos de lucidez, para que se possa conferir com a realidade. São breves considerações analíticas e outras tantas considerações propositivas. Assumo o lugar desafiador de ser fiel às pessoas de hoje que busca Jesus e o Reino do Pai, movidos que somos pelo amor que fundamenta nossa vocação de gente consagrada. O que inquieta é a sede de amor e a desordem amorosa.[2] Afinal, como diz Santo Agostinho: "Somos o que amamos", repetindo a seu modo o dito de Jesus: "Onde o teu tesouro aí o teu coração".

O roteiro de nossa reflexão começa pelo *hoje* que inquieta; rememora em seguida como somos nascidos, abrindo trilhas para as subjetivações e entrando na questão específica da subjetividade; e podendo considerar por fim a sexualidade que se consagra. O esquema é apenas lógico. Na realidade os temas entrelaçam-se, complementam-se para um único desenho: pontos de lucidez, pois queremos "prosseguir na radicalidade do seguimento de Jesus, a reinventar, transformar e avançar com a mesma paixão de Cristo pela humanidade, a reescrever em nosso cotidiano um você revitalizado, samaritano e profético".[3]

---

[1] Pe. Dalton Barros de Almeida é especialista em psicologia e ciências da sexualidade; professor da Universidade Católica de Minas Gerais e sacerdote redentorista.

[2] Documento de Trabalho para o Congresso Internacional da VC. VISG – VSG.

[3] Palavras de Ir. Maris Bolzan, Presidenta da CRB.

1. O hoje que inquieta

Todos sabemos um pouco de nós e de Deus, a quem nos consagramos. O suficiente, na certa, para sermos fiéis. Mas nossa estranheza parece advir dos tempos que correm, pondo em questão nossa identidade e o futuro do grupo ao qual pertencemos.

O *hoje* deixa-nos indagadores. É a realidade que nos interpela. Por isso mesmo a CRB está sempre a nos convocar reunidos para refletir, partilhar, celebrar o descontínuo de horizontes. De qualquer maneira somos privilegiados por ser parte e tomar parte numa mudança de época.

Assinalamos, apenas, os elementos que compõem o eixo do mal-estar que nos atinge. Atinge a todos nós... "Tocam-nos a agonia do que morre e a confiança do que nasce." No centro das preocupações as novas gerações e um novo modo de sermos consagrados.

Enumeramos, para o *hoje*, quatro elementos como expressão de bloqueios e demandas. A nós cabe o discernimento. Exigente e nada fácil. Estes elementos são mudanças fundamentais:

– Mudanças na noção de tempo: "Corre que estou atrasado. Não tenho tempo para nada". O prazer e a vertigem da velocidade.

– Mudanças nas relações de intimidade: "Muito prazer! Chega mais. À flor da pele..."

– Mudanças na relação com o poder e com a autoridade: "Somos todos iguais, e então?" Poder pulverizado. Poder anônimo. É só se ater ao potencial relacional do celular, da internet. Tudo pode, tudo se comunica, tudo pode inscrever-se na vida de qualquer pessoa.

– Mudanças na compreensão do econômico: Parecer, "Consumo, logo existo..."

Faremos apenas algumas pontuações em torno das duas primeiras mudanças, deixando as demais para sua própria elaboração pessoal.

2. Mudanças na noção de tempo

A paciência da espera é mínima. Tempo é dinheiro e lucro. Queremos benefícios sem os custos da demora e da espera. Tempo virou medida de valor. Moeda que vale ouro. Todos querem ganhar tempo. Viver é andar apressado ou afobado. Ou se preferirem: viver é andar afobado de coisas a fazer, para as quais não temos tempo. Não sobra tempo para as coisas do apreço, pois elas são sem preço.

E, no entanto, qualquer busca sadia de crescimento e evolução humanizadora precisa de ritmo do tempo. É sabedoria saber contar com o tempo. A razão é simples: aqui e agora estamos com lembranças, amarras e marcas de um passado; aqui e agora sonhamos um amanhã que precisamos construir e conquistar; aqui e agora suspendo escolhas, pois preciso elaborar perdas e assumir podas. Não há como desconsiderar a relação constante entre passado, presente e futuro.

O aqui e agora é, muitas vezes, simplesmente espera. Preciso tomar tempo para as melhores realidades humanas, se é que desejo ir longe e sem banalizações. A vida é feita de fases, etapas, ciclos, rupturas e recomeços.

Tempo, essa bela invenção de Deus! E recorda que o amor precisa de tempo, pois requer cultivo. Limites, direitos, deveres, talentos, auto-realização vocacional, Reino de Deus, fidelidade e perseverança, são todas realidades temporais. Para se dar a elas a medida exata de seu lugar em nossa vida, precisamos de tempo! Rememora a frase tanta vez a nós sussurrada: "Você dispõe de um tempinho pra mim?"

O ser o tempo. A VRC atravessa os tempos. Há grupos que desaparecem, boa parte deles prossegue atravessando séculos. É coisa de andarilhos que vão ao "encontro do amanhã". Isso diz respeito às instituições. Quanto à condição humana pessoal, qualquer subjetividade inclui a duração vivida, projetos, mudanças e permanência. Questão de tempo.

Podemos ainda nos indagar: O que é mesmo História, Discernimento? O que são sinais dos tempos? O que é Tradição, esperança cristã?

Se doença tem remédio, a vida não tem. Ela é um renovado contrato de risco e a vocação nos faz fazer alianças de vida com o Senhor dos tempos. De mais a mais, o tempo compõe nossa corporeidade! Somos tempos, ciclo de vida com fases: começo, meio e fim. Ou, então, somos interrompidos a meio caminho, até mesmo muito mais cedo do que se podia supor. Mistério do tempo humano! Assim, a pressa de hoje e a suposta maneira de só curtir o agora do instante e deixar que tudo sejam tão-somente instantes, pode desumanizar-nos e descaracterizar nossa identidade humana. E, logicamente, nosso modo cristão de ser.

3. Mudanças nas relações de intimidade

Horror às distâncias: "Chega mais. À flor da pele. Muito prazer..."

3.1. Uma revolução na intimidade

Aconteceu mesmo uma revolução no modo atual de entender a *intimidade*. Uma revolução da sexualidade, por extenso. Na atual fase revolucionária modificaram-se e recriam-se as *relações de gênero*. A redefinição da condição da mulher traz à tona o desmanchar do sistema sócio-político-religioso do *patriarcalismo*.

Um novo humanismo está a caminho pelo *fator mulher*. As relações intersubjetivas se tornam conseqüência de uma "nova consciência para o encontro das diferenças" (Leonardo Boff). A dialética *masculino/feminino* incide sobre o escalonamento mais tradicional que era: namoro/noivado/casamento/família.

À medida que impera o desejo erótico-sexual, modula-se o sentido da proximidade, dos encontros, da intimidade. É só recordar o *código do ficante* entre a juventude: "Se pintar um clima..." No contraponto, a sexualidade-amor modula melhor o sentido da proximidade, dos encontros, da intimidade.

A melhor modulação consiste em assegurar a individualidade sem se desfazer dos vínculos afetivos. E se quer assegurar a individualidade através de um processo de descoberta, realização e crescimento em parceria, sem destruir o relacionamento. Relacionamentos sem anulação alguma de nenhuma das partes.

Presenciamos, portanto, a reinvenção dos vínculos relacionais, vínculos amorosos. O que significa: subjetividade e sexualidade em crise evolutiva. Os reflexos dessa reinvenção dos vínculos relacionais, que se deseja amoráveis/amorosos, são perceptíveis sobremaneira no rapaz e na moça que buscam consagrar-se como Religiosos em algum Instituto ou Congregação. Os mesmos reflexos são percebidos também em homens consagrados. É só considerar a efervescência em torno da vida comunitária. Diz o Documento final do Congresso Internacional da VRC (2005, p. 317): Alguns brotos da novidade: a busca de uma comunhão e comunidade fundada em relações profundas, inclusivas.

Hoje, diversamente de outrora, a *subjetividade* de qualquer indivíduo lança âncora no território dos afetos e da condição masculino/feminino. Portanto, diz respeito à sexualidade e às pulsões, ao corpo pulsional.

Tomando-se a consagração como um estilo de existência, envolvendo certo modo de intimidade, indaga-se sobre como se educar para a qualidade do eu que ama com a luminosidade de gênero. Amar não é, afinal, viver no espaço do outro e admitir que o outro viva em nosso próprio espaço?

3.2. Como se educar para a intimidade?

A pergunta se desdobra: como educar as novas gerações para as novas relações na vida religiosa? A pergunta pertinente e persistente que não há como calá-la é a seguinte: a formação inicial e a formação contínua são agenciadoras de um território para o desejo consagrado que anseia intimidade?

Ainda há muito susto neste campo. Talvez o susto nos assalte por percebermos que, mal saídos de um sistema repressor, nos deparamos com experiências de excesso. Os excessos são dialeticamente compreensíveis como antíteses: É proibido proibir. Sem limites e sem fronteiras para ir além de todas as fronteiras. Isso ocorre em todos os setores da vida. Basta elencar os fatos. A cura com novos medicamentos, a clonagem, sem limites para a beleza com plásticas estéticas e cosméticos. Sem limites para a proximidade e prazer. Sem limites para o consumo, drogas, sexo, *credicard*. Tudo pode. Tudo tem jeito.

Somos recém-saídos de regimes patriarcalistas e autoritários e controladores. Havia a cultura do silenciamento. Ela ordenava: "Cala a boca!" E mais: Sobre certas realidades não se falava. Valia boquinha de siri, fechada, fechada.

Começou-se cobrindo com folha de figueira a anatomia do homem e da mulher. A genitália. O que gerou até mesmo o tal de "silêncio sagrado", acobertador de desvios ora sexuais, ora econômico-financeiros em dioceses e congregações. É um componente maior do mal-estar atual... Quando silenciamos sobre corpo e pulsões, o silêncio das pulsões acontece, como diria Freud.

As pulsões que não falam porque não as nomeamos, e por não serem expressas, vão expressando-se, tomam corpo. Tomam conta do corpo sutilmente. E o corpo fala em si e por própria conta. Ele passa a ser o sujeito da fala e fala de seu gosto, a seu modo. As pulsões viram compulsões, caminho aberto para os excessos, para as psicopatologias.

Bom, deixando o susto de lado, onde é que desponta no cotidiano da VRC a alegria de ser livre e fiel em Cristo, sem fluidez de identidade, sem defesas neurotizantes, conjugando masculino/feminino e com o campo aberto a melhores identificações?

São realidades novas. Brotos. Flor ainda sem defesa, talvez. Qual estilo comunitário nos deixa gozar de autêntica intimidade e que nos proporciona conviver livres, soltos, fiéis e felizes?

3.3. O que seria uma verdadeira intimidade?

Ser íntimo é ser próximo, é estar ligado por laços de afeição e confiança. Muita coisa há que se modificar para que nossas comunidades de VRC propiciem um amor maduro pela validação pessoal, pela afirmação de que o viver consagrado, junto, tem sentido, gera valor e traz o gozo da convivialidade.

O que mais se detecta, em se tratando de *intimidade*, é a alienação (pessoas alheadas, alheias a...), a indiferença, o descompromisso, o fechamento sobre si (individualismo egoísta). São comportamentos bloqueadores da comunicação, veneno que mata a vida em comunidade.

Há vários níveis de intimidade. A intimidade intelectual, estético-ambiental, social, vocacional, emocional. Esses níveis supõem habilidades de uma "inteligência emocional". Esses níveis são como camadas de um terreno. Interligados. E a intimidade de cada nível mede-se pelas trocas, pela partilha. Pela dimensão da conversa ampla, sugestiva, com sabor de interesse e modo de presença.

Em nossa condição de celibatários, priva-se da intimidade erótico-sexual. Seria mutilar-se?

Há uma crítica (e deboche) e uma pressão na cultura hoje para que as relações de intimidade não só incluam a prática sexual, como lhe cabe condensar prioritariamente a intimidade sexual. A pressão é para que haja o mínimo de dever e o máximo de prazer. A expressão símbolo diz: "(com) muito prazer!"

3.4. Desejar a intimidade

Desejar intimidade e buscá-la vai em conexão com processos subjetivos de autonomia e de auto-estima, condições saudáveis para se relacionar com o outro. Pois, em qualquer relacionamento será inevitável que se receba muita coisa e se abra mão de outras tantas. Assim é que uma coisa é basear a vida na alegria de ser permanente à vocação de "mais ser", e bem outra coisa é basear a vida no princípio de "meu viver".

Quando se trata de ser fiel à vocação de "mais ser", o sujeito humano conta e inclui o outro; baseando a vida em "meu viver", o outro é ameaça e pode ser mesmo o competidor ou o adversário a se eliminar. São significativas essas diferenças.

Em se tratando de nós e da VRC, a consagração muda o sentido de nosso viver. Mas religioso algum, religiosa alguma pode descurar sua subjetividade, seu mundo afetivo, sua sexualidade.

Não compensa ilusionar-se com espiritualismos. A vida é mais forte que a ilusão! Seria colocar em curto-circuito o valor pessoal. Nestes casos, conviria retomar e rediscutir a escolha feita e o modo de produzir a VRC na própria pessoa. Oportunidade de ir dispensando as motivações gastas e os modos desgastantes de conviver. Bom seria retomar o amor primeiro, se ainda e quando for possível.

Certo é, parece-me, que as crises referentes à intimidade na VRC se solucionam com a retomada de uma ética da vida que supera o código do "bom comportamento". A ética da vida correlaciona-se com o desejo, com a aspiração de "mais ser". As crises denotam a ausência de solitude e a presença de solidão; o medo da esterilidade existencial e o vazio afetivo; a baixa auto-estima e a ausência de uma motivação reguladora.

Este caldo de cultura das crises faz aumentar o desgosto pela intimidade perdida no campo erótico-sexual. Há crises de crescimento também.

A conquista de uma saudável intimidade, em nós consagrados, supõe a intimidade orante com o Senhor que nos chamou, seduziu e seduz, e a quem servimos oferentes. A saudável intimidade da pessoa consagrada passa pela liberdade e autonomia que favorecem superar as obscuridades e ambigüidades. Donde importa a produção ininterrupta da subjetividade por meio de novas subjetivações, novas identificações. Obras que decorrem da formação contínua e do constante discernimento no âmbito espiritual, que é a vida consagrada.

É sempre preciso pôr o futuro em nossa vida nas trilhas do desejo de consagração. Há que se exclamar a cada dia: Aqui estou eu de novo! A intimidade na vida comunitária nos impede que um destrate o outro na intolerância do encontro!

4. Rememorando como somos nascidos

Após mencionar o tempo e a intimidade, vale recordar o começo de tudo. Nas origens, o futuro! Nosso jeito de ser nascido marca nossa subjetividade, nossa sexualidade, nossa consagração.

4.1. Assim somos nascidos

Somos assim nascidos: incertos, inacabados, bioanatomicamente bebê macho ou bebê fêmea, ou seja, somos nascidos sexuados; sentindo antes de poder pensar, herdando de pai e mãe uma história genética de incontáveis gerações, de onde brotam certas especificidades nossas e determinadas sensibilizações.

Somos nascidos, e logo a conflitividade se manifesta em nós: conflituados, ambivalentes, oscilantes entre prazer e desprazer, insegurança e segurança. Nosso corpo não possui um saber fazer inato: é pulsional. E nos aponta direções diversas quando não nos joga nessas mesmas direções fragmentárias.

Mora em nossa frágil realidade de bebê e criança a angústia de não-ser. É assim que, um pouco crescidos, nos assedia a angústia da inexistência, da não-significação, do não-valor. Somos pela vida afora assaltados, cá e lá, pela pulsão da morte. "Tristeza não tem fim, felicidade, sim."

Nascemos com aptidão e gosto para evoluir e crescer, sobretudo se estimulados. Somos aprendentes. É que há uma tendência que vem do sem-fundo de nosso humano ser. Tendência que, se brota do vazio da incompletude, é também aspiração de *mais ser*. Chamamo-la Desejo, com D maiúsculo. Aparentado a desejo e desejos.

Nascidos assim desprogramados, cabe-nos ir dando conta de nos construir como gente, alcançando ser um Eu, sujeito, começando a construção da subjetividade. Ela acontece por nos encontrarmos cercados de oportunidades ou por elas cercados, ao nos faltarem.

O singular de nossa personalidade transcorre nas circunstâncias de uma cultura na qual estamos imersos. Quando somos por ela submergidos, dela nos tornamos apenas reprodutores. Sem nada mais, por não sermos sujeito de desejos nem sujeito dos desejos.

Nossas estruturas de pessoas humanizadas, nós as alcançamos na medida de nossa penetração no mundo cultural, o universo simbólico de todos os sujeitos humanos. Somos *simbolizadores* ao sermos aprendentes de uma linguagem que é fala e comunicação, expressão real de nós mesmos, que se torna aos poucos gramática de vida. Caso contrário, podemos tornar-nos uma mentira existencial.

Ao aprender a viver, desenvolve-se nossa racionalidade (inteligência, escolha, aposta e vontade). E desenvolvem-se nos mesmos passos os significados que acolhemos e que damos para a realidade do mundo e para nossa particular existência. Somos indivíduos.

A fé nos diz que somos palavra única e irrepetível de Deus. Eis-nos em composição, como homens ou mulheres, enquanto seres de relações. Somos tocados pelos sentidos de nosso corpo. Somos os sentidos do mundo. O universo se percebe em nós. Somos afetados pelos limites das possibilidades, sejam elas oriundas de nós mesmos ou do ambiente familiar ou da cultura de nosso meio-mundo.

4.2. Experimentando a afetividade

Eis a primeira dimensão de nossa *afetividade*: somos afetados, por isso somos afetivos. Essa maneira própria como somos afetados pela realidade da vida é a cor de nossa afetividade, nosso jeito de captar com emoção este mundo.

Afetividade é luz e obscuridade, pois inconscientemente em seus guardados está ligada às sensações iniciais (e sempre há uma primeira vez!) de prazer e desprazer, segurança e insegurança, proximidade e distância, frustrações..., quando experimentamos o quente e o frio do calor humano ou da frieza humana. O quente e o frio do outro, dos outros, do totalmente outro, no recesso de onde dominam as figuras parentais.

Vivenciando o mundo desde este ponto menor, chamado *eu*, cresce uma específica percepção da realidade. Ela é parte de nossos afetos, sentimentos e emoções: medo, coragem, agressividade, tristeza, vibração, alegria, preguiça.

Minha afetividade! Quantas evocações traz. É minha percepção do mundo, meu arquivo de experiências sentidas, meu poder de *ser doador(a) de significações* às acontecências.

Sua linguagem é simbólica; sua expressividade é conflitiva; sua presença é ambivalente.

Em nosso evoluir, crescemos ao superar etapas fundantes de nosso modo humano de ser; nutrimo-nos com identificações, e desde a âncora do *eu*, (a)firma-se uma *identidade*, sexual e social, ao embate das vicissitudes históricas de nosso existir, sendo e convivendo. (A)firma-se nossa corporeidade, a unidade que outrora se dizia: unidade corpo/alma.

4.3. Experimentando a subjetividade

Há quem hoje queira que o *sujeito* não tenha perenidade, como se a subjetividade se desconstruísse periodicamente ao sabor das mutações buscadas ou impostas. Como se a subjetividade se apagasse em nós qual uma vela queimada. Não me guio por este referencial, ainda que considere a rigidez identitária fonte de distorções defensivas contra novas identificações ou novas subjetivações no decurso dos tempos da vida. Enxergo, no contraponto, isso sim, um sem-fundo abissal do ser humano, sem-fundo que se expressa em cada um de nós como *poder criador*, teologicamente denominado *mistério*.

O sem-fundo humano ("só Deus sabe o mistério que eu sou") resulta inexaurível. Esse dado humano por excelência nos implica sobremaneira. A obra que eu sou, o que fiz e faço comigo para ser *sujeito*, mostra o quanto ao criar algo (produção!) eu recrio a mim mesmo. Donde o sentido subjetivador de qualquer profissão/vocação. Para nós consagrados, o sentido subjetivador da missão que assumimos vocacionalmente.

Somos humanos precisamente porque nos criamos *sujeitos*, e o sujeito não se limita a reproduzir dados quer biológicos, quer culturais. É da imagem divina em nós (criados a sua imagem) que somos criador, criadores.

Freud ao conceituar a "normalidade" humana requeria que o sujeito soubesse amar-trabalhar-desfrutar (gozar). Podemos acrescentar que o sujeito que ama-trabalha-desfruta é capaz de centrar em Deus seu existir, assumindo a vocação de fazer da própria vida uma *oferenda* permanente, a serviço de um carisma e uma missão.

Concluindo esta parte: fomos, pois, assim nascidos e crescemos com um sem-fundo que é expressão do mistério de sermos criados por Deus, aspirando a *mais ser*. Toda autêntica vocação brota desse sem-fundo humano; brota do abissal mistério que somos. Repito com A. Cencini que para discernir com autenticidade o mistério da pessoa existe um lugar definido, uma morada obrigatória. Este lugar é a história do indivíduo.

5. Questões sobre a subjetividade

Aprofundando a questão da subjetividade, quero pontuar tão-somente três aspectos: como a vocação modula a subjetividade; que de nossa posição de sujeito somos sempre responsáveis (Lacan); e que subjetividade, ética e consagração se conjugam a favor da autenticidade de quem se consagra.

5.1. A vocação modula a subjetividade

São muitas as coisas que constroem o sujeito. Somos um paradoxo ambulante. Há em nós uma potência criadora e há os condicionamentos históricos... "Eu e minhas circunstâncias." Elas entram na composição de mim como uma subjetividade histórica. Mas não sou apenas "Eu e minhas circunstâncias". Entre as muitas coisas que me constroem está o fato de a pessoa-sujeito ser capaz de valorar o que vê, sente, aceita, recusa, sonha e busca.

O sonho e a busca, digamos, apontam para uma verdade do ser. Digamos que há uma verdade que também constrói o sujeito: o que ele considera ser o bem e o bom, o certo e o bonito, aquilo que se torna para ele decisivo para seu viver. O considerado é desejado, buscado, achado. Corre atrás.

A vocação é uma verdade do ser da pessoa, quando livremente por ela assumida, desejada, buscada. A vocação é expressão do decisivo para se viver bem, feliz. Esta *verdade vocacional* é a maneira de valorar a vida que se deseja viver. A vocação como expressão da verdade do ser da pessoa é pauta normativa. Foi, é e permanece como um sentido de vida (até que tudo isso desapareça, perca-se... acontece!).

Por que é assim? Simples, talvez. Dependendo do ângulo de visão. A subjetividade inclui a ânsia humana de *poder ser*. E o poder mostra-se criativo e humanizador ao apostar em uma vocação. A vocação, pois, expressa o poder ser, fonte de subjetivações. A vocação passa a ser forma afetiva e efetiva deste poder de nos constituirmos como sujeito, sendo dessa maneira a meu jeito, com minha singularidade.

Isso significa que as formas de subjetivação se realizam a partir das *práticas do sujeito*. Alguém escreveu: "Aquilo que o sujeito é enquanto personalidade singular se constitui pela especificidade de sua prática" (Castor). A subjetividade, então, é também produzida pela *prática do sujeito-vocação*.

A vocação se constrói quando navegamos entre a possibilidade e o desejo, entre o sentido possível e o ideal desejado. A vocação é decisão e aposta. Há uma angústia própria à decisão. Não há decisão que não seja arriscada e que não traga consigo perdas. E para tornar e manter a decisão vocacional é necessário que a pessoa se pense.

Todo consagrado(a) é uma pessoa de aposta, que crê nas promessas. Não é necessariamente uma pessoa cheia de certezas. Aqui está nossa permanente encruzilhada: quando sentimos o peso de carregar o poder criador, o poder do desejo.

Então, lutar cada dia para construir os parâmetros de sermos consagrados. Ou dizendo com outra formulação: aquecer sempre o desejo de consagração.

Nossa vocação à vida consagrada é parte de nossa subjetividade: modula subjetivações ao nos apropriarmos de forma criativa do código de vida inerente ao Carisma e à Missão aos quais nos ligamos pelo gosto da pertença.

Vale recordar: outrora os modos de subjetivação e o universo simbólico da VRC tinham como referência o religioso submisso, submetido, súdito, cuja voz singular se calava. É por conta de estarmos a viver uma *travessia* para o reino da fraternidade, da docilidade de eternos aprendizes, num discipulado constante que tanto se faz urgente a refundação.

5.2. De nossa posição de sujeito somos sempre responsáveis (Lacan)

Temos dado destaque à compreensão do ser humano como sujeito, pessoa desejosa. E fica evidenciada a potencialidade criadora do sujeito humano. Ele não cria apenas a cultura, os sistemas sócio-econômico-políticos e se acomoda com essas suas circunstâncias. É próprio do humano, a nosso entender, *uma práxis inovadora*, "uma produção significativa que outorga sentido para tudo o que vive".

Nós sempre nos constituímos sujeitos interagindo com o mundo em que habitamos e com a história que vivemos. Somos seres de história e, neste sentido, as determinações sociais nos modelam de alguma maneira. Somos filhos do tempo em que fomos nascidos.

Nas atuais condições globalizadas o *poder instituinte* do sistema de mercado faz de cada sujeito social um consumidor. Tome-se a palavra "mercado" e o conceito de "globalização" como conceitos-síntese. O sistema captura o desejo e o sujeito passa a desejar o que interessa ao sistema: o gozo da globalização. O sistema cria e modela determinada identidade. Recorde-se a reflexão sobre o *hoje*, linhas atrás.

"O sujeito sempre se apropria de modo criativo em maior ou menor grau da rede simbólica já existente." De acordo. Mas é o sistema que nos seduz e modela nossa subjetividade ou guardamos nossa liberdade, nossa autonomia. Há que se verificar. Na visão que impera pela configuração subjetiva do indivíduo, é o desejo do mercado personalizado que submete a autonomia a seu reinado.

O sistema captura o desejo. O desejo capturado é a base da casa do indivíduo atual. Este modo de subjetivação tem como objetivo a *sujeição* do indivíduo aos valores do sistema. O indivíduo moderno está inserido na malha de uma sociedade-controle, cujos dispositivos de poder não se impõem pela força autoritária da coação, mas o induzem pela produção de sua subjetividade.

A VRC supõe que se rompa com os modelos aprisionadores e as expectativas escravizantes. Repito a frase de Lacan: "De nossa posição de sujeito somos sempre responsáveis". Somos, como consagrados, gente do amanhã, das promessas, apanhadoras de sinais. Escolhemos e apostamos na invenção do amanhã.

Assim é que, como VRC, cuidamos para que nossas práticas não sejam controladas pelas utilidades do sistema que nos circunscreve (Rm 12,1-6). Nossa autonomia e nossa liberdade se realizam na arena das práticas: práticas de libertações e não de conformismo. Em jogo e questão: a ética da VRC como prática de subjetivação.

5.3. Subjetivação, ética e consagração se configuram a favor de minha autenticidade de consagrado(a)

A relação entre *ética* e a constituição da subjetividade e a *consagração* merecem toda a nossa atenção. Falando de ética, não me refiro em primeiro lugar a *códigos* de bons comportamentos. Os *códigos* costumam ser campo de disputas de poder e fonte de controle por parte das instituições. Mais que se ocupar com o *código* de comportamentos *urge* ajudar e orientar os sujeitos a viverem valores e normas. Primeiro a pessoa, o grupo, o cotidiano. Depois, alguma coisa de código.

Cuidemos de entender e formular a *ética* como prática de subjetivação. A prática de subjetivação como forma singular e pessoal de vivenciar os valores da

Consagração e a prática do carisma-missão. O desafio para cada consagrado(a), para cada comunidade, é através da prática vivencial dos valores se *constituir* como *sujeito*. Donde nossa afirmação da *ética* como prática de subjetivação.

Eis o desafio: trazer às consciências gerando convicções de tudo o que faz sentido para nós: pessoas, comunidades. O sentido é o valor que damos a nossa vocação de consagrados. É uma valoração de que cremos e criamos. Criamos porque acreditamos. É na interação com a realidade *enquanto sujeitos* que se vai configurar o modo de ser de nossa subjetividade. O princípio articulador da subjetividade é a *criação*. E enquanto ética é a criação de sentidos. Quem não cria é apenas súdito. Quem não cria sentidos, apenas se submete e reproduz o exigido.

Quem se consagra valora a vida de um jeito. Valorar é construir uma forma de vida, é a inserção ética do sujeito no mundo. Ética, pois, diz respeito a valores. Prática e valoração são os dois pólos de nossa ética. O sujeito consagrado se faz a si mesmo através de sua prática, de seu modo de vida. Nossa prática ética incide sobre a realidade em que atuamos e sobre o sujeito que a executa. Não podemos omitir-nos de retornar periodicamente (projeto de formação continuada) sobre o universo de valores que vivemos e sobre nossas práticas. Somente assim, em revisão de vida, emergem de fato os critérios de nossa Verdade Vocacional: o mais correto, legítimo, justo, *santificador*.

A construção da subjetividade consagrada requer:

– um conjunto de saberes (sobre si, o mundo, a Fé, a Congregação) e
– uma capacitação pessoal que habilite o sujeito a colocar em prática os valores e princípios desejados.

A ética a que nos referimos supõe a *espiritualidade* em nossa vida. O tipo de subjetividade a ser construída *hoje* pela ética da consagração, qual é?

Buscamos um modo de subjetivação que possibilite a construção de um *sujeito* livre e fiel e uma *existência que se santifique*. Sujeito livre é aquele que mantém o comando de seus desejos e não aquele que é arrastado por eles.

Cabe à prática ética a responsabilidade de definir qual é o modo de o sujeito trabalhar seu desejo para conseguir o autodomínio. O governo de si, pois a vazão descontrolada dos desejos conduz a uma subjetividade desgovernada.

Forma-se! Formação ajuda a construir um modo de subjetivação em que a autonomia do sujeito seja sua capacidade de governar os próprios desejos. Como? Pela prática da(s) *virtude(s)*.

Virtude (do Latim *virtus* = força) é uma prática de vida que cria um estilo de existência. Como conseguir essa virtuosidade? Requer-se uma técnica (do Grego *téchne*), um método e exercício constante do método. Requer-se *ascese*: exercitação, prática. A ascese tem papel substantivo/substancioso no desenvolvimento da subjetividade.

O governo de si é capacidade de produzir o próprio desejo; possibilidade de ser sujeito dos desejos suscitados. A *virtude* é um poder. O poder de presidir/comandar os próprios desejos. A *ascese* capacita o sujeito para a prática dos valores que escolheu. A prática de virtudes se opera na encruzilhada de tensões internas e estímulos que suscitam externamente a tensão. Quem diz *sujeito* refere-se à potencial e real capacidade de discernir e governar, o que supõe aquisição gradual das virtudes de prudência e temperança. A prudência discerne. A temperança governa. Resta saber quais virtudes são hoje estruturantes para nós?

6. Sobre a sexualidade que se consagra

Somos nascidos incertos e inacabados. Nascemos pulsionais, isto é, invadidos por emoções, sensações e ressonâncias. Somos habitados por sentimentos: a realidade nos afeta e alimenta nossos afetos. E tudo leva consigo a marca de sermos sexuados. Nas atuais circunstâncias vamos recriando modos de existir. Encontramo-nos pela vida como humanos heterossexuais, homossexuais, bissexuais, transgêneros, hermafroditas.

Felizmente as proporções entre esses diversificados modos humanos não são eqüitativos. As variações dessas categorias respeitam um caminho absolutamente *majoritário* que desafia os séculos: a heterossexualidade, homem e mulher. Atenho-me à heterossexualidade por conveniência de tempo. Deixo de contemplar as *homossexualidades* que, nestes tempos, trazem inquietações no meio religioso.

Ser homem, ser mulher, tornar-se homem ou mulher é uma (a)ventura especial. É parte substantiva do processo de *subjetivação*. Trata-se de construir a própria subjetividade, em um tempo no qual estão em discussão os modos de homem e de mulher. Discute-se o quanto de masculino e feminino comporta cada *gênero* sem que a identidade sexual de cada um se dilua ou perca matizes e colorido. A *heterossexualidade* diz que cada pessoa tem a chance de ser plena, porém inacabada. Se preferirem, incompleta. Ninguém basta a si mesmo. A diferença, no entanto, não é referência para qualquer desigualdade.

A autonomia do indivíduo homem ou mulher supõe sua capacidade relacional com os iguais do mesmo sexo e no mesmo gênero, como igualmente supõe habilidades para trocas igualitárias com o sexo diferente e de outro gênero. Trata-se, portanto, da reciprocidade entre pessoas. Uma e outro; outra e um... dispostos a se acolherem, superando o estranhamento; dispostos a hospedar o outro diferente, permitindo a proximidade (ou intimidade!) em seus múltiplos níveis: interesse, amizade, companheirismo, parceria, enamoramentos, namoro, noivado, casamento, família.

6.1. Um estilo de vida sexual consagrada?

Qual estilo de vida mulher, qual estilo de vida homem que melhor convêm a consagrados(as)? Como estão sendo formadas as novas gerações quanto à identidade sexual e relacional na bipolaridade masculino/feminino?

Nós consagrados homens ou mulheres incluímos Deus em nosso modo de ser e em nosso estilo de vida, e o incluímos prioritariamente e com exclusividade. Ao incluí-lo cortamos como possível a intimidade erótico-sexual de nossa história de vida, entre homem e mulher. E o fazemos publicamente como Igreja.

A comunidade humana passou a ser testemunha dessa exclusividade, pois nosso amor a ela se destina como *missão*. Ser consagrado(a) é autotranscender-se na direção do que pode e deve, de fato, dar sentido a nossa vida: absolutos no amor, radicais na ternura, pois cada consagrado(a) se atém ao carisma e à missão de seu grupo religioso, o que expressa e aponta para qual fragilidade e miséria humana se volta a nosso amor. Carisma e missão se tornam o objeto do amor, da atenção e cuidado, do serviço gratuito. *Amor dadivoso, dom.*

Reflitamos: a identidade sexual é parte do processo de subjetivação. É construção e conquista do modo como nos tornamos *sujeitos*. Identidade em corpo próprio. Um modo de ser existente singular, sexuado, como homem, como mulher.

Se a identidade sexual é identidade do corpo sexuado como sujeito, o corpo é corporeidade. Corporeidade de homem. Corporeidade de mulher. Equivale a dizer o seguinte: Corporeidade é o modo de ser de cada homem ou mulher enquanto capacidade de *encontro*. Pensou corporeidade, pense encontros. É a partir de encontros que construímos nossas diversas consciências de comunhão com a realidade, as pessoas. Mormente o encontro diferenciado com a pessoa do sexo diverso ao meu. Sem medo e distorções. Oxalá!

A corporeidade sexuada crava nosso modo de estar no mundo e com o mundo. As expressões de valoração que damos às coisas e às pessoas revelam nossa consciência de autonomia, de pertença, de solidariedade (nosso jeito de amar) ou revelam nossas doenças de amor: da recusa à dependência, do medo à desordem amorosa.

Como pessoas consagradas, o carisma e a missão são o território para nossa corporeidade sexuada: aliança de vida como serviço de amor. Carisma e missão enraízam nosso modo de valorar coisas e pessoas; realizar encontros, criar proximidade e solidariedade; estar em comunhão... sem incluir a intimidade erótico-sexual como prática de vida.

Eis o difícil todo em nosso corpo de carne. Mas tem algum porém: a sexualidade humana permanece errância, enigma, maravilhamento. E, por vezes, a sexualidade é traumática. Não há quem escape, vida andando, aos muitos e variados conflitos – conflitos psíquicos – na busca do amor e da satisfação no conviver.

A sexualidade, enquanto busca de encontro, caminha em nós e se choca com freqüência com as condições de vida que rodeiam o outro: Atração. Repulsa. Indiferença. Paixão de amor. Paixão de ódio.

Minha sexualidade sou eu e as experiências de encontro já vividas (proximidade-intimidade-compaixão) e as experiências de desencontro (fuga-medo-encabulamento). Minha sexualidade sou eu e as circunstâncias desafiantes com as quais venho a me encontrar.

Pensou em sexualidade, pense em inesperados. Quer entender melhor? Considere os objetos do desejo sexual, desde o início, como bebê na vida, não são inatos. Freud (1905) enfatizava que os objetos sexuais têm de ser encontrados. E aqueles que encontramos desde bem cedo, eles serão ou negados, ou redescobertos, ou recriados um pouco mais adiante na vida, em sua força total, qualquer dia. No inesperado dos relacionamentos. Em uma hora qualquer da vida em curva, quer o caminho esteja em subida ou descida. Naquele dia... Naquela hora...

O sentido de nossa *identidade sexual*, sempre realidade pessoal, mescla e engloba o que é semelhante a mim e o que é de mim diferente. Por isso, há uma luta para responder à exigência de criar nova identidade.

A aquisição de um sentimento regulador da identidade tanto pessoal quanto sexual exige uma série de processos. De elaborações. Provavelmente o principal processo seja este: desaprender ou abandonar o desejo de *possuir* "aquilo que é diferente de mim", o que não sou e o outro é. Só quem aprende a perder, ganha. Desaprender a dependência e morrer à posse. É pascal o itinerário de qualquer vida integrada e sábia, quando olhamos nossa história com os olhos da fé.

Para nós consagrados, se o corpo é santo, ele nem por isso é meio de contato imediato com o Divino. Deus o habita sim. Mas nosso corpo não é um corpo divino. Ainda não. Ele permanece terrestre e humano confiado a nossos cuidados e a nossa responsabilidade. Permanece no circuito de nossa condição afetiva, erótico-sexual. Um corpo pulsional que pulsa na cultura de seu tempo. Com ela interage. Há que discernir, escolher. Por isso é que não há atalhos possíveis entre sexualidade e ética e espiritualidade e mística. Não há atalhos entre vida teologal, psiquismo e subjetividade. Não há outro ponto de partida senão nosso universo psíquico, nossa *corporeidade*.

Nossas relações, sejam quais forem, brotam de um único e mesmo psiquismo. Mesmo quando centrados para o *um* e *único*, o absoluto do amor, Deus, fonte de todo sentido, nossos atos existenciais, nosso amor consagrado, desenrolam-se no relativo e no contingente, no múltiplo.

Nossa espiritualidade, oriunda da vivência da fé e da consagração, confirma e fortalece ou revisa as orientações da ética. Assim, não há como não conhecer tempos de crise pessoais. Não há como não reconhecer as demandas de novos modos de subjetivação que hoje a corporeidade reclama. O corpo é relação. O corpo é lugar do dom. O corpo é lugar de decisão. Somos carne, chamados à vivência da corporeidade. Aspiramos a encontros. Vivemos na espera de encontros, quer seja com nós mesmos, quer seja com os outros, quer sejam encontros orantes, com o Senhor na solitude, encontros com e na comunidade. Encontros na missão.

Ser corpo leva a ter "espírito de corporação". Toda vocação responde a indagação: com que e com quem faço corpo? Faço amor? Talvez se pudesse dizer: com que e com quem faço amor?

Nossa consagração proclama: Fazemos aliança com o Senhor Deus da vida. Somos corpo para o Senhor. Somos comunidade; juntos somos corporação. E Ele está no meio de nós. Somos o corpo do Senhor para a vida do mundo.

6.2. Um eros consagrado?

Existe mesmo um *eros espiritual*? É verdade que nada em nós resulta de um simples mecanismo corporal. Nem mesmo as relações sexuais. Mas acredito que seja saudável não colocar logo nosso barquinho em águas de uma suposta "maturidade espiritual". O dinamismo das pulsões não é naturalmente o mesmo dinamismo do espírito. Tornar-se espiritual é um combate.

A liberdade nossa estará empenhada numa grande e gradual metamorfose mística, que supõe a ruptura com a mediocridade e o despertar para um cotidiano revitalizador. É muito comum, em se tratando de pecados da carne, pensar a pulsão erótico-sexual como uma necessidade que percorre o circuito seguinte: excitação, desejo, comoção erótica-sexual. Claro, o circuito existe.

Entretanto, partindo das melhores crises em nosso meio de consagrados(as), celibatários(as), ocorre uma inversão no circuito; comoção – desejo – excitação. A comoção é primeira. Às vezes se parece com um miniterremoto. Costuma-se dizer assim quando ocorrem os enamoramentos: "Foi a emoção de um *olhar* que sacudiu o território". "Foi a emoção da qualidade de uma *presença* que implodiu a segurança." "Foi a força de uma *palavra pertinente* que, acompanhada pela graça de um rosto, transtornou os esquemas."

Essas proximidades – a do olhar, a da qualidade da presença, a palavra lúcida – suscitaram agitado lago emocional que logo vaza para o recanto dos sentimentos e acorda desejos, que levantam outros sonhos. Parece que o desejo nasce daquilo para a qual a circunstância tende. Ou é o próprio desejo que nasce daquilo para o qual tende?

De qualquer forma, o desejo é o movimento em direção ao outro, à outra. Não é necessidade. É desejo que inclui demanda, grito, apelo. Dirige-se a uma pessoa. Então, entre a pulsão e a aspiração é hora de repensar nossa consagração, nosso celibato, nossa castidade. Crescemos com estes embates. Sem dualismos, cabe-nos conjugar desejo e liberdade, através da dinâmica de crescimento por conta do ideal escolhido: as promessas.

Há unidade entre Desejo e Liberdade? Unificação, sim. Uma conquista. Supõe um saber e um treino, ascese.

A vitória da unificação sobre as fragmentações depende se a história da pessoa a faz *sujeito* de seus desejos. O que implica o *ethos* da pessoa. Suas coordenadas éticas. A condição de consagrado(a) nos remete à condição de *sujeito* e sua ética. Sem essa identificação e sem identidade sexual aclarada, sem identidade vocacional clara, construída... Os caminhos ficam obscuros, as armadilhas se apresentam.

Pensar a sexualidade em torno de desejos supõe que haja desejos (e não compulsões!) e que haja um sujeito de desejos. Eis a questão: *ser sujeito*. O ser humano torna-se sujeito de seus desejos, tornando-se sujeito ético. E não há construção do sujeito ético sem modos de *subjetivação*: a pulsão sexual só se integrará na esfera do pessoal e não apenas na esfera de um objeto de desejo. É arte. É *poiesis*. É dom, graça.

Nosso caminho humano-vocacional (pois a vocação também é fenômeno humano) consiste em realizar a si próprio como capaz de sujeitar, presidir e elaborar as forças que pulsam no interior psíquico, salvaguardando a livre disposição de sua energia.

É hora de nos perguntarmos: Será que o que quero é o que desejo? "Você quer o que deseja?" (Jorge Forbes). Lembro a expressão de Lacan: "Desejar é sempre desejar outra coisa, a ponto de podermos agradecer a quem não nos dá o que foi pedido".

O desejo não é naturalmente o amor. O psiquismo não é naturalmente espiritual. O sujeito pode não ser e não é naturalmente pessoal. O desejo de consagração como desejo de amar o outro é ambíguo. Se seu nome último é a ternura, ele pode entrementes assumir as formas mais inquietantes de traição, de violência à vontade de poder.

Como escreveu E. Levinas, o psiquismo é egoísmo. *Para que o desejo entre no dinamismo espiritual*, que é o dinamismo do dom, é preciso uma virada/conversão. Conversão do desejo, virada de orientação. Sair da posse-domínio-prioridade imediata; viver um êxodo: a travessia de *por mim-para mim* em vista do *pelo outro*.

6.3. Sobre a purificação dos desejos

Na purificação dos desejos multifacetados da concupiscência, os desejos vivem a travessia para o *dom*: surgem como amor. Se *filia* (amor companheiro), se *eros* (amor sexual), se *ágape* (amor doação). É hora de escolha. E de aposta.

Para que o desejo se transforme em amor entra em cena a *vontade*: o poder de desejar ser assim, consagrado. Vontade é esse bem-querer que quer o bem efetivado, expressão de um projeto de vida, promessa de um ideal.

Sem vontade, como *renunciar* às fragmentações de variados desejos? Como ser fiel? Como assegurar a palavra dada, garantir a promessa? Renúncia, dom, perdão e recomeços, fidelidade... *inexistem* se o desejo não se conecta com a vontade. Ser, estar e manter-se pessoa consagrada vivendo livre, leve, solta em um conviver celibatário requer essa vontade do amor. Nada com voluntarismo!

A vontade é o desejo do sujeito que assume sua corporeidade em vez de padecê-la ou acompanhá-la em seus impulsos. Amor e vontade se coligam com a *liberdade*. A sede da vontade é o coração. Liberta o sujeito de ser apenas possuidor. Eis o caminho espiritual que o desejo erótico-sexual pode percorrer.

6.4. O espiritual-carnal

Resta-me, agora, descortinar o quanto o *espiritual* é carnal. O termo espiritual designa um dinamismo. Nossa corporeidade, ao se consagrar, torna-se *espiritual*, entra no dinamismo do dom, próprio a toda pessoa que vive vida espiritual. No Espírito. Começa a aprender uma nova maneira de existir em relação.

Nós, corporeidade consagrada, redimida, vamos tornando-nos oferentes. Oferenda. E. Levinas anota que o doar é o movimento original da vida espiritual. Nosso caminho espiritual outro não é senão este mesmo: viver minha corporeidade pelo *dom* feito a Deus pelo Reino, no serviço ao carisma.

Se excluímos a relação sexual e a parceria de vida no matrimônio, se praticamos a castidade, nem por isso nos privamos das *bênçãos da carne*. A carne não tem só seu lado ameaçador. Ela é redentoramente Encarnação. Carne redimida. A palavra se faz carne, para que nossa carne se faça Palavra de Deus. O Divino feito carne é bênção em nossa vida. Bênção de nossos sentidos: o olfato, a respiração, a audição, a fala, a visão, o pensar, a sexualidade. Por esses sentidos abençoados o universo se percebe em nós. A carne do universo vive em nossa carne. A dor do universo se extravasa em nossa carne. A alegria de cada um de nós por existir na carne como bênção para o universo é horizonte imenso de amor à vida. Corporeidade redimida. Corporeidade santificada. Nem todos percebemos esta extraordinária extensão de nossa vida consagrada.

Assumir o carisma e a missão na VRC é ser vocacionado ao *dom*, é aceitar ser sensível, oferenda, vulnerável. Tornar-se fraco com os fracos. Emocionar-se com a fraqueza do outro e com ele se comprometer. Por uma redenção copiosa.

Pelo carisma do grupo, nós nos reconhecemos encarnados, fazendo corpo com os fragilizados. Nada melhor para nos deixar conscientes do quanto vulneráveis somos e de quão próximos devemos ser deles. Oferentes como Jesus.

Nosso celibato e nossa castidade longe de serem desencarnação, fora da carne, apontam para o fato de que a espiritualização de nossa vida é Encarnação. O dom é vivido na carne. O desejo que não é só ligado às pulsões; é, por igual, aspiração de "mais ser".

Corporeidade, corpo, carne, encarnação. A carne respira, o corpo respira, a respiração em nós é ritmo de vida da consciência que sente e escolhe o que ama. E a respiração é, ao mesmo tempo, ritmo de vida do Espírito em nós. O sopro do *ruach* em nós é por vezes *vento de crise* (Levinas), que sopra e rasga, desconstrói o fixado, o acomodado. Que bom!

Quero concluir com a constatação de A. Cencini, que é também minha. Chegamos à conclusão de que hoje o celibato é vivido um tanto abaixo do *tom*, a ponto de se poder falar de um celibato fraco e, antes ainda, de uma formação fraca para o celibato. Mas ainda restaria uma questão final: o que se pode e se deve fazer para que o celibato em razão do Reino seja vivido como opção e testemunho forte de vida?

Referências bibliográficas

BIRMAN, Joel. *Mal-estar na atualidade*. São Paulo: Civilização Brasileira, 2000.

CONGRESSO INTERNACIONAL DE VIDA CONSAGRADA. *Paixão por Cristo, paixão pela humanidade*. São Paulo: Paulinas, 2005.

FORBES, Jorge. *Você quer o que deseja?* São Paulo: Editora Best Seller, 2004.

LACROIX, Xavier. *Le corps de chair*. Paris: Cerf, 1992.

LOMBARDI, José Claudinei; GOERGEN, Pedro (Orgs.). *Ética e Educação*. Autores Associados: Histedbr, 2005.

RONCA, Paulo Afonso Caruso. *Quem são nossos filhos?* Edesplan: Hoper Editora, 2004.

RUIZ, Castor Bartolomé. *As encruzilhadas do humanismo*. Petrópolis: Vozes, 2006.

Capítulo IV
CORPOREIDADE, AFETIVIDADE E NOVAS TECNOLOGIAS

William César Castilho Pereira[1]

Este texto propõe-se a apresentar algumas questões para o debate em torno do tema "corporeidade, afetividade e novas tecnologias" no campo da sociedade vinculada à vida religiosa. É possível afirmar que a revolução das tecnologias da informação produz novos sujeitos, novas formas de relacionamento e de experimentar o espaço, o tempo, o corpo, o outro e a instituição religiosa? Há novos processos de subjetivação na vida religiosa? Esses episódios estão sendo percebidos e/ou integrados no cotidiano comunitário? Que impactos e transformações estão sendo vividos pelos sujeitos, seus grupos e instituições religiosas?

1. Corporeidade

Corporeidade[2] e afetividade/sexualidade[3] tornaram-se, nas últimas décadas, temas de amplos estudos, pesquisas, reflexões e debates em diferentes setores e instituições sociais. Pode-se dizer que são algumas das personagens

---

[1] Psicólogo clínico, Professor Adjunto na PUC-Minas, no ISTA (Instituto Santo Tomás de Aquino) e no Centro de Estudo Superiores Santo Inácio. Analista Institucional. Doutor pela UFRJ. Autor de livros e artigos.

[2] Chamamos de corpo as complexas dimensões biológicas, fisiológicas, químicas e físicas que atravessam órgãos e tecidos do organismo humano. A corporeidade, por sua vez, é a experiência do corpo como realidade fenomenológica, relacional, histórica e de gênero.

[3] Antônio Moser define bem o limite tênue entre afetividade e sexualidade: "a afetivi-

mais importantes da civilização, presentes em mitos e lendas, na literatura, nas artes, nos meios de comunicação, na economia e na política e, principalmente, como habitante do subsolo do sagrado.

Em fins da década de 70 e início dos anos 80, irrompeu na sociedade contemporânea um surto de idéias novas que se impuseram como padrão de comportamentos sexuais e de diferentes subjetividades. Com razão, vem-se falando de uma revolução no campo das relações afetivas e sexuais da vida humana. Essas mudanças abalaram os edifícios institucionais da modernidade, fundada na certeza da razão instrumental, em saberes disciplinares sólidos, em dispositivos de controle e de coesão absoluta de indivíduos centrados em identidades unificadas. O poder disciplinar estava, até então, apoiado na regulação de idéias, no controle do espaço e do tempo, na vigilância da subjetividade e da estética do corpo.[4]

Como ocorre em épocas de crise histórica, os aspectos da afetividade/sexualidade ou da subjetividade humana tornaram-se caixas de ressonância das transformações sociais, refletindo em microterritórios as complexas macroestruturas da sociedade.

Essas novas subjetividades singulares e universais também atingiram a estrutura da Igreja. Como parte ativa da sociedade civil, essa instituição não poderia deixar de ser afetada e participar da construção de diferentes ideários morais e éticos da civilização emergente.

---

dade é um desdobramento da sexualidade, intimamente ligada a ela, mas ao mesmo tempo apresentando uma tônica específica. A sexualidade é antes de tudo uma energia que perpassa todo o humano, empurrando-o para fora de si mesmo e como que o obrigando a estabelecer laços com os outros e com o mundo circunstante. A afetividade, por sua vez, é constituída pela ressonância interna que o contato com o mundo externo e com os outros vai deixando impresso nas profundezas de cada pessoa humana. (...) Vê-se por aí que a sexualidade, entendida em seu sentido amplo, e a afetividade não chegam a se identificar, mas estão muito próximas e se inter-relacionam continuamente" (MOSER, 2001, 43).

[4] Para Foucault (1999, p. 120), os poderes são exercidos de forma "capilar", como micropoderes. O objeto perfeito para esses poderes é o corpo, que precisa ser docilizado, mas de forma positiva (afirmativa), e não mais através da violência física da repressão negativa (proibitiva). O poder disciplinar cria disciplinas através da vigilância. Sujeitos são vigiados e não podem ver quem os vigia, pois são, eles mesmos, os próprios algozes. A vigilância baseia-se em saberes institucionais e científicos, espontaneamente seguidos.

2. Afetividade e vida religiosa

Do que falamos quando falamos do corpo e da afetividade? O corpo é uma metalinguagem. Uma metáfora, um significante que diz algo: corpo-palavra. O corpo é, pois, muito mais do que um amontoado orgânico de células. Ele é olhar, destreza dos dedos, generosidade das mãos ou avidez dos gulosos. O corpo é a ternura que se dá e se recebe ou a mesquinhez dos contidos e controladores.

Freud postula que o desenvolvimento da afetividade/sexualidade humana passa por um obscuro caminho que parte das *funções biológicas*, da ordem da necessidade e, posteriormente, delas se desvia, passando para o caminho da pulsão e gerando um conjunto de sensações, imagens e fantasias da ordem do desejo em busca da realização, *corporeidade*.

A libido é uma pulsão vital, uma energia que invade o ser, impregna a existência humana e todas as formas de relacionamento, inclusive o relacionamento com o *sagrado*, em busca da realização do desejo – *a sedução do sagrado*. O sagrado é desejo de outro Ser. É viagem, impulso que vai longe, saída de si para aceder ao estrangeiro, ao diferente. E quem deterá esse desejo que não se sacia jamais? Os místicos que testemunham essa experiência, entretanto, nada sabem e nada são capazes de dizer de tudo isso. "Eis o mistério da fé."

O marco de toda a experiência da vida religiosa está centrado no desejo, no fascínio, na atração pelo mistério com que o Outro (Deus) nos vê, que envolve, seduz e apaixona com sua forma extraordinária e sua diferença, provocando rejeição ou aproximação e união.

Na forma de relacionar-se, o corpo humano não se limita a simples procura do biológico, mas ao transcendente. Essa transcendência eleva-se à ordem do simbólico. O corpo se faz palavra. A união com Deus é comunhão do corpo. "O Verbo se fez Carne e habitou entre nós" (Jo 1,14). Assim, pela linguagem, o corpo transcende as coisas e chega à Trindade, mais perfeita experiência da relação amorosa de reciprocidade-alteridade.

Com a descoberta da libido e, conseqüentemente, da sexualidade na infância, Freud abriu polêmica e arrebanhou uma série de acusações e injúrias. Em 1909, o pastor protestante Oscar Pfister, seu grande amigo, escreve-lhe uma carta condenando veementemente sua teoria, classificando-a de pansexualismo e tomando-a como uma busca desordenada de erotismo. Freud responde ao amigo pastor citando, inicialmente, a Epístola de São Paulo aos

Coríntios: "Ainda que eu falasse línguas, as dos homens e dos anjos, se eu não tivesse caridade, seria como um bronze que soa ou como um címbalo que tine" (1Cor 13,1).

Freud afirma a Pfister que o erotismo em que acreditava não se restringia ao "gozo sexual grosseiro". Em *Psicologia das Massas e Análise do Ego* (1921), Freud sinaliza:

> por chegar a essa decisão, a psicanálise desencadeou uma tormenta de indignação, como se fosse culpada de um ato de ultrajante inovação. Contudo, não fez nada de original em tomar o amor nesse sentido "mais amplo". Em sua origem, função e relação com o amor sexual, o Eros do filósofo Platão coincide exatamente com a força amorosa, a libido da psicanálise, tal como foi pormenorizadamente demonstrado por Nachmansohn (1915) e Pfister (1921), e, quando o apóstolo Paulo, em sua famosa Epístola aos Coríntios, louva o amor sobre tudo o mais, certamente o entende no mesmo sentido "mais amplo". Mas isso apenas demonstra que os homens nem sempre levam a sério seus grandes pensadores, mesmo quando mais professam admirá-los (FREUD, 1976, p. 116-117).

O sujeito de desejo relaciona-se a uma liturgia amorosa e prazerosa. Também a esposa, no Cântico dos Cânticos (4,1s.–5,10s.), assim se expressa sobre a ferida de amor pela visão do Amado:

> Como é bela, minha amada. Como você é bela! São pombas seus olhos escondidos sob o véu. Seu cabelo, um rebanho de cabras. Seus lábios são fita vermelha. Sua fala, melodiosa. Seu pescoço é a torre de Davi.
> Meu amado é branco e corado. Sua cabeça é ouro puro. Seus olhos são pombos. Suas faces são canteiros de bálsamos. Suas mãos são braceletes de ouro. Seu corpo é marfim lavrado. Suas pernas são colunas de alabastro. Sua boca é só doçura. Tal é meu amado, assim é meu amigo.

O desejo pode ser tomado como força elementar, sem direção certa ou errada, aquilo que nos *queima por dentro, perturba o sono, treme, agita, arde, clama,* implora por nosso reconhecimento, mas se apresenta como enigmático, incansável. É um movimento do devir, buscando caminhos, atalhos, desvios. Em cada um de nós, esse desejo constitui a força motriz, a tensão incessante a mover-nos por toda a vida.

Não existe modelo que nos ensine a buscar essa realização através da avaliação de alguma autoridade. Cada um deve descobri-lo por si mesmo, na convivência com o outro, principalmente no processo de vida grupal e institucional.

Se algo pode ser dito sobre o exercício da vida afetiva, certamente é que ela passa pelo caminho da experiência amorosa/libidinal entre sujeitos e é atravessada pela errância entre virtudes e vícios.

Nessa dimensão, a construção da corporeidade e da afetividade não é algo puro e pode arrastar, como contrabando, uma paixão amorosa, avassaladora, pela figura de Deus, de forma regressiva e narcisista. Em nome de Deus e da Vida Religiosa, podemos gerar a vida ou enormes confusões, até a morte. Talvez não exista relação mais ambivalente entre o crente e Deus. Em seu nome são cometidas terríveis atrocidades, atos perversos e atitudes doentias. Há relações afetivas com fortes traços fálicos que matam, infantilizam e tamponam o enfrentamento da realidade. Ou, pelo contrário, a relação com Deus pode ser elemento propulsor fundamental, visando à transformação do sujeito e de seu contexto histórico e institucional.

"Buda, Jesus de Nazaré, Francisco de Assis, Teresa de Ávila, João da Cruz e o iluminado Miguel de Molinos, Ghandi, Oscar Romero, Martin Luter King, Dom Hélder Câmara, Padre Cícero, Frei Damião e Collor de Mello, Severino da Maria, Severino do Congresso, Edir Macedo, religiosos e religiosas, cantores, Presidente Bush, Bin Laden, falam todos em nome de Deus e do poder. Profetas, místicos e oferentes de um lado e, do outro, fanáticos, fundamentalistas e paranóicos" (MORANO, 1995). O mesmo objeto, o fascínio por Deus imaginado e o poder, impulsiona uns e outros nas diversas articulações de sua experiência religiosa e política. Todos se acotovelam, lado a lado, ou pelas virtudes ou pelos vícios.

3. Transformações das subjetividades: tendências contemporâneas e revoluções tecnológicas

Diversos estudos do mundo urbano globalizado coincidem ao indicar traços comuns da cultura contemporânea que exercem forte influência sobre os processos de subjetivação. Alguns desses traços já estavam presentes em outras épocas, outros vêm sendo produzidos pelos novos processos de agenciamentos resultantes de dispositivos tecnológicos, como aparelhos microeletrônicos, computadores, internet e telefones celulares.

Michel Foucault, em *Microfísica do Poder*, desenvolve o conceito de dispositivo como

> (...) um conjunto decididamente heterogêneo que engloba discursos, instituições, organizações arquitetônicas, decisões regulamentares, leis, medidas administrativas, enunciados científicos, proposições filosóficas, morais e filantrópicas. Em suma, o dito e o não-dito são os elementos do dispositivo. O dispositivo é a rede que se pode estabelecer entre estes elementos (FOUCAULT, 1982, p. 244).

Para ele, os dispositivos estão inseridos em jogos de poder associados a saberes que deles nascem ao mesmo tempo em que os configuram. Portanto, têm uma função estratégica e respondem a uma urgência histórica.

> Dispositivo, como um tipo de formação que, em um determinado momento histórico, teve como função principal responder a uma urgência. Tem uma função estratégica dominante. O dispositivo está sempre inscrito em um jogo de poder, estando sempre, no entanto, ligado a uma ou a configurações de saber que dele nascem, mas que igualmente o condicionam (FOUCAULT, 1982, p. 244).

Outro conceito importante é o de subjetividade. Para compreendê-lo, é necessário, como recomenda Guattari (1986), dissociá-lo da idéia de indivíduo, tão preciosa à concepção prevalente de sujeito moderno. Para aquele autor, "indivíduos são o resultado de uma produção de massa e, portanto, serializados, registrados e modelados" (GUATTARI; ROLNIK, 1986, p. 31). A subjetividade, por sua vez, não é passível de totalização, configurando-se de forma aberta, repleta da multiplicidade dos agenciadores, já que

> (...) está em circulação nos conjuntos sociais de diferentes tamanhos: ela é essencialmente social, e assumida e vivida por indivíduos em suas existências particulares. O modo pelo qual os indivíduos vivem essa subjetividade oscila entre dois extremos: uma relação de alienação e opressão, na qual o indivíduo se submete à subjetividade tal como recebe, ou uma relação de expressão e de criação, na qual o indivíduo se reapropria dos componentes da subjetividade, produzindo um processo que se chamaria de singularização (GUATTARI, ROLNIK, 1986, p. 31-33).

A subjetividade (modos de ser, sentir, pensar e agir constitutivos do sujeito em determinado momento histórico) é tecida, no contexto institucional, pela rede de micropoderes que sustenta o fazer cotidiano, operando efeitos de reconhecimento e desconhecimento dessa ação.

As instituições concretizadas em organizações e estabelecimentos não apenas realizam – quando realizam – os objetivos oficiais para os quais foram criadas, mas produzem determinadas subjetividades.

Assim, o impacto dos dispositivos do mundo contemporâneo das revoluções tecnológicas produz novas subjetividades. Sujeitos são fundados no interior dessas práticas, sujeitos ao mesmo tempo constituídos no e constituintes do cotidiano institucional. O que importa é a *relação* do sujeito com o objeto, ou seja, o que dele posso extrair paralelamente. Como me sinto capturado nessa relação? O que esse objeto é capaz de arrastar? Que tipo de fantasia posso subtrair desse objeto e, simultaneamente, inscrever em meu psiquismo como formas de submissão ou de autonomia? O pensamento costuma reificar objetos e os sujeitos passam a existir enquanto se produzem e são produzidos dentro de determinadas práticas institucionais, com sintomas que denunciam os "não-ditos": poder, dinheiro, saber, prestígio, prazer, corporeidade, subjetividade masculina e feminina e sagrado.

As tecnologias contemporâneas podem representar formas de progresso de desenvolvimento humano e o apocalipse. Por um lado, são grandes resultados de criação humana. Por outro, há que se suspeitar criticamente de sutis e deliberadamente intenções de dominação, exploração e mistificação de grupos que a controlam.

Se há uma demanda por um serviço, deve haver uma estreita colaboração de quem o produz para que seja demandado, o que, por si só, já vale uma análise mais aprofundada, para que não se caia em uma relação de puro fetiche do tipo que diz "eu sou a resposta à necessidade gerada por tua carência", provocando em quem consome a submissão e aceitação de que o produto ofertado tem plenamente tudo o que lhe falta. É nesse jogo de demanda e oferta que se podem produzir dependência, ignorância e formas recalcadas que impossibilitam sujeitos de possuir seu próprio saber e sua própria determinação.

Tomando por referência as concepções de sociedade apresentadas por Michel Foucault (1997) e Gilles Deleuze (1992), vivemos a ambivalência entre a sociedade disciplinar e a sociedade de controle. A primeira caracteriza-se pela mecânica do poder calcada nas disciplinas, hábitos, exercícios, saberes, verdades e regras instituídas. Tempo das instituições fortes, das soberanias como o Estado, a penitenciária, a escola, a fábrica, o exército, a Igreja, a família que, preconizando a vigilância permanente dos sujeitos por alguém que sobre eles exerce seu domínio, produz subjetividades e corpos dóceis, individuais e totalizantes. O paradigma da sociedade de controle funciona transformando contínua e rapidamente o sujeito em outros moldes, impedindo a identificação dos modelos de moldagem. É um novo modo de dominação: um poder disperso, distante e interpenetrado nos interstícios espaciais por supostas ausências de limites. É o reino da automação dos artefatos e das subjetividades *mass*-midiáticas. É o império da produção de imagens efêmeras, sustentado pela veiculação instantânea de sistemas de simulacros – a metonímia.

Encontramo-nos frente a uma nova ordem simbólica, caracterizada por um grande consumo[5] de signos e imagens, uma profunda semiotização da vida cotidiana construída na nova indústria cultural transnacionalizada. O sujeito contemporâneo pode ser considerado tanto ator como consumidor, figura emblemática da sociedade espetáculo que apresenta um imaginário em constante pane.

São os primeiros fermentos das produções culturais que sinalizam a virada pós-moderna ou, como diz Jameson em sua ousada tese, "o pós-moderno não é senão a lógica cultural do capitalismo avançado. É a terceira e mais profunda fase do capitalismo, o capitalismo multinacional, cujas estruturas estão intensamente marcadas pela nova tecnologia" (JAMESON, 1992). Em outra formulação, a produção cultural integrou-se à produção de mercadoria. "A promoção da publicidade como a arte oficial do capitalismo traz para a arte estratégias publicitárias e introduz a arte nessas mesmas estratégias" (HARVEY, 1993, p. 23).

Portanto, os grandes centros industriais, a arquitetura, a produção cultural e as novas tecnologias estão imbricados e vinculados a um novo estilo de capitalismo. Ou seja, a produção cultural atinge o inconsciente

---

[5] Segundo Hobsbawn, "por sua própria natureza, a sociedade de consumo contemporânea cada vez mais obriga as estruturas políticas a se adaptarem a ela. Na verdade, a teoria do livre mercado alega que não há necessidade da política, pois a soberania do consumidor deve prevalecer sobre todo o resto: o mercado supostamente deve garantir o máximo de escolhas para os consumidores, permitindo-lhes satisfazer todas as suas necessidades e desejos por meio dessas escolhas" (HOBSBAWN, 2000, p. 118).

e perverte os desejos, incitando assim o avanço tecnológico que, por sua vez, desperta novos desejos. Entra-se numa roda de produção de desejos sem fim.

O capitalismo é um sistema no qual o crescimento da produção só faz aumentar a demanda por novas formas de desejo. A questão básica está no permanente estado de insatisfação. Vive-se do sintoma do consumo: fazer-se devorar, fazer-se drogar e fazer-se endividar. O capitalismo vive da produção da carência: a falta é constitutiva de seu sistema de reprodução e consumo. Não se trata da carência de necessidades, que escraviza os mais pobres, e sim da carência no âmbito do desejo, que move compulsivamente o consumidor. Seus princípios essenciais repousam na falta de equilíbrio estrutural e em seu caráter antagonista: vive-se de crise em crise. Seu estado normal consiste em viver insatisfeito. A dimensão da realização é a insatisfação absoluta, ou seja, o excesso. Seu lugar privilegiado é o Shopping Center, onde não há relógio, não chove, não faz calor ou frio. O Shopping Center é o lugar do mundo exatamente onde ele não existe.

Vários estudos ainda preliminares têm destacado produções de subjetividades de gerações frutos do novo formato cultural do capitalismo globalizado contemporâneo. Esse novo perfil merece uma leitura dialética e não maniqueísta.

Nova geração não é sinônimo de segmento jovem, de cronologia. Novo é diferente de novidade. Novidade é efêmero e transitório. O novo é criação, invenção e produção. Também tem a ver com novos formatos de ser, multiplicidade de devires, ação do Espírito que renova a face da terra. A construção de um novo jeito de ser, por exemplo, na Vida Religiosa. Não estamos falando de categorias universais, mas analisando grandes tendências. Não podemos, no entanto, cair na tentação de nostalgia. Cada geração tem suas luzes e sombras. A geração de hoje pode ser tão idealista e generosa quanto o foram ou não as que lhe precederam. Há que compreendê-la, analisar os dispositivos agenciadores de subjetividades a que estão submetidas. Vale indagar que processos de subjetivação estão em ação na atualidade e que subjetividades deles advêm: autonomia ou alienação?

Passemos à reflexão sobre alguns traços característicos dessas produções.

Contemporaneamente, os espaços são mais simultâneos e multiplicam-se principalmente através dos artefatos da internet e da telefonia celular. Aumenta a importância do espaço – "hiperespaço" – em detrimento do encolhimento do tempo (cf. JAMESON, 1991, 1997, p. 43).

Privilegia-se a velocidade como sinônimo de rapidez, pressa e pragmatismo. A sociedade apressada apresenta características tênues de laços frágeis e descartáveis: come-se rápido (fastfood), lava-rápido, câmara digital. Ora, a rapidez gera estupidez e banalização.

As antigas instituições produtoras de identidades homogêneas perdem força em decorrência do enfraquecimento da categoria de tempo concentradora de valores e tradições.

Multiplicam-se e diversificam-se espaços lisos em detrimento dos espaços estriados e fixos (cf. DELEUZE; GUATTARI, 1997, p. 181). Os espaços lisos rompem com as demarcações, as fronteiras entre as nações, os territórios étnicos e centros institucionais. Propagam-se processos de emigração e imigração. Os espaços tornam-se desterritorizados, surgindo formas nômades, fluidas e intersticiais, tais como os novos movimentos sociais: os sem-terra, os sem-teto, moradores de rua, andarilhos e imigrantes.

Os espaços lisos produzem subjetividades múltiplas. Esgotam-se os paradigmas pautados na igualdade e emerge o paradigma da diferença, e o estranho passa a ser vivido frente a frente. A estranheza é vivenciada, por exemplo, nos relacionamentos entre gays, nas novas formas do amor conjugal, nos encontros com portadores de deficiência física e mental, nos diferentes cenários culturais, estéticos, religiosos, etários e raciais.

Valoriza-se mais o flexível, o instantâneo; anseia-se gozar o momento presente, com poucas perspectivas para o futuro. Tem-se dificuldades com a dimensão auto-reflexiva. Torna-se angustiante a escuta silenciosa de si mesmo.

Perde-se a intensidade do hábito de leitura dos clássicos, porém a geração atual sente-se saturada de imagens e de estímulos constantes para manter sua atenção. Instala-se uma epidemia de informação, gerando um misto de fascínio e de angústia. O primeiro dilata os sentimentos de onipotência e a voracidade de mais saber. O segundo, sadicamente, sente-se inquieto, impotente, exigindo de si mesmo que se saiba ainda mais. Essa exigência despótica é o *supereu,* ou melhor, a relação que esse parceiro feroz inflige e impele o sujeito a consumir ou a se consumir na bulimia, na anorexia, nas drogas, nas compras compulsivas e na ganância de tudo saber.

Surge uma geração "zapping" (com controle remoto da TV na mão), mudando de canal em canal para encontrar novos estímulos. Ao mesmo tempo, é preciso considerar que talvez isso sinalize uma mudança nos modos de adquirir informação.

A telefonia celular, a internet e as novas formas de comunicação instantânea transmutam a noção de distância (antes pensada como o espaço físico entre dois corpos), agora medida por critérios de velocidade, o que coloca o outro disponível para contato ou interação interpessoal *on-line*. Por outro lado, a comunicação simultânea produz invasão do espaço público. A intimidade privada torna-se coisa pública.

Muda-se o modo de vincular-se ao outro e de enfrentar compromissos, agora provisórios e instantâneos: no mundo do trabalho, na vida religiosa consagrada, na vida conjugal e nas escolhas profissionais. O definitivo e as relações estáveis são experimentados de forma angustiante, provocando afastamento e medo. Há grande dificuldade em se definir um projeto de vida.

Há uma prevalência das relações interpessoais, que se sobrepõem às relações vinculadas às instituições. Preferem-se relações democráticas, de tolerância horizontal e aberta. Os grupos de amigos são muito valorizados. Há rebeldia diante de instituições "retrógradas" e impaciência com autoridades despóticas. Percebe-se também menos segregação racial e preconceituosa.

Fragmentam-se identidades. Há confusão quanto à imagem de si mesmo unificada e coesa, o que facilita maior entrosamento entre os gêneros masculino e feminino: homens que vivenciam harmoniosamente traços da feminilidade; mulheres que entram no mercado de trabalho em crescente igualdade de condições.

Valoriza-se fortemente a subjetividade. A pessoa está enfocada quase unicamente em seus próprios problemas e necessidades, em um culto ao narcisismo.

Amplia-se o desinteresse pela macropolítica, pelas grandes estruturas tradicionais: partidos, classe operária, movimentos religiosos de massa. Há inclinação pelas pequenas transformações em detrimento das grandes obras.

Observa-se tendência ao sincretismo religioso e às formas religiosas ecumênicas: maior liberdade de expressão e dificuldades em viver valores institucionais, estruturas de paróquia e figuras da autoridade mítica.

Tende-se ao hedonismo e à vulnerabilidade psicológica. Assiste-se a dificuldade de elaboração de momentos de frustração, tempo de espera, angústias e opção preferencial pelo prazer e pela felicidade. Surgem transtornos de adicção: excesso de exercício físico, compulsão à pornografia, à luxúria, ao jogo virtual e ao consumo. São drogas de uso solitário, formas virtuais que buscam compensar a solidão e a insatisfação do mundo real. Frente aos desafios e obstáculos que a vida apresenta, a nova geração sente-se tentada a desistir. Busca-se imperativamente a pílula da felicidade.[6] Ao mesmo tempo, com a ameaça da fragmentação, há um segmento da juventude que revela tendência de refugiar-se no conservadorismo ou até em certo fundamentalismo.

4. Impactos e desafios do mundo globalizado nas transformações da Vida Religiosa Consagrada

Uma instituição religiosa é também uma prática social que se repete e se legitima, enquanto se repete, num cenário que é por ela afetado, ao mesmo tempo em que a afeta. Assim, as alterações da Vida Religiosa são frutos de uma conjuntura política, sociocultural, econômica, antropológica de várias décadas, e circunscrevem-se na crise das matrizes da modernidade e das ciências, colapso do socialismo real, surtos de efervescência teológica pós-Vaticano II, anos rebeldes da década de 60 e novos atores sociais, novos padrões societários, em um vertiginoso processo de secularização, que resulta em um problema importante: Deus é cada vez mais ausente.

Esses e outros sintomas constituem o pano de fundo do cenário emergente da Vida Religiosa Contemporânea, que tem sido desafiada a repensar sua prática e sua forma de ser institucional. Há sinais de esgotamento de modelos antigos e imenso clamor por novas potencialidades proféticas.

O período pós Segunda Guerra foi marcado por turbulências e descobertas de um mundo complexo. Assim, também a instituição religiosa foi interpelada em vários analisadores: poder, tecnologia, comunicação, saber, espaço e tempo, dinheiro, prestígio, carisma, obras, idade, gênero, sexualidade, espiritualidade e missão.

Autores franceses e belgas usam metaforicamente o termo "morte da vida religiosa". Já religiosos de língua inglesa empregam o termo "caos institucional". No Brasil e em outros países latino-americanos, o tema enfocou

---

[6] "Um sujeito solto, sem rumo, arrastado pelos neurolépticos, pelo consumo metonímico, pela imagem narcisista, pelo massacre da mídia, pela velocidade do tempo urbano e pela religião espetáculo" (PEREIRA, 2004).

mais a questão de refundação da vida institucional exatamente pela densidade afetiva e pela perspectiva teológica da opção preferencial pelos pobres, nas quais os sintomas estavam apoiados.

Esses sintomas mexem com afetos, alimentam mal-estares e fantasias regressivas que desencadeiam insegurança, fragilidade, angústia, incertezas e crises agudas de identidade não somente do sujeito, mas sobretudo da instituição, que produz novas formas de subjetividade. O conceito de afetividade foi compreendido para muito além de simples questão psicológica. A crise afetiva dos religiosos sinaliza a emergência de novas subjetivações provenientes de modelos societários globalizados, tecnológicos.

Dificilmente os idealizadores do Concílio Vaticano II, das três Conferências dos Bispos latino-americanos,[7] da Teologia da Libertação e de inúmeros dispositivos criados nessas últimas décadas poderiam imaginar que esses empreendimentos trouxessem tão significativas mudanças. Nenhum protagonista desses acontecimentos podia calcular quão longe e quão rapidamente essas mudanças levariam a transformações fecundas na Igreja e na VRC. Em todos os campos, houve verdadeiro potencial de metamorfose: no poder, na forma de lidar com o dinheiro, com a afetividade-sexualidade, no corpo e nas vestimentas, nas estruturas arquitetônicas dos conventos e das casas, nas obras sociais, colégios, hospitais, na vida comunitária e, sobretudo, na espiritualidade e na missão. O que aconteceu e ainda acontece é verdadeiramente uma "refundação".[8] Assim podemos, grosso modo, resumir alguns aspectos que a Vida Religiosa precisa urgentemente perseguir como desafio:

– aprofundamento das mudanças institucionais no exercício da autoridade, com poder redistribuído entre todos. É mister a reestruturação das tiranias das autoridades religiosas e das relações tumultuadas nas comunidades de forte traço infantil, de dependência e de culpabilidade;

– resgate da memória histórica num processo interativo, incentivando a criatividade do presente, recuperando mártires, profetas e profetisas da Vida Religiosa;

---

[7] Puebla (1968), Medellín (1979) e Santo Domingo (1992).

[8] Refundar a Vida Religiosa é ir fundo à cata de sua verdadeira profundidade e de sua primeira fundamentação, recolocando-a sobre seu sustentáculo originário. O fundamento em questão só pode ser Jesus Cristo.

– busca de novos espaços, relações e modelos de formação, destacando-se o equilíbrio e maior entrosamento entre os gêneros, etnias e de redes grupais. Resgate do valor comunitário que enfatiza as três ecologias – natural, humana e social –, ao estabelecer aliança entre o cuidado com a mãe terra, a fraternidade entre os seres humanos e as causas sociais em favor dos mais pobres em detrimento ao anonimato, a ausência de comunicação verbal e o distanciamento físico tão comum nesse tempo. Há comunidades religiosas que são excelentes dispositivos cibernéticos de solidão, de anonimato e de frieza pela ausência de corporeidade. São territórios que permitem às pessoas substituírem o outro por fantasias compulsivas eróticas de sites de encontros virtuais, de compras consumistas e jogos impulsivos noturnos;

– otimização de trabalhos de inserção, de assistência social e ONGs, com instalação de artefatos cibernéticos, visando a interatividade de redes sociais, políticas e intercongregacionais. O desafio atual de libertação dos pobres exige menos romantismo e ingenuidade e mais potencialização tecnológica a serviço dos povos excluídos;

– crescente influência das orientações de Medellín, depois confirmadas por Puebla, no processo de pequenas comunidades inseridas da VR, produzindo formas religiosas sem fronteiras: inserção e noviciados intercongregacionais em vários territórios, imbuídos da experiência missionária sem fronteira;

– crescimento das vocações vindas dos meios populares, obrigando a VR a enfrentar novos desafios na formação, como seminários e casas intercongregacionais que possibilitem maior trabalho com a corporeidade, a subjetividade, as tecnologias cibernéticas, a auto-sustentação profissional e a solidariedade com os empobrecidos e marginalizados;

– inauguração de trabalhos com a geração jovem excluída, sobre a qual pairam idéias estereotipadas e preconceituosas de que se trataria de um grupo que só vai realizar-se quando adulto, ou que demanda apenas prazer.

– busca de saberes atualizados e contextualizados por parte dos religiosos, ampliando a capacidade de informação frente às novas tecnologias. O despontar de novas gerações pressupõe maior competência quanto ao acesso ao saber, em busca de novos desafios e respostas para o mundo contemporâneo. Creio que os(as) religiosos(as) têm de se empenhar cada vez mais na uilização das novas tecnologias em vista da missão. As "novas gerações" corresponderão às gerações de religiosos que saberão servir-se das novas tecnologias, com senso crítico e discernimento, em vista da construção do Reino;

– mudanças de hábitos como residências seculares, horários, gestos, postura corporal, exercício profissional e processos de inculturação[9] frente a outras religiões, raças, gênero e diferentes combinações culturais;

– novos esforços para se construir uma teologia a partir da realidade local, distanciando-se de modelos europeus, visando maior densidade profética;

– busca da liberdade pessoal e da individuação como a grande conquista das novas gerações. Há uma suspeita quanto à supervalorização da fraternidade, da vida comunitária e da partilha que não leva em consideração a singularidade. A principal dificuldade apresentada pela maioria dos religiosos é a convivência comunitária em detrimento dos espaços singulares. Há uma tensão entre o processo de individuação[10] e a vida comunitária. O modelo de comunidade tradicional da vida religiosa e o valor da observância às regras e normas vêm perdendo força para o ideal de realização pessoal. Há, portanto, que se elaborar o espaço da singularidade e o espaço comunitário. Diminuir a preocupação com o estranho e o esquisito e idolatrar menos o genérico.

O novo tempo contemporâneo clama por uma nova estrutura institucional da VRC. Muitos religiosos buscam formas libertárias espiritual, cultural e psicologicamente distantes dos recalques históricos. Outros, no entanto, não suportam esse momento de intenso conflito pessoal, grupal e institucional. A ideologia medieval, hierárquica, supostamente espiritual neutra foi muito bem assimilada na consciência de vários religiosos dominados, acostumados à "segurança" de sua situação. Como afirma o teólogo Häring, vivemos a mudança "de uma simples ética da obediência para os súditos da Igreja a uma corajosa ética da responsabilidade para cristãos maiores de idade" (HÄRING, 1999, p. 47).

---

[9] Trata-se de um processo de evangelização inculturada que se dá no diálogo entre evangelizador e comunidade portadora de cultura. Nesse processo de inserção, o Evangelho é acolhido no cotidiano de um povo de tal modo que este possa expressar, concomitantemente, sua fé e sua cultura. É um processo educativo que desafia a paciência histórica, o poder e a autoridade, pois o evangelizador vem de outro modo de vida.

[10] Individuação não é o mesmo que individualismo. É um processo de desenvolvimento através do qual a pessoa torna-se singular, única, adquirindo uma clara e plena identificação de si mesma, tornando-se mais capaz de potencializar-se e usar recursos internos.

A Vida Religiosa no Brasil tem mostrado vitalidade e determinação para se lançar em *águas mais profundas,* de forma nômade, em um processo de refundação da VRC. Com desprendimento e coragem, é necessário abandonar dispositivos disciplinares[11] e de controle, formas de poder vertical, saberes tradicionais, e seguir em direção às fontes de origem, re-significando o passado com atualidades emergentes: "Eis que faço novas todas as coisas" (Ap 21,5).

Referências bibliográficas

DELEUZE, Gillles, GUATTARI, Félix. *Mil Platôs: capitalismo e esquizofrenia.* Rio de Janeiro: Ed. 34, 1995 (Col. Trans, vol. 1, 2, 3, 4, 5).

FOUCAULT, Michel. *Microfísica do Poder.* 9ª ed. Rio de Janeiro: Graal, 1990.

FOUCAULT, Michel. *Vigiar e punir: nascimento da prisão.* 2ª ed. Petrópolis: Vozes, 1983.

FREUD, Sigmund. *Psicologia de massas e análise do Ego – (1921).* Obras Completas, vol. XVIII. Rio de Janeiro: Imago, 1969.

GUATTARI, Félix, ROLNIK, Suely. *Micropolítica: cartografias o desejo.* Petrópolis: Vozes, 1986.

HÄRING, B. *Minhas esperanças para a Igreja.* Aparecida: Santuário, 1999.

HARVEY, D. *A condição pós-moderna.* São Paulo: Loyola, 1993.

HOBSBAWM, Eric. *O novo século.* São Paulo: Companhia das Letras, 2000.

JAMESON, Frederic. "Periodizando os anos 60", in: HOLLANDA, Heloísa Buarque. *Pós- modernismo e política.* Rio de Janeiro: Rocco, 1992.

MORANO, Carlos Domingues. "Deus Imaginário", in: REVISTA HISPANOAMERICANA DE CULTURA. *Razón y fé.* Madrid: Centro Loyola, Tomo 231, Enero-junio 1995.

MOSER, Antônio. *O Enigma da Esfinge. A sexualidade.* Petrópolis: Vozes, 2001.

PEREIRA, William César Castilho. *O adoecer psíquico do subproletariado.* 3ª ed. Rio de Janeiro: Imago, 2004.

---

[11] Foucault (1999, p. 120), ao estudar a disciplina, indica que uma nova microfísica do poder, constituída por técnicas minuciosas, que definem um modo de investimento do corpo, "emergiu no mundo moderno e espalhou-se por todo o corpo social. A disciplina é uma anatomia política do detalhe: trata-se de pequenas astúcias dotadas de um grande poder de difusão, arranjos sutis, de aparência inocente, mas profundamente suspeita, dispositivos que obedecem a economias inconfessáveis ou que procuram coerções sem grandeza".

Capítulo V

APRENDIZAGEM E VIDA NAS NOVAS TECNOLOGIAS

Juliane Corrêa[1]

Este capítulo toma como pressuposto que "nada está separado de nada", ou seja, que tudo se conecta e se interconecta por meio das relações humanas mediadas por diferentes artefatos tecnológicos.

Aprendizagem e vida estão interligadas, pois através das experiências, das interações, captamos o mundo externo, expressamos o mundo interno, interagimos, e nos transformamos. De acordo com Moraes (2003) não estamos separados do mundo em que vivemos e conhecemos, já que o conhecimento está naturalmente ligado à experiência de vida. O processo de aprendizagem ocorre na convivência social. É na relação com o outro que experimento algo novo a cada dia e a cada momento. Para Maturana (2001) o amor consiste na base do conhecimento, do saber viver, permitindo reconhecer o outro como legítimo no espaço da convivência.

Além disso, cada ser humano carrega dentro de si o mundo em que vive e que pretende viver, o que reforça a idéia de que somos responsáveis por nossas escolhas, por nossas ações, e que essas escolhas criam o ambiente e o mundo em que vivemos (cf. MORAES, 2003, p. 48).

Com base nessa compreensão de mundo é possível situar as vivências corporais, a formação dos vínculos afetivos e o uso dos artefatos tec-

---

[1] Doutorado em Tecnologia Educacional. Mestrado em Sociologia da Educação. Graduação em Pedagogia. Professora da Faculdade de Educação da UFMG; Coordenadora da Cátedra da UNESCO de EAD e Pesquisadora sobre Ambientes virtuais de ensino-aprendizagem.

nológicos como aspectos essenciais ao processo de formação humana. Para abordar essa perspectiva adotada escolhi compartilhar o percurso expresso pelos seguintes questionamentos: como acesso as informações do mundo? Como seleciono as informações? Como analiso os processos de mediação adotados?

1. Como acesso as informações do mundo?

Na sociedade da informação, na qual estamos imersos na atualidade, temos como imperativo acessar grandes quantidades de informação em tempo real e com alta velocidade. Esse processo vertiginoso de busca da informação dificulta nossa atenção a nossos processos primários de obter informações. Por esse motivo temos de lembrar que nossa primeira fonte de informações consiste em nossa corporeidade que se comunica com o mundo por meio dos sentidos.

Apenas na primeira infância dedicamos um tempo, uma atenção para a formação e o desenvolvimento das capacidades decorrentes do uso dos sentidos. De certa forma, naturalizamos as capacidades perceptivas desenvolvidas e passamos a privilegiar o sujeito social cognitivo que precisa ser inserido na cultura da escrita. Esse procedimento ocasiona uma lacuna na articulação entre aprendizagem e vida, que dificulta a conexão do sujeito consigo mesmo, com o outro e com seu contexto, assim como fragmenta a compreensão dos processos de obtenção, processamento e armazenamento das informações.

Em nossa cultura, separamos e agrupamos as informações associadas ao olfato, à visão, à audição, ao paladar e ao tato, como se fosse possível separá-las, dissociá-las. Com isso, deixamos de extrair os sabores do saber e de aprender com os saberes presentes nos diferentes sabores. Desconectamos o afeto do corpo, o afeto da mente, e assim deixamos de perceber que conhecer é antes de tudo um ato de amor. Isso ocorre por vários motivos. Um deles é que passamos a excluir essa palavra dos estudos acadêmicos, por considerá-la não científica, mais adequada para o discurso religioso ou poético. Essa opção decorre do paradigma da separatividade que incorporamos, o qual, de certa forma, reforça o medo, o medo de si, o medo do outro, o medo do amor. E assim fortalece as trincheiras, os territórios que me defendem do outro, que legitimam a diferença e a distância que tenho de manter do outro.

Por exemplo, o ato de ver exige distância, o objeto tem de estar longe para ser visto. Na visão, o objeto é exterior ao corpo. O objeto visto é o objeto que não se tem. Sem essa separação não haveria objetividade. No entanto, quando examinarmos mais de perto podemos tomar consciência de como nossa percepção interfere no objeto visto. Como nos diz Maturana (2001, p. 28): "Não vemos o *espaço* do mundo, vivemos nosso campo visual; não vemos as *cores* do mundo, vivemos nosso espaço cromático".

Na maioria das vezes, os livros são cheios de palavras, palavras que remetem a territórios, a julgamentos, a palavras sem sabor. E assim nos distraímos da responsabilidade para com o mundo que construímos e reconstruímos a cada escolha, a cada momento presente.

2. Como seleciono as informações?

Para Maturana (2001) a vida é um processo de conhecimento, construímos o mundo em que vivemos durante nossas vidas. Portanto, não há descontinuidade entre o social, o humano, o biológico e o tecnológico. Cotidianamente selecionamos nossas informações, escolhemos quais dimensões de um determinado objeto ou determinado evento devem ser consideradas. E fazemos isso *por meio de*, ou seja, mediado por diferentes perspectivas ou diferentes artefatos construídos socialmente.

Por exemplo, a educação do olhar, em nossa cultura ocidental, possui como marco importante o período renascentista, que estabelece a possibilidade de construção da imagem numa estrutura perspectivada. Essa estrutura permite uma hierarquização dos elementos que compõem a cena representada, garantindo que a leitura de uma determinada imagem siga um direcionamento já definido. Neste texto não pretendo discorrer sobre o processo histórico de construção de determinados padrões perceptivos, mas apenas ressaltar que as capacidades perceptivas não são natas, mas sim construídas socialmente, enquadradas a partir dos limites e possibilidades de cada momento histórico e de cada grupo social.

Seleciono o que vou ouvir, ver, cheirar, saborear e tocar a partir do que penso. Da mesma forma, vejo e ouço o que penso. Mesmo quando estou atento conversando com uma pessoa, estou pensando sobre o que ela está falando, sobre o que penso a respeito daquilo, sobre outras falas sobre o assunto, sobre minha posição quanto ao tema abordado, ou seja, ouço minimamente o que o outro diz, pois, de fato, estou ouvindo meu pensamento sobre o assunto ou sobre o outro. Algumas vezes, inclusive, penso ter ouvido a pessoa dizer algo que ela não disse. A mesma coisa quando aprecio uma imagem, vejo o que minha memória me permite ver, me permite identificar, nomear. Pois se não possuo informações sobre determinados objetos, possivelmente passarão despercebidos.

O mesmo ocorre com os demais sentidos, talvez de forma mais exacerbada, pois em nossa cultura o tato, o olfato e o paladar são considerados mais indisciplinados, necessitando, assim, de serem eliminados, excluídos de forma impositiva por meio do que pensamos que pode ser cheirado, tocado e saboreado. Essa escolha que fazemos do que consideramos legítimo ou não quanto ao uso desses sentidos aparentemente soluciona uma necessidade de controle de si, mas ao mesmo tempo favorece um uso perverso desses sentidos no mercado do toque, do cheiro e dos sabores. Perverso porque prolifera a obtenção do toque pelo adoecimento, pela violência, pelo abuso, pela manutenção da imagem dissociada do sujeito. Da mesma forma, uma vida sem sabor leva a várias escolhas indevidas.

3. Como analiso os processos de mediação?

De acordo com a sociopolítica dos usos dos artefatos tecnológicos, que consiste numa abordagem socioconstrutivista, podemos perceber que o ambiente social produz, atribui significados às características técnicas de determinado artefato tecnológico. Essa abordagem considera o usuário de determinada tecnologia como sujeito ativo de suas relações de uso com as mídias ou tecnologias de informação e comunicação. Bijker, Hughes, Pinch (1989) salientam que o fluxo do desenvolvimento tecnológico é multidirecional, o qual requer constantes renegociações entre os grupos que usam a tecnologia. As inovações tecnológicas e o conhecimento científico, de certa forma, ao serem expostos, podem ser aceitos ou rejeitados num determinado contexto social, dependendo dos conhecimentos culturais e das negociações estabelecidas pelos grupos envolvidos. Portanto, é prudente analisarmos com cautela a utilização das tecnologias de informação e comunicação nos diferentes contextos sociais. Inicialmente, temos de considerar a forma como o grupo atribui significados à tecnologia utilizada, como negocia os valores e estabelece o lugar a ser ocupado por aquela tecnologia. Em seguida, temos de pensar como aquela tecnologia em específico poderá vir a adquirir o estatuto de mediação pedagógica. E, por fim, como o uso de determinada tecnologia permite estabelecer novas conexões, favorecendo a ampliação da capacidade de percepção e de compreensão do sujeito.

A maior parte dos treinamentos relativos ao uso de determinada tecnologia se restringe em aprender como operar os artefatos tecnológicos, e não em aprender ou em conversar sobre os usos possíveis e necessários daquele artefato, ou seja, sobre sua incorporação na vida cotidiana. Na maioria das vezes, esse processo atinge o ponto máximo de adaptação dos sujeitos a um determinado uso da tecnologia, não provocando a reorganização das práticas sociais.

A escolha que faço de determinadas mediações molda, de forma restritiva ou ampliativa, mas na maioria das vezes enquadrando, determinando minhas possibilidades de conexão. Temos de tomar cuidado para observar que inovações tecnológicas não só significam necessariamente inovações pedagógicas, que melhores recursos tecnológicos não garantem melhores aprendizagens, que o uso massivo de artefatos de comunicação de última geração não significam melhoria da capacidade de comunicação consigo mesmo, com o outro ou com o contexto.

A cada momento fica mais complexo em nosso contexto discernir o que é real do que é apenas uma representação do real. O que é presença e o que é representação?

A grande revolução decorrente da invenção da escrita está em sua possibilidade de tornar visível o que é audível, de transformar informações sonoras em visuais e de separar a informação do sujeito da fala, de sua corporeidade.

Imagens e sons que são simulações do real, que se tornam reais devido a suas identificações com a oralidade da fala, com a simultaneidade dos tempos do espectador e das imagens, numa continuidade e seqüencialidade sem retorno, em que o significado vai fazendo-se como na cadeia sonora da fala (ALMEIDA, 1994, p. 45).

Da mesma forma, o que vejo não é o real, mas sim uma interpretação, uma lembrança do que já sei, do que me lembro do passado. Normalmente, projetamos em situações presentes, em percepções atuais, cena e informações do passado. Podemos interpretar uma situação presente como um obstáculo ou como uma oportunidade, depende da forma como vamos abordá-la, como escolhemos interpretar. Minha escolha vai definir se permaneço num discurso lamentativo, vitimizado, que culpabiliza o outro e projeta percepções do passado ou se desenvolvo um discurso propositivo, que identifica as novas possibilidades de ser, que reconhece na relação com o outro a oportunidade de se perceber.

Informação não é conhecimento, e conhecimento não é sabedoria. Preciso a cada momento parar, respirar e perguntar: por que preciso disso, por que escolho não escutar o que está sendo dito, por que sinto essa dor, esse medo, por que vejo essa situação ou essa pessoa desta forma, por que preciso usar esse equipamento? Qual meu propósito? À medida que essas questões forem sendo integradas numa consciência contínua, paulatinamente, saberei se estou agindo com base em informações, conhecimentos ou sabedorias.

4. Considerações finais

Quais são minhas escolhas?

A possibilidade da escolha se renova a cada nova situação, a cada possibilidade de relação com o outro. De modo que, a todo momento, devemos perguntar-nos: Que escolha faço quanto ao uso do corpo? Que escolha faço quanto ao uso do afeto? Que escolha faço quanto ao uso de determinada tecnologia? Que percepções estou construindo quanto ao uso do corpo, do afeto e da tecnologia? São percepções que reforçam a visão da separação ou são visões que possibilitam ver as conexões já existentes? As escolhas que faço irão determinar minhas possibilidades de percepção, minhas possibilidades de conexão e minhas possibilidades de interação.

Da mesma forma precisamos perguntar-nos em relação a minhas possibilidades e limites. Quais são minhas necessidades? Pois se não tomo consciência de minhas necessidades, terei muita dificuldade em reconhecer o porquê faço determinadas escolhas e não outras, porque determinadas escolhas se repetem ao longo de minha vida. Portanto, quais são minhas necessidades quanto ao uso do corpo? Quais são minhas necessidades quanto ao uso do afeto? Quais são minhas necessidades quanto ao uso de determinada tecnologia?

Considero que as dificuldades que possuímos quanto ao uso do corpo, do afeto e da tecnologia são decorrentes de necessidades não respeitadas. Pois à medida que identificamos nossas reais necessidades, torna-se possível não impormos determinados padrões, determinados usos como alternativas que não atendem nossas reais necessidades pessoais ou do contexto no qual estamos inseridos.

Considero a "tecnologia" do encontro, da relação com o outro como a mais acessível e mais transformadora, pois possibilita por meio das informações primárias, da vivência corporal, do uso da percepção, a construção dos vínculos afetivos, o reconhecimento de si mesmo e do outro.

E aqui e agora? Qual minha possibilidade de presença? Qual o propósito que norteia minhas escolhas? Penso que a resposta é simples: é manifestar o amor em suas diferentes formas, é comunicar o amor que somos por meio da presença verdadeira de nosso ser. Tudo é muito fácil quando escolhemos ser o que de fato somos.

A partir dessa escolha não teremos medo do uso de nosso corpo, de nosso afeto ou de qualquer novo artefato que possam inventar na face da Terra, pois a base de tudo é a mesma, é a possibilidade da manifestação do amor na relação humana do dia-a-dia. Como disse no início deste capítulo, "nada está separado de nada", basta confiar, ter a certeza em nossa possibilidade de ser.

Referências bibliográficas

ALMEIDA, Milton. *Imagens e sons – a nova cultura oral*. São Paulo: Cortez, 1994.

ALVES, Rubens. *Livro sem fim*. São Paulo: Loyola, 2002.

LÉVY, Pierre. *A inteligência coletiva*. Petrópolis: Vozes, 2000.

MATURANA e VARELA. *A árvore do conhecimento*. São Paulo: Palas Athena, 2001.

MORAES, Maria Cândida. *Educar na biologia do amor e da solidariedade*. Petrópolis: Vozes, 2003.

Capítulo VI
SEXUALIDADE E CONSAGRAÇÃO HOJE

Ir. Annette Havenne, SM[1]

Esta breve reflexão quer apresentar alguns desafios para a sexualidade feminina na vida consagrada. O texto lança suas raízes num processo interativo entre várias gerações de mulheres brasileiras consagradas, notadamente num encontro com um grupo de jovens nordestinas se preparando para a profissão definitiva[2] e, a partir de uma intervenção minha, como debatedora, na conferência sobre "subjetividade, sexualidade e consagração hoje", durante o congresso "Novas gerações" da CRB.[3] Por conta dessas raízes, fiz questão de manter o jeito provocativo e informal deste escrito. Trata-se de um diálogo que espero possa continuar.

O enfoque será o seguinte: entre os tabus que ainda cercam a sexualidade e sua banalização na cultura de hoje, como as mulheres consagradas se sentem desafiadas em sua afetividade e sexualidade? O que as mulheres consagradas, em particular as jovens, estão vivendo? Como estão realmente vivenciando essas realidades? Que desafios enfrentam e que iniciativas estão sendo tomadas em nossas congregações, no sentido de ajudá-las a aprender a amadurecer, sem separar realismo e mística?

---

[1] Graduada em Psicologia e Teologia (Bélgica); pertence à Congregação das Irmãs de Santa Maria; experiência como missionária na África; e 30 anos de presença no Nordeste do Brasil, atuando como professora e em serviços de animação popular, entre outros.

[2] Encontro de preparação aos votos definitivos, CRB regional Salvador, maio de 2006.

[3] Congresso Nacional Novas Gerações. São Paulo, CRB, 14-19 de junho de 2006.

A abordagem do tema seguirá, por motivos pedagógicos, as três dimensões clássicas da sexualidade: dimensão pessoal, relacional e social. É uma mulher que fala, mas creio que a reflexão pode ser pertinente também para nossos irmãos consagrados, convidando-os a interagir.

1. A dimensão pessoa: o "eu"

Falar em sexualidade é antes de tudo falar de nossa própria pessoa, de nossa identidade como mulher. Não uma mulher eterna criança ou adolescente, mas uma mulher que caminha para a maturidade de seu ser, aprendendo a lidar com o narcisismo, a insegurança, o apego à mãe, a necessidade de ser acariciada, mimada, protegida. Eis o primeiro desafio: sair da infância, mesmo quando nossa infância apresentou carências afetivas.

O segundo desafio será sair da adolescência, superar a necessidade de ser paquerada, elogiada, lisonjeada. Aprender a lidar com esses desejos, reconhecendo que "tudo isso não sou eu, é apenas uma parte de mim, e não a mais madura!". O humor ajuda a redimensionar os resquícios que de vez em quando ainda nos podem atormentar. A honestidade e a transparência, condicionadas, é verdade, pela abertura das formadoras, ajudarão a não confundir as coisas e a manter a coerência com a opção pelo celibato consagrado. "Se oriente, menina", dizem as mães nordestinas quando alguém perde de vista seu rumo inicial...

Encarados estes dois primeiros desafios que fazem parte de todo o processo de crescimento, olhemos agora para alguns desafios peculiares à vida consagrada.

Numa sociedade ainda machista e altamente erótica, enfrento o desafio de ser *a mulher de ninguém.*

Sem autopiedade nem arrogância, sem rancor nem complexo, mas com tranqüilidade diante de outras opções, eu definitivamente não me apresento como a "Joana do Batista" ou a "Zefinha do Manuel". Nos dias de minha juventude, eu escolhi livremente este caminho, com sua parcela de solidão, o vazio de não ter um companheiro ao lado ou um filho na barriga.

Pensemos no potencial que essa opção desencadeia no campo do feminismo, que luta por direitos iguais e relações de gênero enriquecedoras. Pensemos também no potencial que temos em mãos no campo da interioridade e da reflexão. Opção arriscada? Com certeza, pois sabemos que o não ser amada deforma o corpo e a psicologia da mulher!

Mas foi justamente por causa de um grande amor que eu fiz esta opção. Aqui chegamos exatamente ao cerne da vida consagrada: o desafio de ser *a mulher de um grande, de um único amor: Jesus!* Assim podemos passar para outra dimensão da sexualidade.

2. A dimensão relacional: o "tu"

Em sua psicologia extremamente complexa, a mulher, mais do que o homem, precisa definir seu senso de pertença para definir claramente sua identidade. Ela necessita de relações significativas para perceber quem ela é e a que é chamada a ser.[4] Muitas vezes, são os outros que fazem a mulher descobrir seu corpo, sua beleza, seus dons, seu potencial. Ela precisa de amor para desabrochar e amadurecer. Nosso atual "ficar sem compromisso" mata algo na psicologia feminina. "Por que – pergunta um livro contemporâneo – os homens fazem sexo e as mulheres fazem amor?"[5]

Eis, portanto, outro desafio para a mulher consagrada: ser a mulher de um único amor, de uma relação fundante com Jesus que transfigura as demais relações... E sê-la na cultura do provisório, do "vamos experimentar para ver o que dá", do ficar somente uma noite para não se comprometer jamais!

Na cultura hodierna, passamos pelo corpo ou pela vida do outro, como quem passa por um aeroporto! Sem compromisso, correndo atrás de um vôo, usando as "utilidades" oferecidas, achando tudo um tédio, esquecendo logo.

Nossa vocação, porém, convida-nos a inscrever o projeto de amar na duração da história, no ritmo do tempo, no respiro da vida.[6] A encarná-lo nos gestos cotidianos do cuidado, da ternura, da atenção ao outro. Pois para lá do materialismo, do consumismo, do hedonismo, o que realmente faz crucialmente falta hoje é a consciência do outro. O outro, a outra, deixaram de ser considerados como um valor!

Ser reconhecido como gente e tratar o outro como pessoa, eis o que pede profundamente nosso coração. Estamos aqui nas raízes tanto do erotismo como da mística, os dois mergulham na sede insaciável de Deus e do infinito.

---

[4] Ver a teoria de ERIKSON, Erik: etapas do desenvolvimento da personalidade.

[5] PEASE, Allan e Bárbara. *Por que os homens fazem sexo e as mulheres fazem amor?* São Paulo: Sextante, 2000-2003.

[6] CENCINI, Amadeo. *O respiro da vida.* São Paulo: Paulinas, 2006.

Ser mulher consagrada é ser a mulher de um único amor e de uma grande paixão por Cristo. O rosto dele é porto seguro, senso de pertença e significado da jornada, não como refúgio, mas convite a olhar além, junto com ele, para o real valor do outro, para cada outro em particular e para todos sem exclusão. A paixão por Cristo nos leva à paixão pela humanidade,[7] e isso nos remete à dimensão social da sexualidade.

3. A dimensão social: o "nós"

A energia sexual não se esgota na elaboração da identidade e na relação significativa, ela gera e cria. Deve ser investida e produzir frutos na comunidade, no carisma da congregação, no ministério, na vida interior, na liturgia, no trabalho, nos estudos, na arte, no lazer; e sobretudo na profética presença entre as empobrecidas e desesperançadas.

Porque sou mulher de ninguém, por ser eu a mulher de um único amor, posso ser mulher-irmã, numa total liberdade. Eis o terceiro desafio lembrado por uma Dorothy Stang ou a tenda da CRB na marcha dos Sem-terra. Um desafio que nos leva aos horizontes da missionariedade.

Haveria ainda um último desafio, desta vez para os formadores e para as lideranças das congregações. Como ajudar a geração jovem a enfrentar e dar resposta aos desafios acima mencionados? Como está sendo nossa presença, nosso testemunho, nosso apoio? Lá onde não se abordam com clareza e transparência as questões de afetividade e de sexualidade, seja na vida consagrada masculina, seja na vida consagrada feminina, as personalidades dos jovens consagrados e consagradas vão desintegrando-se perigosamente. Como confidenciava uma jovem: "Reajo como mulher, pareço forte, mas me angustio quando penso que dentro de mim uma menina está perdendo o pique e a leveza da vida".

Obrigada por pensar nisso!

---

[7] PAIXÃO POR CRISTO, PAIXÃO PELA HUMANIDADE. Congresso Internacional da Vida Consagrada. São Paulo: Paulinas, 2005.

Capítulo VII
UM TOQUE DE AMOR
Afetividade e sexualidade na Vida Consagrada

José Lisboa Moreira de Oliveira, SDV[1]

Lembro-me de um dia em que saímos juntos num automóvel e passamos pela praia de Copacabana. Os primeiros biquínis começavam a aparecer, e eis que uma bela moça, usando um deles, atravessa a nossa frente, vindo do mar. Fiquei deslumbrado com sua beleza: a água lhe escorria dos cabelos, do rosto e dos braços. Olhei-a embevecido, mas pude notar que meu cardeal se punha inquieto e desconfortável com meu olhar de beatitude, com meu sorriso de apreciação. Eu disse então: "Veja, meu cardeal, como é difícil julgar... Ao seguir essa moça com os olhos, juro-lhe pelo Nosso Senhor, penso que deve ser com essa mesma beleza interior e exterior que nos sentimos ao fim da missa. Ela nos permite mergulhar no Espírito de Deus e a graça escorre por nossos dedos, por nossas mãos, por todo o nosso corpo... Acho admirável o corpo humano, pois é a obra-prima da criação. E como há beleza nele! A imagem que essa moça me trouxe, repito, foi a da alegria total que a missa nos proporciona..." (DOM HÉLDER CÂMARA).[2]

Este estudo faz uma leitura comentada das reflexões elaboradas por grupos de Novas Gerações da Conferência dos Religiosos do Brasil. Dentre os 64 grupos constituídos no território nacional, catorze grupos esco-

---
[1] Mestre em Teologia, especialista em encaminhamentos vocacionais; assessor teológico e vocacional.
[2] Citado por PILETTI, Nelson e PRAXEDES, Walter. *Dom Hélder Câmara. Entre o poder e a profecia*. São Paulo, Ática, 1997, p. 287-288.

lheram o tema da afetividade e sexualidade em sua relação com a Vida Consagrada.[3]

Quis começar essa leitura com o depoimento de Dom Hélder Câmara, porque, a meu ver, expressa muito bem aquilo que deveria ser considerada uma perfeita interação entre essas diversas realidades. Dom Hélder, com seu "jeito de Deus", depõe em favor de uma vivência integrada e harmoniosa da afetividade e da sexualidade na vida de quem aceitou livremente o chamado para assumir o celibato como estilo permanente de vida. Ao mesmo tempo, com seu "olhar de beatitude", Dom Hélder lança profeticamente um desafio para a Vida Consagrada: que ela seja capaz de extasiar-se diante da admirável beleza da pessoa humana, não deixando de lado nenhuma de suas dimensões. Ele a provoca, convidando-a a ser ícone de um estilo de vida que nem despreza e nem idolatra a afetividade e a sexualidade, mas de modo simples e concreto vive com naturalidade, conforme o projeto do Criador, não negando aquelas realidades que o próprio Deus quis que existissem.[4]

Este sonho de uma Vida Consagrada vivendo em perfeita harmonia com a condição humana aparece com muita clareza nos depoimentos dos vários grupos que trabalharam a temática da afetividade e da sexualidade em sua relação com a consagração pelos votos.

Para que possamos perceber e entender os diversos elementos provindos das reflexões desses grupos, pensei em articular essa reflexão em torno de *três eixos*. Antes de tudo vamos conhecer as idéias-chaves que perpassam esses trabalhos, especialmente no que diz respeito à realidade em que vivem os participantes e aos pressupostos antropológicos e teológicos por eles colocados. No segundo eixo vamos apresentar o ponto de chegada, a direção para a qual apontam as reflexões feitas. Elas estão em forma de propostas e de desafios que permanecem, apesar de todos os esforços feitos para melhorar a

---

[3] Eis os nomes e a proveniência desses 14 Grupos: Viver por Amor (Salvador-BA), Vida (Porto Alegre-RS), Grupo de Vitória (ES), Ipê (Goiânia-GO), Grupo de Palmas (TO), Tertúlia (SC), A Caminho (Porto Alegre-RS), Grupo de Maceió (AL), Seduz-Ir (RJ), Livres para Amar (Feira de Santana-BA), Girassol (Santa Maria-RS), Integração (Belém-PA), Uirapuru (Rio Branco-AC), Grupo de Belo Horizonte (MG).

[4] A atração que o homem e a mulher sentem um pelo outro é parte do plano criador de Deus. A pessoa humana foi criada assim. E essa vocação natural a acompanhará por toda a vida, e isso vale também para aqueles e aquelas que decidiram viver a afetividade e a sexualidade no celibato "por causa do Reino dos céus" (Mt 19,12). Veja-se o comentário da Tradução Ecumênica da Bíblia ao texto de Gn 2,24.

qualidade da Vida Consagrada, sobretudo a partir do Concílio Vaticano II. Por fim, no terceiro eixo, uma avaliação crítica das contribuições oferecidas pelos grupos. Espero ter entendido o que eles disseram e ajudar a compreender melhor a riqueza do tema em questão.

1. Pontos de partida: contexto e pressupostos

1.1. Contexto: o chão onde pisam as pessoas que falaram

Todos os grupos foram unânimes em afirmar a incidência da realidade sobre a vivência da afetividade e da castidade por parte das pessoas consagradas. O mundo marcado por várias mudanças sociais, políticas, econômicas, culturais e religiosas, tem seus reflexos na Vida Consagrada, em seu estilo de ser e de agir. Essa incidência acontece de formas diferentes em cada uma das pessoas que dela fazem parte, de acordo com a história que trazem e a situação em que vivem atualmente. As mudanças acontecem numa velocidade frenética, causando impactos em alguns e entusiasmo em outras.

Elementos da pós-modernidade como, por exemplo, a visão redutiva e a banalização do sexo e da sexualidade, as formas de compreender a afetividade e o amor, obrigam-nos a repensar e redefinir os valores da Vida Consagrada. A juventude da Vida Consagrada se coloca neste contexto como aquela que carrega e carregará nos próximos anos as conseqüências dessas mudanças. Ela, muitas vezes, também se sente ameaçada e até fortemente marcada pela cultura pós-moderna, trazendo as marcas da instabilidade, da fragilidade, da superficialidade, do relativismo, do provisório e até mesmo da desonestidade, agindo com "segundas intenções". Neste contexto é comum o caso de pouco ou nenhum discernimento acerca daquilo que se busca, que se quer e que é possível, a partir de uma opção feita. O uso da mídia (Internet, televisão), o modo de comportar-se e até mesmo de vestir-se tantas vezes tendem a seguir os padrões ditados pela cultura pós-moderna.

Por outro lado, alertam os grupos, na *vida consagrada clássica*, tradicional, a situação está complicada, porque *o peso da estrutura* não permite uma maior flexibilidade e a necessária abertura. Um dos grupos chegava à seguinte conclusão: "Às vezes, parece que ainda não saímos do Concílio de Trento". Neste tipo de vida consagrada "tridentina" as relações continuam superficiais, formais, distantes e frias. A maioria das pessoas consagradas carrega fragilidades, dada a história pessoal e o contexto em que vivem. Com certa facilidade os relacionamentos são rotulados e, com freqüência, rotulamos os outros, cultivando atitudes preconceituosas. Isso acontece não só entre as pessoas idosas ou entre as gerações diferentes, mas também entre pessoas jovens, inclusive junioristas. No que diz respeito à concepção e à compreensão da vivência da castidade, parece que, de um modo geral, ainda permanecemos atrelados às disposições passadas, calcadas sobre o medo e sobre a pedagogia da desconfiança.

É muito comum a interferência direta do *poder* nos relacionamentos entre as pessoas de Vida Consagrada. Um grupo, por exemplo, chama a atenção para o que se costuma chamar de "sexualidade deslocada", gerando "conflito entre a participação e o ministério de coordenação". O resultado disso é uma insatisfação afetiva e a conseqüente incoerência de vida, uma vez que a castidade só pode ser bem vivenciada num ambiente permeado por um amor fecundo. Em tais ambientes há fechamento e, por isso, muita dificuldade para se falar abertamente da afetividade e da sexualidade. Questões simples e normais, inclusive aquelas relacionadas ao desenvolvimento natural do sexo e da sexualidade, são ignoradas e silenciadas. Os relacionamentos são racionalizados e reduzidos ao burocrático, funcional e profissional. Muitas vezes são apenas relações de trabalho. O cultivo da ternura e do carinho é visto com suspeita, especialmente entre os homens, fomentando um estilo de vida frio e calculista.

As questões de gênero não são aprofundadas e nem trabalhadas em grande parte da Vida Consagrada, levando a criar estereótipos e a associar determinados comportamentos ao homem (varão) e outros à mulher, como se o Criador e a natureza já tivessem estabelecido papéis e padrões bem definidos. Por isso, muitos consagrados e muitas consagradas reprimem sua afetividade e sua sexualidade. Isso tem causado irritações, estresse, mau humor, críticas descontroladas, frustrações e rancores.

Mas nem tudo é ruim. Há atualmente muitos *sinais de esperança*. Os grupos também ressaltaram elementos significativos e positivos do atual momento. Entre eles se destaca a revalorização da beleza e do belo, a redescoberta do corpo, o desejo de viver a vida de forma prazerosa, "sem medo de ser feliz". Aumenta em muitas pessoas de vida consagrada a busca da convivência, da partilha de vida e de novas maneiras de viver as relações humanas. As pessoas estão cuidando mais da sensibilidade, perdendo o medo de se colocar diante das outras e de expressar os próprios sentimentos. Embora isso seja mais freqüente entre os membros da juventude consagrada, pode-se afirmar que também pessoas da segunda e da terceira idade estão abrindo-se a esses novos elementos da vivência da opção celibatária.

Assim vai difundindo-se um estilo de vivência mais alegre e festiva da afetividade e da sexualidade no âmbito da castidade e do celibato, quebrando tabus e assumindo formas mais abertas e mais naturais de viver a consagração. Aumenta sempre mais a consciência de que a castidade é uma força positiva, algo muito bonito, e não um peso a ser suportado. Isso é possível porque, aos poucos, vamos superando a visão dualista (corpo versus alma, profano versus sagrado) e quebrando os tabus, embora, em alguns casos, esse esforço para vencer a dicotomia tenha levado a uma permissividade afetivo-sexual que terminou por desintegrar as pessoas. Neste sentido – afirma um dos grupos – a explosão sexual que marca nosso tempo pode ser vista também como "kairós". Ela denuncia uma visão bitolada e incompleta da afetividade e da sexualidade e pede mais abertura e mais naturalidade. Do ponto de vista cristão, faz-nos voltar às origens e perceber que a graça do chamado de Deus para a vida celibatária tem "cheiro de alegria". O cultivo da amizade facilita a vivência da vida consagrada e contribui para melhorar o exercício de nossa profecia no mundo de hoje.

1.2. Pressupostos teológicos e antropológicos

Considerando a realidade que emergiu, os Grupos de Reflexão tentam iluminá-la a partir de pressupostos teológicos e antropológicos.[5] Lembram antes de tudo que a castidade é uma *maneira saudável* de viver a afetividade e a sexualidade. A renúncia ao relacionamento sexual e ao casamento não significa fechamento para o amor, egoísmo e esterilidade. Todos somos, por natureza, seres afetivos e sexuados. Por isso tanto a afetividade como a se-

---

[5] Para fundamentar suas afirmações os grupos fizeram recursos a diversos autores, além de vários textos da CRB e da CLAR. Como são várias citações, feitas inclusive de maneira bem livre, sem muita preocupação com os rigores científicos, evito nomeá-los, a fim de evitar equívocos e possíveis injustiças. Em algumas das sínteses autores são citados literalmente, sem a preocupação de indicar a fonte certa. Em outras não ficou bem claro se o grupo citava um autor ou fazia seus comentários a partir do material lido. O que é compreensível uma vez que não se tratava de texto para publicação.

xualidade e a fecundidade são elementos inerentes ao ser humano criado à imagem e semelhança de Deus.

A vida consagrada, mesmo abrindo mão de uma forma de manifestação da afetividade e da sexualidade, não exclui a vocação natural do ser humano chamado para a comunhão, para o encontro e para a intimidade. É indispensável sermos pessoas inteiras em nossos relacionamentos, não negando nossa condição de homens ou mulheres que carregam a marca da afetividade e da sexualidade em todo o ser e em tudo que fazem. Um dos grupos lembrava o seguinte: "Importante que tenhamos claro que todos somos seres afetivos e desfrutamos dessa afetividade, alguns mais visíveis, outros menos, e essa se manifesta através de nossos sentimentos, emoções e relacionamentos com as demais pessoas".

A vida consagrada tem sua *origem na fé* em um *Deus* que chama. Para vivê-la bem é indispensável colocar-se na dinâmica do Reino de Deus. Ela propõe a crença no absoluto de Deus, mas isso não elimina todo o dinamismo dos relacionamentos humanos, uma vez que o amor é o centro desse encontro com Aquele que chama. Por isso, a vivência da afetividade e da sexualidade na vida consagrada, mesmo respeitando esse caráter absoluto que exclui um "concorrente" com Deus, exige muita criatividade, liberdade e respeito, de modo a favorecer a capacidade de amar pessoas concretas. O sentir-se amado ou amada é a condição para amar, para viver intensamente um dinamismo missionário. Sem isso corremos o risco de não cultivarmos aquela sensibilidade que nos abre à compaixão e à misericórdia. É verdade que quem não se enamora de Deus não é livre para deixar-se querer bem e amar os outros. Mas é também verdade que quem não se deixa amar pelos seus semelhantes, não conseguirá amar a Deus.

Assim sendo, é preciso ver a afetividade e a sexualidade como *abertura* para o encontro com o outro. Para tanto é indispensável "tornar-se vulnerável", ou seja, aceitar o desafio de interagir com o diferente, numa aventura que não deixa de ter surpresas, incógnitas e desafios. Um dos grupos de trabalho, ao falar dessa questão, concluía que "a fecundidade não tem avidez de auto-afirmação e, por isso, não tem medo da entrada de outros com suas estranhezas que concorrem para uma biodiversidade cada vez mais saudável". É claro que isso supõe uma "afetividade sadia" e uma sexualidade que seja força estruturante, dimensão que plenifica e harmoniza o ser humano. Mas isso não deve ser desculpa para fechar-se e isolar-se, com medo de encontrar-se e de relacionar-se. De fato a negação ou a falsificação dessas dimensões fundamentais e naturais pode conduzir à incapacidade de construir vínculos humanos profundos, levando as pessoas ao excesso e a um estilo de vida marcado por traumas e sofrimentos. Mesmo quando tudo isso é revestido de comportamentos e atitudes que aparentemente parecem ser virtuosos e evangélicos.

2. Pontos de chegada: propostas e desafios

A partir da situação em que se encontram atualmente, tendo presente os pressupostos teológicos e antropológicos, os participantes dos Grupos de Reflexão "Novas Gerações" fizeram algumas propostas e apontaram alguns desafios que certamente ainda vão permanecer por muito tempo. Acredito que as sugestões apresentadas podem levar a ações concretas, desde que os responsáveis pelos institutos procurem assumi-las com toda a seriedade possível. Convém salientar que estes grupos de reflexão, em sua maioria, são formados por pessoas jovens. Por isso é importante escutar este grito e não desconsiderar os desafios colocados, uma vez que se trata de obstáculos que precisam ser superados, de modo que tenhamos uma Vida Consagrada mais autêntica e mais feliz.

2.1. Propostas

As "Novas Gerações" propõem um *maior diálogo com o próprio corpo*, acolhendo com bastante naturalidade a variedade dos estados emocionais e as diversas transformações pelas quais passa o organismo, na medida em que os anos avançam. Trata-se, portanto, da questão do autoconhecimento, elemento indispensável para uma vivência sadia da castidade. Sendo a afetividade e a sexualidade inerentes à autêntica condição humana, somos convidados a acolhê-las com um olhar contemplativo de admiração e êxtase, vendo nosso corpo como o espaço concreto da presença do divino. Isso quer dizer que nunca podemos negar a afetividade e a sexualidade, mas, pelo contrário, precisamos acolher com simplicidade e alegria todas as suas formas de manifestação, sem sustos e sem medo.

Para fazer isso acontecer, foi feita a proposta de se *valorizar* mais nosso *potencial instituinte* que nos dá a possibilidade de sonhar e de realizar projetos viáveis, não permitindo a acomodação diante do instituído. A partir disso, recriar as formas de governo e a estrutura organizacional de nossas congregações. Para tanto, é importante o senso de pertença e de identidade, sem os quais dificilmente alguém estaria disposto a lutar e a resistir.

Estas duas sugestões só se tornarão viáveis se continuarmos trabalhando a questão da *maturidade afetivo-sexual*, de modo que as pessoas adquiram a consciência da importância da convivência entre o masculino e o feminino. Por essa razão, é de fundamental importância dar mais atenção aos que chegam à vida consagrada, considerando atentamente suas histórias. Mesmo sentindo-se a necessidade de trabalhar certos aspectos da biografia de cada pessoa, é preciso respeitá-las em suas particularidades e singularidades. Essa atenção para com a dimensão afetivo-sexual se justifica pelo fato de que somente pessoas integradas, humanas e ternas, capazes de expressar com sinceridade seus sentimentos, podem viver mais intensamente a paixão pelo Reino e pela vida consagrada.

A maturidade afetivo-sexual abre caminhos para a avaliação permanente do *processo relacional* em sua tensão com um ambiente diversificado e complexo. É de suma importância a convivência e a partilha de vida, bem como a busca de novas maneiras de viver as relações humanas, de modo que a Vida Consagrada seja um caminho aberto para a alegria e a felicidade. Essa experiência abre caminho para a vivência da paternidade e da maternidade no âmbito da vida celibatária, de modo que a castidade seja um "toque de amor" que nos impulsione para a missão e para o compromisso com os pobres, pequenos, sofredores e excluídos.

Na medida em que as relações forem mais verdadeiras e simples, aprenderemos a *redescobrir a beleza do encontro* entre as pessoas da vida consagrada e da interação entre o masculino e o feminino, sem medo dos desejos e das emoções. Isso permitirá que a contemplação da beleza do mistério da pessoa, também no que diz respeito a seu corpo, possa ser verbalizada com sensibilidade, alegria e serenidade. Fará com que não tenhamos medo de nos aproximarmos, de modo que o enriquecimento dos laços afetivos, pelo cultivo da amizade, contribua para a vivência fecunda da castidade consagrada.

Naturalmente tudo isso requer a *revisão profunda do processo formativo*, tanto inicial como permanente. Será necessário considerar seu dinamismo como educação, isto é, como ação que faz emergir o que já está dentro da pessoa. Por isso, esta dimensão da Vida Consagrada precisa necessariamente passar por uma revisão constante, de modo que se possa sempre verificar para qual direção estamos caminhando.

Com certeza nada disso teria êxito se faltasse em nossas comunidades e em cada pessoa uma vida de transparência e de confiança. Precisamos educar-nos para nos situar diante das outras pessoas com muita simplicidade e abertura. Esse jeito de viver só desabrocha em ambientes onde prevalece a confiança mútua, acreditando no potencial de cada um e de cada uma.

2.2. Desafios que permanecem

Os catorze Grupos apontaram diversos desafios que ainda permanecem, apesar dos avanços e do aumento da consciência e do conhecimento acerca dessas questões. Entre tantos outros, quiseram destacar os seguintes:

Antes de tudo a exigência de estarmos *afinados com o tempo* em que vivemos, considerando o significado da técnica, da comunicação, da mídia. Os avanços tecnológicos, científicos e a força da mídia nos expõem com nossas fraquezas e debilidades. Hoje é forte a presença de uma mídia sensacionalista que brinca com os sentimentos das pessoas e que explora o ridículo com a intenção de gerar audiência. Por essa razão devemos viver de modo realista, sabendo que nosso jeito de viver a afetividade e a sexualidade, mesmo sendo de pessoas consagradas, sofre a interferência do ambiente em que vivemos. Às vezes nossa concepção de liberdade, de autonomia, pode ser confundida com individualismo e trazer problemas sérios para a vivência da Vida Consagrada.

Outro desafio sério é a tendência a ocultar *a busca do poder* debaixo do disfarce de uma rigidez das normas relativas à sexualidade. Isso gera conflito entre o ministério da coordenação e a exigência de participação de todas as pessoas que fazem parte do grupo. Essa situação se agrava quando os conflitos de gerações não são resolvidos evangelicamente, dificultando o diálogo e a abertura.

Também foi considerado desafio, para muitas congregações e comunidades, a *permanência* de pessoas com certos *tabus*, impedindo as demais de falar abertamente, com liberdade e tranqüilidade, desses dois temas. Os tabus incidem fortemente sobre o cotidiano, afetando diretamente a compreensão e a vivência da sexualidade na vida celibatária. A isso está ligada a falta de compreensão ou uma compreensão errônea do que seja castidade, celibato e voto.

Os Grupos de Reflexão apontam também o desafio dos *mecanismos do inconsciente* que agem levando as pessoas a se colocar na defensiva por medo da realidade. Normalmente isso gera máscaras, patologias sexuais e frustrações que interferem negativamente na vivência de uma castidade sadia e humana.

Apareceu ainda o desafio da *convivência* numa mesma congregação ou comunidade de pessoas provenientes de culturas diferentes. Isso cria problemas sérios, uma vez que cada cultura tem seu jeito próprio de se expressar e de viver a afetividade e a sexualidade. Às vezes num mesmo ambiente convivem pessoas de épocas e culturas bem diferentes. Além disso, existe a questão da singularidade de cada pessoa. Embora isso seja uma graça, nem sempre são possíveis o respeito mútuo e a abertura para acolher e aceitar a outra pessoa com seu jeito próprio.

Por fim, os Grupos de Reflexão lembraram o desafio da permanência na vida consagrada de *atitudes e posições* frias, insensíveis, moralistas, e de relações de desigualdades, especialmente no que se refere à posição do homem frente à mulher. Num contexto em que a juventude busca uma vida prazerosa, alegre, feliz, mais humana e menos burocrática, essas atitudes dificultam seriamente a vivência dos votos, de modo particular o voto de castidade.

3. Olhar prospectivo

Até aqui falaram os Grupos de Reflexão "Novas Gerações". Parece-me que, de um modo geral, eles cumpriram a pauta proposta pela ementa para esse tema. Agora me cabe a tarefa de sugerir um *olhar prospectivo*, ou seja, um olhar que nos faz ver adiante, encarar o futuro, mas vendo de frente a realidade, sem querer fugir dela e nem tampouco minimizar sua potência e seu significado. Esse jeito de sondar o futuro nos obriga a planejar e a organizar ações que possibilitem reagir aos desafios e estabelecer metas que nos ajudem a chegar na direção que queremos. Faremos isso tendo presente o grande objetivo estabelecido pelo Projeto "Novas Gerações" da CRB para os Grupos de Reflexão. Esse objetivo visava, acima de tudo, proporcionar espaço de reflexão para que as novas gerações possam sentir-se participantes do renascer de uma Vida Consagrada mística e profética. Com essa dinâmica o Projeto queria escutar as interpelações da geração jovem, discernir as novas sensibilidades, despertar e valorizar as novas lideranças, de tal modo que a Vida Consagrada possa assumir sua missão no mundo de hoje.[6]

---

[6] Cf. CRB. *Projeto Novas Gerações e Vida Religiosa*. Rio de Janeiro, CRB, 2004, p. 10-11.

3.1. No horizonte do Reino

Acredito que o primeiro elemento desse olhar seja a urgência de uma retomada da *inserção*, na perspectiva lançada pela 20ª Assembléia Geral da CRB: "Resgatar de forma criativa a inserção em meios populares, bem como a missionariedade em regiões carentes, no mundo urbano, *ad gentes* e em realidades emergentes".[7] De fato, os problemas apontados pelos Grupos de Reflexão "Novas Gerações" indicam uma Vida Consagrada ainda pouco inserida na realidade concreta das pessoas, vivendo de um "passado glorioso", que teve seu valor e seu mérito, mas que não responde mais aos desafios do momento presente.

Urge resgatar o dinamismo do Reino, lembrando que aquilo que dá sentido à Vida Consagrada é a paixão por Jesus, pelo Reino e pela missão. Essa paixão nos permite contemplar a encarnação do Filho de Deus, que não se agarrou a sua condição divina, mas despojou-se para apresentar-se à humanidade apenas como "um homem comum" (cf. Fl 2,6-7). Não podemos continuar carregando uma estrutura pesada e burocrática, rígida, fria e intransigente, que pesa demais sobre os ombros dos jovens de hoje. Sabemos como a lei pode "levar à esclerose progressiva. Ela tanto é aval de um sistema ordenado e estável como ameaça de imobilismo e de incapacidade de adaptação às novas exigências".[8]

Para superar o imobilismo é preciso que a inserção se torne *refundação*. Já há quem coloque em discussão esse termo, mas o que quero dizer é que hoje não é possível uma Vida Consagrada verdadeira sem romper com a figura histórica que ela herdou da Contra-Reforma e que não diz mais nada aos homens e às mulheres de hoje.[9] Não podemos continuar pondo remendos. Temos de derrubar estruturas arcaicas, destruir para construir (cf. Jr 1,10). No espírito que animou o Concílio Vaticano II, fazendo memória de nossa caminhada na América Latina desde a Conferência de Medellín, temos de nos apressar. Foram dados muitos passos, mas o peso da estrutura ainda é grande

---

[7] CRB. *Plano Global. Triênio 2004-2007*, p. 20.

[8] LAPENTA, Victor Hugo S. "Entre o antigo e o novo. Institucionalização do tempo e do espaço na Vida Religiosa", em LOSADA, Manoel et alii. *A Vida Religiosa enquanto instituição. Leitura psicológica*. Rio de Janeiro, CRB, 1992, p. 91.

[9] Cf. GUERRERO, José Maria. *Vinho novo em odres novos. A Refundação como expressão de fidelidade criativa*. Rio de Janeiro, CRB, 2000.

e assusta as novas gerações. Não nos podemos iludir pensando que toda a Vida Consagrada se inculturou. Com certeza mais da metade dela continua ancorada num passado glorioso, porém sem mais significado para o momento presente.

Infelizmente o modelo europeu ainda é ainda muito forte e se impõe como única forma de viver a vida consagrada. Isso é o que complica tudo, uma vez que impede a verdadeira mudança.[10] Romper com esse cerco é fundamental para um futuro da Vida Consagrada na América Latina. Sem essa audácia não iremos muito longe. Isso significa também uma revolução na *linguagem*, sobretudo naquela simbólica, uma vez que essa é indispensável para a comunicação com as pessoas que vivem no mundo de hoje.[11]

3.2. Redescobrir a beleza da vida

A Vida Consagrada atual ainda é o resultado da Contra-Reforma. Os movimentos pós-Vaticano II não conseguiram dar grandes passos. Os avanços foram localizados e limitados. De um modo geral permanecemos imobilizados pelo peso secular das estruturas que carregamos. Nesta concepção contra-reformista, a Vida Consagrada ainda é apresentada como algo bastante exigente e cheia de dificuldades. Praticamente não é possível rimar felicidade com esse estilo de vida. Quase não se pode falar de alegria, pois o que está em primeiro lugar são as mortificações, os sacrifícios e as renúncias. O prazer enquanto tal foi associado à idéia de pecado, e a figura feminina passou a encarnar o diabólico e tentador que alimentaria a concupiscência humana.[12]

Em muitos lugares e para muitas pessoas essa concepção ainda não foi superada. Os relatórios dos Grupos de Reflexão denunciam isso com muita força. Vemos com freqüência religiosas e religiosos com o rosto triste, cansados e estressados, sendo engolidos pelo ativismo, sem muita alegria e sem

---

[10] Cf. LAPENTA, Victor Hugo S. "Entre o antigo e o novo. Institucionalização do tempo e do espaço na Vida Religiosa", em LOSADA, Manoel et alii. *A Vida Religiosa enquanto instituição. Leitura psicológica.* Rio de Janeiro, CRB, 1992, p. 100-105.

[11] Cf. ROMERO, Pedro. *Comunicação e vida comunitária. Aspectos psicossociais e possibilidades.* São Paulo, Paulinas, 2002.

[12] Cf. PEREIRA, William César Castilho. *A formação religiosa em questão.* Petrópolis, Vozes, 2004, p. 193-201; MOSER, Antônio. *Integração afetiva e compromisso social na América Latina.* Rio de Janeiro, CRB, 1987, p. 24-27.

vontade de viver. Até parece que foram proibidos de curtir a beleza da vida. Estudos recentes mostram um aumento considerável de psicopatologias na vida religiosa, caracterizadas por ilusões infantis, sentimentos de culpa, falseamento da realidade, delírios e distúrbios narcisistas.[13] Isso deveria fazer pensar a todos nós.

Acredito que essa questão precisa ser enfrentada com coragem, resgatando a teologia da criação e ajudando as pessoas de Vida Consagrada a verem as coisas com mais naturalidade. Não é normal em pleno século XXI encontrar gente com vergonha de falar daquilo que Deus não teve vergonha de criar. "Deus criou o homem a sua imagem... criou-os macho e fêmea... Deus viu tudo o que havia feito. Eis que era muito bom" (Gn 1,27.31). Temos de refazer a teologia do voto de castidade, de modo que se ajude as pessoas a entender que a *corporeidade* "não é um elemento inteiramente acidental, mas uma realidade fundamental, tanto do ponto de vista do ser quanto do existir. Todo indivíduo deve aceitar e amar o próprio corpo; compreender sua linguagem, já que o corpo fala. Fala a quem o possui e aos outros.[14]

3.3. Cuidar melhor da dimensão afetivo-sexual

Este medo do corpo e do prazer, ainda muito presente em nosso meio, revela a necessidade de cuidarmos mais de nossa *dimensão afetivo-sexual*. É verdade que já fizemos um bom caminho neste sentido. Todavia, na concepção geral das pessoas de vida consagrada, ainda prevalece a mentalidade de que essa questão só deve ser abordada mais profundamente nos "casos especiais". Pensa-se que a ajuda de especialistas fica apenas para aqueles e aquelas que não se "encaixam" no programado e esperado. A idéia de envolver todas as pessoas num trabalho sério e planejado, com acompanhamento de alguém especializado no assunto, ainda é uma utopia. Não só não se vê a necessidade como também muitos de nós se julgam dispensados dessa ajuda.

---

[13] Cf. PEREIRA, William César Castilho. *A formação religiosa em questão*. Petrópolis, Vozes, 2004, p. 192-225.

[14] DACQUINO, Giacomo. *Viver o prazer*. São Paulo, Paulinas, 1992, p. 47. Veja-se também OLIVEIRA, José Lisboa Moreira de. *Viver os votos em tempos de pós-modernidade. Um desafio para a vida consagrada*. São Paulo, Loyola, 2001, p. 39-95.

Creio que já está na hora das congregações começarem a incluir este elemento em suas programações, propondo atividades concretas para as pessoas e para o grupo enquanto tal. Chegou a hora de passarmos de ações esporádicas para atividades permanentes e continuadas. Como somos herdeiros de uma tradição maniqueísta milenar, precisamos agora de programas permanentes que nos estimulem a adquirir uma maturidade capaz de nos ajudar a entender que nosso corpo deve ser sentido e amado, e não mortificado ou repudiado. De fato, somente o prazer sexual, entendido aqui como a alegria de sentir o próprio corpo como dom e criação divina, com tudo o que ele é e manifesta, pode abrir caminho para o prazer de amar, característica fundamental da fé cristã. A rejeição da vulgarização do sexo e da sexualidade não deve ser confundida com medo do próprio corpo.[15]

Tudo isso aponta para uma outra questão essencial: a necessidade de avaliarmos corajosamente nossa *vida fraterna* em comunidade. Hoje vai ficando cada vez mais claro o fracasso de um estilo de vida de comunidade pautada pelos moldes tridentinos. Algumas pessoas, embebidas pelo espírito individualista da pós-modernidade, fogem sempre mais dos ambientes "regrados". Outras, por serem inteligentes e sensatas, descobrem que é um absurdo ter de aceitar certas coisas para servir a Deus e ao próximo. Por isso, também elas acabam distanciando-se das comunidades que seguem à risca os padrões medievais. Mas a grande maioria acaba submetendo-se a um ritmo desumano e entrando num estado de desequilíbrio total.

É cada vez mais comum "um crescente senso de isolamento recíproco, de estranhamento interpessoal, de fechamento progressivo dentro dos próprios espaços e interesses, muitas vezes dentro das próprias depressões e dos próprios ídolos".[16] A freqüência com a qual essa questão apareceu nos relatórios dos Grupos de Reflexão revela a urgência de se rever o modelo de vida comunitária existente, trabalhando melhor a *comunicação* entre nós, de modo que o "amor ideal" tão proclamado entre nós se transforme em *amor real*, algo que possa ser mostrado e sobretudo sentido de forma bem humana.[17]

Por fim, podemos dizer que os relatórios analisados sugerem ainda três encaminhamentos. O primeiro deles é uma maior atenção à etapa da *ani-*

---

[15] Cf. *ibid.*, p. 222-263.
[16] CENCINI, Amedeo. *Fraternidade a caminho. Rumo à alteridade.* São Paulo, Paulinas, 2003, p. 52.
[17] Cf. ROMERO, Pedro. *Comunicação e vida comunitária*, p. 56-60.

mação vocacional. Estou convencido de que a atividade vocacional na Vida Consagrada ainda é muito rudimentar, improvisada e superficial. Não temos levado tanto a sério essa fase do itinerário dos jovens e das jovens. Quase sempre a pressa e o desejo de se ter mais membros no instituto levam a passar por cima de elementos essenciais dessa etapa do caminho. Não podemos continuar procedendo desse modo. Precisamos respeitar mais os passos do itinerário vocacional, pois, se cuidarmos mais da animação vocacional, muitos dos atuais problemas vividos no interior das congregações irão sem dúvida alguma desaparecer.[18]

O segundo encaminhamento se refere à *formação inicial e permanente*. Precisamos repensá-la e modificar completamente sua atual estrutura organizada para contemplar uma vida consagrada dentro dos padrões anteriores ao Concílio Vaticano II. Sabemos como a CRB e a CLAR se esforçaram nas últimas décadas para oferecer subsídios valiosos para o processo formativo. Mas como nossas congregações, em sua quase totalidade, possuem suas "matrizes" na Europa, elas terminam emperradas aqui no Brasil, pois sempre precisam fazer as contas com as orientações emanadas dos governos centrais que pressionam suas "filiais", exigindo que tudo se faça como se faz em Roma! Temos de continuar a luta por uma formação mais *inculturada* e mais *educativa*, capaz de "trazer para fora ou evocar a verdade da pessoa, o que ela é, no nível consciente e inconsciente, com sua história e suas mágoas, seus dons e suas fraquezas, para que possa conhecer-se e realizar-se o melhor possível".[19] Um processo no qual o eu do indivíduo atua sobre ele mesmo e não precise de pressões externas para caminhar de forma coerente e honesta.

O último encaminhamento diz respeito ao prosseguimento do aprofundamento das *questões de gênero*, uma vez que a refundação da Vida Consagrada passa necessariamente por essa ótica. Se não mudarmos a visão patriarcal de Deus, se não superarmos a mentalidade de que o homem é "o dono do pedaço", atribuindo às mulheres funções de dependência, continuaremos a prolongar a situação complicada na qual nos encontramos atualmente. "O

---

[18] Veja a este propósito OLIVEIRA, José Lisboa Moreira de. "Apertar o passo. Fundamentos teológicos do método pedagógico vocacional", em CNBB. *"Ide também vós para a minha vinha!" (Mt 20,4). Temáticas do 2º Congresso Vocacional 2005*. São Paulo, Paulus, 2005, p. 53-88.

[19] CENCINI, Amedeo. *Os sentimentos do Filho. Caminho formativo na vida consagrada*. São Paulo, Paulinas, 2002, p. 59.

feminismo abriu nossos olhos para o fato de que nossas imagens de Deus são limitadas e limitantes e foram historicamente usadas para excluir a mulher de papéis de liderança na Igreja."[20]

Se insistirmos em continuar por esse caminho, toda a vida consagrada, inclusive em seus detalhes (votos, vida comunitária, missão, espiritualidade etc.), permanecerá refém de um antigo modelo no qual as mulheres permaneciam sob a tutela dos homens e as funções eram repartidas de acordo com o gênero. Hoje, no mundo pós-moderno, esse modelo não mais funciona. Continuará gerando tensões e conflitos insolúveis e pessoas completamente desequilibradas. Não funcionará e irá gerar conflitos e desequilíbrios sérios, porque as pessoas, sobretudo as mulheres, estão cada vez mais convencidas de que esse protótipo de Vida Consagrada não é humano e nem evangélico.

3.4. Estranho silêncio

Não resta dúvida de que o trabalho dos catorze Grupos foi muito rico e bem significativo. Um olhar cuidadoso e sério permite perceber o esforço e a coragem de seus membros em tratar determinadas questões, mesmo aquelas mais espinhosas e ainda carregadas de tabu. Todavia, ao escolherem refletir sobre a afetividade e a sexualidade na Vida Consagrada, os Grupos não poderiam ter omitido certas realidades. Por isso, é de se estranhar que em todos os relatórios não apareça uma única vez uma referência ao tema da *homossexualidade*, das *patologias sexuais* e dos *abusos sexuais* cometidos por pessoas de Vida Consagrada e por membros do clero.

Hoje é cada vez mais freqüente a presença de pessoas homossexuais na Igreja. Os seminários e as casas de formação dos institutos recebem cada vez mais homossexuais.[21] Algumas dessas pessoas já assumem abertamente sua conduta sexual. Outras, por medo do preconceito e da perseguição, tentam esconder essa sua condição, embora nem sempre seja

---

[20] LORENZEN, Lynne Faber. *Introdução à Trindade*. São Paulo, Paulus, 2002, p. 138.

[21] Sobre a questão da homossexualidade na Vida Consagrada, veja PEREIRA, William César Castilho. *A formação religiosa em questão*. Petrópolis, Vozes, 2004, p. 226-272. No que diz respeito à homossexualidade nos seminários e no meio do clero, veja COZZENS, Donald. *A face mutante do sacerdócio*. São Paulo, Loyola, 2001, p. 129-145; ID. *Silêncio sagrado. Negação e crise na Igreja*. São Paulo, Loyola, 2004, p. 149-166.

possível manter escondida uma realidade tão evidente. Por essa razão, considero algo muito estranho todo esse silêncio acerca da homossexualidade na Vida Consagrada.

Do mesmo modo, tanto a experiência do dia-a-dia como pesquisas e estudos sérios feitos por pessoas competentes registram uma presença cada vez maior de pessoas com patologias afetivo-sexuais dentro da Vida Consagrada.[22] Em 1995 o Grupo de Reflexão de Psicólogos da CRB Nacional publicou um estudo, após uma pesquisa realizada em 1992, no qual o problema já era muito evidente na "segunda idade da Vida Religiosa".[23] Por esse motivo, fico interrogando-me por qual razão nenhum dos Grupos de Reflexão chegou a abordar a questão.

Por fim, a questão dos abusos sexuais. Não só a mídia tem divulgado inúmeros casos de abusos sexuais cometidos por presbíteros, mas também estudos científicos abordaram essa questão com muita propriedade.[24] Alguns desses presbíteros eram membros de institutos de Vida Consagrada. Pessoalmente acompanhei casos de religiosas e formandas que foram violentadas ou abusadas sexualmente por padres, inclusive com a conivência das autoridades eclesiásticas. Por essa razão, causou-me perplexidade que entre os catorze Grupos, representando todas as regiões geográficas do país, não se tenha feito nenhuma referência a essa situação.

Não quero, é claro, acusar os participantes dos Grupos de Reflexão. Não pretendo dizer que eles tinham obrigação de falar dessas questões, uma vez que a dinâmica de trabalho sugerida não pretendia direcionar as pessoas. Apenas registro essa ausência e pergunto pelo motivo desse silêncio. Será que em breve espaço de tempo esses problemas desapareceram? Ou será que a formação atualmente dada nos institutos de Vida Consagrada ainda impõe silêncio sobre esses fatos, optando pela negação do evidente e pela política da mentira e da farsa? Um especialista nestas questões nos diz que "onde existe

---

[22] Cf. PEREIRA, William César Castilho. *A formação religiosa em questão*. Petrópolis, Vozes, 2004, p. 159-225.

[23] Cf. GRP-CRB. *A segunda idade da Vida Religiosa. Psicologia na idade dos 40-60 anos*. Rio de Janeiro, CRB, 1995.

[24] Sobre o abuso sexual de mulheres por parte de padres, veja o excelente trabalho de JURKEWICZ, Regina Soares. *Desvelando a política do silêncio: abuso sexual de mulheres por padres no Brasil*. São Paulo, CDD, 2005. Sobre outros tipos de abusos sexuais pode-se consultar a obra de NASINI, Gino. *Um espinho na carne. Má conduta e abuso sexual por parte de clérigos da Igreja Católica no Brasil*. Aparecida, Santuário, 2001.

ansiedade a imaginação se atrofia, a negação prospera e o controle torna-se obsessivo. A burocracia de uma Igreja ansiosa exibe precisamente estas características – negação, legalismo, poder controlador, ocultação".[25] Estaria isso acontecendo na Vida Consagrada do Brasil? Com a palavra os responsáveis e as responsáveis por ela.

4. Acolher o grito das "novas gerações"

Os relatórios dos catorze Grupos de Reflexão "Novas Gerações" que trataram do tema da Afetividade e da Sexualidade na Vida Consagrada nos ofereceram uma amostragem de como andam as coisas por esse Brasil afora. É verdade que é um número muito pequeno de pessoas, mas acredito que em sua diversidade pode ser bastante significativo. Tivemos representações de todas as regiões geográficas do Brasil, trazendo as preocupações e sonhos da Vida Consagrada em todos os cantos de nosso país.

Fica para todos nós, para a CRB Nacional, para as Regionais e, de modo particular, para os responsáveis e as responsáveis pelas diversas congregações, o desafio de acolher o grito das "novas gerações", encaminhando corajosamente soluções viáveis que venham ao encontro da realidade. É verdade que não precisamos dramatizar as coisas, como se tudo estivesse perdido, mas também não podemos acreditar que a situação está tranqüila. Existem fortes sinais de insatisfação e que não deixam de nos preocupar.

Penso que a tarefa de educar para o amor pode ser a síntese de todas as propostas que aqui foram feitas. Nessa tarefa "as fontes e os referenciais permanecem teoricamente os mesmos do passado: entretanto, todos eles devem passar por um processo hermenêutico sério, para que possam responder às interpelações de hoje, quando não só as sociedades se encontram profundamente alteradas, mas sobretudo se instauram novas práticas e novas compreensões da sexualidade e do matrimônio".[26] Essa missão certamente não é tão fácil assim, mas não é impossível. E se vista a partir da experiência de fé ela pode se concretizada. Por isso vale concluir essa reflexão com as palavras do Mestre: "Se podes!... Tudo é possível para quem crê" (Mc 9,23).

---

[25] COZZENS, Donald. *Silêncio sagrado. Negação e crise na Igreja*. São Paulo, Loyola, 2004, p. 14.

[26] MOSER, Antônio. *O enigma da Esfinge: a sexualidade*. Petrópolis, Vozes, 2001, p. 160.

Capítulo VIII
PARTICIPAR DO PODER NA VIDA CONSAGRADA

Ir. Afonso Murad[1]

"Poder e participação" se tornaram um assunto polêmico e apaixonante, que mobiliza a Vida Consagrada. Esse fato dá condições que os religiosos(as) manifestem seus sentimentos e percepções e, sobretudo, desmontem os mecanismos do poder, ocultos e perversos, que paralisam os indivíduos, os grupos e as instituições.

1. Um olhar integrador, mas não ingênuo

Esse é um tema que depende muito da posição a partir de onde a pessoa vê as relações e como se vê nelas. Se estivermos em uma assembléia de provinciais, dificilmente se falará de "poder", pois parece uma palavra inadequada para a Vida Religiosa. Será preferível referir-se ao "serviço da autoridade". As pessoas que estão à frente das congregações religiosas tendem a considerar que seus membros "reclamam muito e participam pouco". E, em contrapartida, num encontro de junioristas, é voz corrente que as "decisões vêm de cima para baixo e os jovens não são ouvidos". Então, é

---

[1] Licenciado em Pedagogia e Filosofia, com especialização em Comunicação Social e Gestão; doutor em Teologia pela Pontifícia Universidade Gregoriana de Roma. Autor de várias obras de teologia e de pastoral; professor de Teologia do CES – Centro de Estudos Superiores, na Faculdade dos Jesuítas, em Belo Horizonte (MG). Irmão marista, ex-provincial.

necessário abordar *poder e participação* para além dos olhares específicos de determinada posição. Afinal, que pontos comuns iluminam a questão do exercício da autoridade formal e da participação dos membros na Vida Consagrada? Quais são os parâmetros bíblico-teológicos, independentemente do lugar que se ocupa?

Do ponto de vista da base da Vida Religiosa, parece que a participação é boa, e o poder, ruim. *Participação* seria envolver o maior número de consagrados(as) nas decisões, valorizar a escuta e a discussão e estabelecer formas nas quais o consenso seja o caminho mais aceitável para a tomada de decisões. *Poder*, ao contrário, significaria concentrar as decisões nas mãos de uma equipe de governo, com o(a) provincial a sua frente. A consciência da humanidade já avançou muito, desde a Revolução Francesa até nossos dias, para perceber que qualquer processo humano que leva em conta as pessoas e cria mecanismos de participação tende a ser mais eficaz a longo prazo, mesmo que exija mais tempo e esforço, do que aquele conduzido por um grupinho autocrático. Diferentes saberes, como a sociologia, a psicologia e a teologia espiritual mostram como os mecanismos do poder são fortes e intrincados.

Por outro lado, tanto o poder quanto a participação são ambivalentes, ou seja, podem ser positivos ou negativos. Carregam consigo os traços da ambigüidade dos projetos humanos, naquela inseparável mistura de joio e trigo. Decisivos para avaliar se eles são usados para o bem será a finalidade (*para que*), o jeito de fazer, os valores que estão envolvidos, e os destinatários (*para quem*). De qualquer forma, é preciso deixar claro: mesmo que um processo seja orientado para o bem e para a causa do Reino, isso por si só não justifica a concentração do poder e a conseqüente falta de participação.

Em princípio, poder e participação não são contrários, mas sim complementares. Em qualquer grupo humano flexível e dinâmico, quem participa e lidera, com o tempo tende a exercer também o poder formal. E aqueles(as) que estão no poder, necessitam ao menos da aceitação tácita do grupo. No horizonte das Igrejas cristãs e particularmente da Vida Consagrada, poder e participação estão no quadro mais amplo da missão e da obediência, no sentido mais profundo da palavra latina *ob-audire*, escuta atenta e resposta intensa aos apelos de Deus. Ao compreender a interdependência de poder e participação, poderemos escapar dos dois extremos, que nos ameaçam engolir: o autoritarismo da concentração de poder e a anarquia das subjetividades que buscam somente seu bem-estar (individualismo).

2. Liderança

Modernamente se distinguem autoridade, liderança e poder. *Liderança* é a habilidade de mobilizar pessoas para se engajarem com entusiasmo num objetivo comum. Há lideranças que estão no poder, como o(a) provincial e seu conselho, ecônomos(as), diretores de grandes obras, alguns tipos de coordenadores(as) de comunidade, e há outras lideranças que estão na base. Uma instituição eficaz tem muitas lideranças, em seus distintos níveis. Quanto mais lideranças pró-ativas (que tomam iniciativas) e criativas, maiores são as possibilidades de uma organização responder de forma atualizada às demandas da sociedade e realizar bem sua missão. Liderança se aprende desde criança e pode ser desenvolvida também em pessoas adultas. Por isso se diz que é uma habilidade, uma competência que necessita ser cultivada.

Um instituto ou uma província religiosa saudável estimula as lideranças em vários níveis, a começar da formação inicial, ao favorecer a liberdade responsável e o protagonismo dos jovens e das jovens. Uma das formas elementares de nutrir o desenvolvimento de lideranças da base são os espaços de partilha de sentimentos e discussão de idéias, quando se elaboram e se realizam projetos em comum. A liderança positiva surge e se desenvolve quando há um desafio real, que mobiliza as pessoas para tomarem atitudes e buscarem soluções. Quando há lideranças da base, boas são as perspectivas para o presente e o futuro. Líderes na base alertam a equipe de governo, colaboram com novas idéias, tornam viáveis os sonhos do grupo. Mesmo quando há conflitos com a equipe de governo, este fato pode ser positivo, se as pessoas estão de coração aberto e sintonizam com uma causa maior, que vai além de seus interesses pessoais. A participação ativa da base é fundamental. O governo provincial ou geral tem um contraponto, que lhe fornece elementos para avaliar sua atuação e até frear o perigoso desejo do poder ilimitado.

Embora as lideranças da base sejam muito importantes, a participação comporta algo mais. Em todo grupo humano, há pessoas que não são líderes, que não têm habilidade ou vontade de impulsionar os outros, mas colaboram efetivamente, tomando parte nos processos, a seu jeito. A liderança é como um fermento nos processos participativos. Mas o pão precisa de farinha também... A liderança dominadora atua no lugar dos outros, mantendo-os na situação de inferioridade. A liderança libertadora estimula os outros a fazer aquilo que são capazes. Em alguns momentos, o(a) líder precisa tomar a frente, dar o primeiro passo, desinstalar, questionar certezas, apontar o caminho.

Atualmente, a Igreja Católica vive um momento difícil, no qual eclodem poucas lideranças. O modelo eclesial desenvolvido por suas instâncias centralizadoras, nos últimos 25 anos, favoreceu sobretudo a submissão e o enquadramento às normas disciplinares, morais e litúrgicas. Restringiram-se os espaços de diálogo, tanto dentro da Igreja, quanto com o mundo contemporâneo. A Vida Religiosa está sofrendo reflexamente as conseqüências dessa política eclesiástica. Alguns institutos resistem bravamente, outros já capitularam. Proporcionalmente temos menos lideranças abertas à mudança do que há duas décadas. E quando há poucas lideranças na base, quebra-se a tensão produtiva entre participação dos membros e exercício do poder.

A CRB, com suas múltiplas iniciativas, equipes e grupos, é um excelente espaço de formação e cultivo de lideranças na Vida Religiosa. Isso vale tanto para consagrados da base, quanto para os(as) que estão no governo de seus Institutos. Pessoas com talento e iniciativa encontram nos espaços intercongregacionais uma grande oportunidade de desenvolverem habilidades e competências, colocando-as a serviço da Igreja e da sociedade. Muitas vezes, os problemas internos das congregações, desde os de natureza relacional até os de cosmovisões conflitantes, exercem uma ação paralisante nas lideranças. Costuma-se dizer que "santo de casa não faz milagre". Algumas lideranças só são compreendidas e valorizadas fora de sua província ou congregação, longe de alguns olhares invejosos e mentes mesquinhas. Nesse âmbito mais amplo da Vida Consagrada, não são mais classificados como "exóticos" ou "estranhos". Pessoas que estão acima da média das expectativas, desejos e sonhos de seus coirmãos e coirmãs, quando encontram nos grupos intercongregacionais companheiros(as) com horizonte semelhante, ganham alento, refazem a esperança, crescem em várias dimensões e qualificam seu serviço.

3. Autoridade e poder

A *autoridade* pode ser entendida de duas formas. Primeiramente, há uma forma de autoridade que se origina do reconhecimento da competência extraordinária de uma pessoa, em qualquer área do conhecimento ou da atividade humana. Por exemplo, um grande físico ou uma grande bióloga, que desenvolveu um pensamento original, passa a ser denominado(a) pela comunidade acadêmica como *uma autoridade* no assunto. São autoridades no meio popular as benzedeiras e os raizeiros. Assim também líderes populares que reivindicam os direitos dos pobres e enfrentam o poder político e econômico são temidos pelas elites e respeitados como autoridades práticas no meio do povo. Trata-se de uma camada mais profunda na liderança e na autoridade: a irradiação da própria existência, o contágio das convicções, fazendo com que os outros se apaixonem pelo projeto que alguém defende.

Existem também as autoridades formais, aquelas que são reconhecidas como legítimas (mesmo que não o sejam), em vista do exercício do poder de determinado grupo ou instituição. Muitas vezes, a autoridade legitimada não coincide com a autoridade que brota da competência e da habilidade. Como diríamos, ela *tem* autoridade, mas não *é* autoridade.

Chegamos então ao conceito de *poder*, no sentido neutro: delegação formal da autoridade, para animar pessoas e coordenar processos. Neste sentido, poder se liga a *gestão*. Sem gestão, não há processos com resultados. Por isso, o poder é necessário. Mas depende da forma como ele é concebido e exercido. Nesse jogo tão complexo, importa tanto as atitudes de quem está no governo de uma organização, quanto as configurações históricas de exercício da autoridade formal. Ou seja, convergem a intenção de quem o exerce e a adequação das estruturas de poder. Não basta que a pessoa seja honesta e despojada, quando está no poder. É preciso que haja formas de organização que imponham limites ao poder autoritário e estimulem a co-responsabilidade. E, de outro lado, as estruturas de gestão compartilhada só realizarão suas possibilidades se houver pessoas sintonizadas com ela.

Uma ação eficaz e duradoura, em qualquer instituição, exige a combinação de participação e de poder, com a mediação de liderança e de autoridade. Mas as proporções são diferentes. Em grupos informais e pequenos, basta a participação de cada um, animada por uma liderança com autoridade informal. Recordemos, por exemplo, um grupo de círculo bíblico, um grupo de jovens cristãos, ou mesmo um time de futebol de um bairro. À medida que os grupos são maiores e mais complexos, é necessário o poder mais formal e organizado. Mas não significa que a participação diminua. Ela muda de natureza; continuam valendo o trabalho em equipe e a cooperação.

Hoje se investe no aprimoramento do exercício da liderança, em várias instâncias da sociedade. A noção de poder está mudando. Por exemplo, muitas empresas, que até então desenvolveram um modelo de organização maquinal, na qual as chefias exerciam um poder rígido sobre seus subordinados, estão revendo suas estruturas funcionais. Elas descobriram que não basta o chefe mandar, é preciso envolver as pessoas com o coração. Desenvolveu-se então a perspectiva do *empoderamento*, ou seja, conferir autonomia aos colaboradores, no nível em que eles atuam. Na vertente da educação popular, com crianças e jovens, fala-se do *protagonismo juvenil*: um processo no qual os educandos participam e assumem responsabilidades, conforme sua faixa etária e maturidade humana. Na Internet, criam-se amplas redes de troca de informação *horizontalizadas*, nas quais não há chefias, mas somente lideranças que estimulam múltiplas comunidades virtuais.

O que a reflexão sobre *liderança, autoridade e poder* ensina à Igreja e à Vida Consagrada?

– A missão (entendida tanto em sentido amplo, quanto no estrito sentido religioso) é mais importante do que a estrutura de qualquer organização. Os graus hierárquicos e a forma de exercitar o comando mudam de acordo com as demandas da sociedade e com a evolução da mentalidade do grupo. O congelamento em determinadas formas de exercício do poder, baseadas na tradição ("sempre foi assim") ou numa sacralização indevida ("é vontade de Deus"), prejudicam tanto as pessoas quanto a missão da instituição. A gestão compartilhada ajuda as instituições a realizar sua missão com leveza, sem perder a fidelidade a suas origens.

– Na sociedade contemporânea, há um anseio crescente por liberdade, autonomia e participação. Somente quem "se sente parte" oferece o que tem de mais precioso: seu coração e a criatividade da mente. Hoje, a participação não é um luxo, é uma necessidade. Qualquer organização, religiosa ou civil, que tem uma missão clara, precisa *empoderar* seus membros, para alcançar os resultados a que se propõe.

– O desenvolvimento de lideranças possibilita um clima saudável de diversidade, ocasiona conflitos produtivos e oferece um controle ao poder ilimitado (autoritarismo). Uma instituição que estimula suas lideranças informais, a começar das mais jovens, tem muito mais possibilidades de crescimento qualitativo e quantitativo do que aquelas que retêm as informações e concentram o poder nas autoridades formais.

4. Liderança e participação na Bíblia: o caso de Moisés

Na Sagrada Escritura, não há distinção clara entre poder, autoridade e liderança. Como Israel é regido pela Aliança e seus preceitos, o exercício do poder tem uma clara conotação religiosa, o que se perdeu em nossa sociedade secularizada. Moisés é a figura que melhor condensa os três papéis de liderança, autoridade e chefia. Faremos uma leitura tipológica de Moisés, que é diferente de uma interpretação histórico-crítica. Como sua liderança formal, enquanto autoridade e chefia, estimulou a participação? Como exerce o poder?

Tudo começa com a indignação ética: Moisés sai dos muros da corte do Faraó e vê a situação de seus irmãos. Toma consciência de que eles estão submetidos a trabalhos forçados e sente e toma uma atitude, embora equivocada (Êx 2,11). Mais tarde, responde ao apelo de Javé, o Deus libertador, que ouve o clamor dos pobres (Êx 3,7-10). Assim, sua missão de chefe é preparada por uma experiência *ética* (ver a situação de seu povo e se indignar) e uma experiência *mística* (receber a revelação de Javé no monte, em Êx 3,1-6). Moisés exerce autoridade e poder para libertar aquele bando de escravos, que nem sequer tinham identidade. Ele não somente conduz o processo da libertação, mas também se mostra um grande pedagogo. É a pessoa que, em nome de Javé, educa o povo no deserto, ajudando-o a configurar valores, comportamentos e atitudes (Dt 8,1-5).

Moisés vive uma intimidade especial com Javé e mantém o respeito diante da alteridade divina. Assim, diz-se que ele tem de cobrir o rosto para não ver a Deus (Êx 3,6b; 33,18-23), pois Javé é o Absoluto radical, que não se deixa manipular por ninguém. De outro lado, conta-se na Escritura que ele falava com Deus face a face, como um amigo fala com outro amigo (Êx 33,11). Depois que conversa com Javé e recebe as tábuas da lei, desce do monte radiante, com o rosto resplandescente (Êx 34,29-35). Assim, a liderança de Moisés brota e se alimenta de uma profunda sintonia com Javé e um grande amor a seu povo. Há momentos em que Deus fica irado(!) com a infidelidade e a "cabeçudice" do povo e então ameaça acabar com a aliança e destruí-lo. Moisés intercede pelo povo e consegue convencer Javé a mudar de planos (Êx 32,7-14, Nm 11,1-3). Há ocasiões em que o próprio Moisés perde a paciência e reclama do povo diante de Deus. Então, é Javé que o convence a continuar a missão, apesar das dificuldades.

As diferentes tradições do Pentateuco não apresentam de maneira unânime como Moisés desempenhou a liderança e exerceu o poder. Para uma tradição, Moisés é um líder com todas as qualidades necessárias. Para outra, como tem problemas de dicção (gagueira), recebe a ajuda de Aarão, que fala por ele. Este colaborador de Moisés é uma figura ambígua. Na tradição sacerdotal, ele é o símbolo da instituição sacerdotal com todos os seus ritos

(Êx 29–30). Mas de quem mais se poderia esperar o máximo da fidelidade cultual, nasce a idolatria, a tentativa de manipular e dominar Javé, cedendo à tendência do povo de materializar a Deus (Êx 32,1-6). Quando Moisés cobra de Aarão atitudes coerentes, ele se exime de sua responsabilidade e joga culpa sobre o povo (Êx 32,21-23). Então, Aarão morre no meio do caminho (cf. Nm 20,24). Não parece uma liderança confiável...

Moisés não é um chefe autoritário, que age sozinho, por sua conta, mesmo que tenha tanta intimidade com Deus. Ele percebe que precisa contar com a participação de outras lideranças no meio do povo. O livro dos Números narra que, logo depois de uma grande crise na caminhada do deserto, Moisés clama a Deus: "Eu sozinho não consigo carregar este povo, pois supera minhas forças!" (Nm 11,14). Então Deus lhe inspira a escolher 70 pessoas sábias, no meio da comunidade, para ajudar a coordenar, animar e organizar o povo e resolver contendas. O texto é belo. Javé diz a Moisés: "Leve-os à tenda da reunião, para que se apresentem aí com você. Eu descerei aí e falarei com você. Separarei uma parte do espírito que você possui e passarei para eles, a fim de que repartam com você o peso do povo, e você não tenha mais que o carregar sozinho" (Nm 11,16-18).

O "conselho de anciãos" ajuda a resolver os problemas comunitários e constitui um apoio e referência para Moisés. Suas lideranças são escolhidas, levando em conta alguns critérios, como representatividade, sabedoria, inteligência e competência (cf. Dt 1,13). A Moisés compete resolver somente os temas mais difíceis (Dt 1,17). Na linguagem atual, diríamos que Moisés se ocupa das questões estratégicas, deixando as de natureza executiva e operacional para outras lideranças. Por fim, Moisés prepara seu sucessor. Inspirado por Deus, escolhe Josué, passa-lhe o cargo na presença do povo, e "comunica a ele uma parte de sua própria autoridade, para que a comunidade de Israel lhe obedeça" (cf. Nm 27,19s.).

A figura de Moisés soma vários âmbitos da liderança, o que seria impossível nos dias de hoje: gestão, política, economia, leis e religião. Sobretudo, Moisés é um educador do povo. Não trata seus conterrâneos como uma massa amorfa e sem personalidade. Ao contrário, leva-os a assumir de forma comunitária a aliança com Javé (Dt 6,1-4). Relembra-lhes a importância da fidelidade. Diante de cada crise que emerge no deserto, convoca o povo e o faz pensar sobre suas ações e atitudes. Aproveita dos erros para estimular novas aprendizagens. A literatura tradicional enfatizou demais que Moisés é um legislador. Mas esqueceu que ele é educador, o pedagogo a serviço de

Javé-educador. Etimologicamente, pedagogo significa aquele que conduz a criança para ensiná-la. A recordar a caminhada de 40 anos no deserto, no livro do Deuteronômio se diz: "Portanto, reconheça em seu coração que Javé, seu Deus, educava você como o ser humano educa o próprio filho" (Dt 8,5). Moisés foi o mestre que conduziu o povo, para ser educado por Deus.

Brevemente, recordemos ainda dois outros tipos de liderança: Davi e os profetas. O Rei Davi é um personagem ambíguo. Reúne o que o poder tem de melhor e de pior. Em sua juventude, o personagem Davi é apresentado com muitos perfis diferentes: um adolescente pastor (1Sm 16,12s.), o tocador de flauta (1Sm 16,14) e o membro do exército de Saul (1Sm 17,1). Já adulto, transforma-se no opositor ao poder, um guerrilheiro, que respeita seu inimigo, o rei de Israel (1Sm 24,12-16). Então, Davi vence várias batalhas e se consolida como uma grande liderança. Por fim, assume o máximo poder, como rei de Israel.

Sabe-se que uma corrente não queria o reinado, pois percebia que esta instituição levaria à concentração do poder e da riqueza (cf. 1Sm 8,11-18), embora as tribos necessitassem de um exército unificado, para se proteger dos povos inimigos que os ameaçavam constantemente. Davi é um excelente estrategista militar. Vence os inimigos e os domina. Assegura ao povo de Israel um tempo de paz e prosperidade. Mas paga o preço do poder. O reinado repete os vícios dos povos vizinhos: poder injusto, mordomia, impostos sobre o povo, corrupção. Em vez de realizar o projeto de Javé (o cuidado com os pobres, a justiça e a misericórdia), o reinado lentamente configura um desvio de rota na Aliança. Davi se cerca de um grande contingente de auxiliares, entre os quais comandantes e oficiais (2Sm 18,1s.), conselheiros, servos da corte e até profetas. E ainda abusa do poder, ao subtrair para si a mulher de seu soldado Urias, engravidá-la e ordenar a sua morte, para esconder o erro (2Sm 11). A lógica perversa do poder-dominação se espalha pela família de Davi. Seu filho Absalão prepara um "golpe de estado" e quer tomar-lhe a autoridade real (2Sm 15). Anos depois, o reinado se divide.

Os profetas são pessoas de grande liderança. Porque experimentam uma grande intimidade com o Deus da aliança e estão em permanente conexão com o sofrimento e as esperanças de seu povo, são reconhecidos como autoridade pelo povo. Não têm poder formal, embora houvesse também os profetas da corte. Uma das características do profetismo é o permanente confronto com o poder político, econômico e religioso, que estava concentrado no reinado, com o respaldo do sacerdócio. O testemunho dos profetas chegou até nós devido a grupos desconhecidos que acolheram, ressoaram e fixaram suas palavras e gestos, como Palavra de Javé. Não há profetismo sem participação. Os profetas são a figura expressiva da participação que brota de uma consciência lúcida e transformadora, estimulada pela fé.

Tiremos algumas lições atuais dessa leitura tipológica de Moisés, completada com Davi e os profetas:

– Olhando para a história do Povo de Deus, percebe-se que o poder formal é necessário. Na figura de Moisés, há um perfil inusitado da autoridade e do poder: visa a libertação das escravidões históricas, a entrada no reino da liberdade, o processo educativo de formação da consciência comunitária, a constituição e o fortalecimento da Aliança com Deus. Por isso mesmo, é um poder que se exerce com várias formas de participação, envolvendo as lideranças e a massa do povo.

– A autoridade formal de Moisés inspira as Igrejas a ir ao essencial, levando em conta cada novo contexto histórico. Diferentemente da figura "Davi", o profeta não tem palácio e nem se preocupa em construir o templo, pois Javé está com ele no caminho. Mais do que lutar contra os inimigos, quer formar a consciência de um povo peregrino. Para a Vida Consagrada, em especial, é muito forte a imagem do povo que peregrina no deserto, sem morada permanente, sem templo, sem seguranças. Aí repousa uma das chaves de sua vitalidade. Estranhamente, parece que o modelo do reinado seduz mais do que o da liderança no deserto, com poucas estruturas e muitos desafios. O rei manda e comanda. O profeta e líder carismático fazem pensar, questionam e convocam.

– Sofrem-se hoje as tristes conseqüências de uma Igreja que se estruturou durante séculos como um reinado monárquico (do grego *mono* + *arqué*, com um só princípio, centrado numa única autoridade). É preciso retomar e aprofundar a eclesiologia do "Povo de Deus", sinalizada no Concílio Vaticano II. Então, participação não será vista como ameaça à autoridade, mas como elemento indispensável para quem se sente membro ativo. Reconhecer-se-á mais a autoridade dos profetas e dos líderes do deserto. E para isso é fundamental saber como Jesus exerce o poder, que tipo de autoridade ele tem e como ele vê a participação da comunidade em sua causa.

5. O Poder de Jesus

Certa vez, numa celebração comunitária do perdão, o padre jovem levanta o pescoço, ergue os braços e inicia seu discurso, com a frase solene: "Hoje, com minhas mãos ungidas, vocês irão receber o perdão de Jesus. Pois, pela autoridade da Igreja, estou agindo *in persona Christi!* (na pessoa de Cristo)". Embora a afirmação tenha uma justificação teológica, é impossível negar que há arrogância em suas palavras e um uso questionável do poder religioso. Mas os casos não param aí. Outro dia, pouco antes de uma grande celebração, chega ao santuário um carro veloz. Antes que o funcionário lhe indique o lugar adequado, o jovem motorista lhe diz, com o dedo indicador levantado: "Eu sou diácono e quero estacionar aqui". Um novo equívoco, desta vez expressando um nítido abuso de poder. Ora, em sua origem, quem é o diácono senão *aquele que serve*? Por que tantos equívocos sobre o poder de Deus, aplicados inadequadamente às autoridades formais?

Olhemos para Jesus, autor e realizador de nossa fé (Hb 12,2). Chama a atenção que, nos sinóticos, Jesus se prepara para a missão, dedicando um tempo de 40 dias no deserto. Com esse gesto simbólico, Jesus assume e retoma a história do povo peregrino e de seu líder Moisés. Na breve versão de Marcos se diz que Jesus estava com os animais selvagens e os anjos o serviam. Por que esses animais? Alguns estudiosos da Bíblia afirmam que é uma metáfora para significar que Jesus supera a tentação originária de Adão e Eva, no paraíso. Outros vão mais longe e declaram que essas feras são as próprias negatividades e "energias baixas", que o homem Jesus teve de integrar. Neste sentido, Jesus ensina com esse gesto que qualquer pessoa, ao assumir o poder, deve aprender a conviver com essas feras interiores, mantendo-as sob seu domínio.

O relato das três tentações, em Lucas 4,1-13, está construído em comparação com o livro do Deuteronômio. Jesus vence as grandes tentações que atormentaram seu povo, na caminhada educativa do deserto. Ao pensar o tema do poder, ganha destaque a segunda tentação. Depois de ver por um instante todos os reinos do mundo, o evangelista põe na boca do diabo (*diábolos* = o que divide) a frase: "Eu te darei todo o poder (em grego, *exousia*) e a glória destes reinos, porque tudo isso me foi entregue e posso dá-lo a quem eu quiser. Se te ajoelhares diante de mim, tudo isso será teu" (Lc 4,6s.). Ora, ou o diabo está mentindo, pois é o pai da mentira (Jo 8,44) e de fato não tem tanto poder assim sobre os reinos deste mundo, ou efetivamente o poder tem algo de diabólico. A resposta de Jesus, baseada na Escritura, mostra como ele escolheu exercitar o poder: "Adorarás ao Senhor teu Deus e somente a Ele prestarás culto". Jesus supera a tentação do messianismo político e de toda a forma de servir-se do poder em benefício próprio. Assim os evangelhos lhe darão o título de "servo".

Jesus começa sua missão anunciando o Reino de Deus (Mc 1,15). Ora, o Reino é muito diferente dos reinos deste mundo. Jesus inaugura o Reino mostrando a proximidade de Deus. Um pai-materno bondoso, que cura as enfermidades, expulsa as forças negativas do mal, perdoa pecados e chama à mesa todos os deserdados deste mundo, inclui as crianças e as mulheres. Em Jesus, o poder do Reino é a força de lutar contra todas as forças históricas e espirituais do mal e fazer o bem. Por isso, nos Atos dos Apóstolos, Paulo resume assim a missão de Jesus: "Deus o ungiu com o Espírito Santo e com o poder (em grego, *dýnamis*). E ele andava por toda a parte fazendo o bem... (At 10,38s.)". Jesus inverte a lei do sábado, questiona os preceitos rituais da pureza (Mc 7), relativiza o templo. Ou seja, Jesus age na direção oposta àqueles que detinham o poder formal e queriam mantê-lo. Desmonta, a partir de baixo, os mecanismos enganosos do poder. Com que critérios? O amor misericordioso do Pai, o sonho do Reino e o clamor do ser humano necessitado. Jesus é chamado de mestre (Rabbi), embora não tenha participado de nenhuma escola rabínica, nem freqüentado os círculos dos fariseus. Então, seus inimigos levantam a pergunta: "Com que autoridade fazes estas coisas? De onde vem tua autoridade (*exousia*)?" (Mt 21,23).

Nos evangelhos sinóticos, as palavras "autoridade" e "poder" são aplicadas a Jesus de um jeito próprio. Nossas bíblias as traduzem como se fossem a mesma coisa. O primeiro é *exousia*, em grego, que se traduz como autoridade. Literalmente, *exousia* significa "a possibilidade de fazer algo sem que nada o impeça e a liberdade para atuar".[2] Assim, no texto anterior de Mt 21,23, os chefes dos sacerdotes e os anciãos, que eram os poderosos de Jerusalém, estão incomodados com a liberdade de Jesus em fazer o bem e perguntam por sua legitimidade e origem. Não reconhecem sua autoridade. Jesus responde fazendo outra pergunta, sobre a autoridade de João Batista. Está claro: a autoridade de Jesus provém de sua relação singular com o Pai. O texto conclusivo de Mt 28,18 diz isso: "Toda autoridade *(exousia)* me foi dada no céu e na terra". Nos sinóticos, poderíamos traduzir a autoridade de Jesus como liberdade de ação para fazer o Bem. Assim, ela se destina a ensinar (Mc 1,22), a perdoar pecados (Mc 2,10), a livrar as pessoas dos poderes negativos, chamados demônios ou espíritos impuros (Mc 1,27; 3,15; 6,7).

A palavra mais usada para *poder* nos evangelhos e, sobretudo, nos escritos paulinos é *dýnamis*, que literalmente significa "capacidade, força ou

---

[2] In: *Diccionario teologico del Nuevo Testamento*, Sigueme, 1986.

poder". Em nossa língua, há algo similar, vindo da mesma raiz: dínamo, dinamismo. Aí está um grande segredo. No olhar de Deus, *poder é força que gera vida*. Jesus tem o poder de Deus para fazer o bem, para transformar as pessoas. Por isso, o que chamamos equivocadamente de "milagres" são denominados nos sinóticos como *"dýnameis"*, ou seja, gestos de poder que mostram o Reino em ação. O próprio Jesus é o poder de Deus promovendo a vida, neste sentido dinâmico. Da mesma forma, o poder (*dýnamis*) do altíssimo cobre Maria, na concepção de Jesus (Lc 1,35). E os discípulos receberão o poder (*dýnamis*) do Espírito (Lc 24,49) em pentecostes.

6. Poder e participação, a partir de Jesus

Jesus recebe do Pai a autoridade e realiza gestos de poder para promover a vida (Lc 4,36: *exousia* e *dýnamis*). Assume a atitude de *servo* de Deus e *servidor* dos seres humanos (em grego, respectivamente: *doulos* e *diákonos*). Assim, ele mesmo diz que não veio para ser servido, como acontece com os reis e os poderosos, mas para servir (Mc 10,45). E dá esta mesma orientação para seus seguidores: "Quem quiser ser grande, será servidor (*diákonos*) de vocês. Quem quiser ser o primeiro, será servo (*doulos*) de todos" (Mc 10,43s.). Jesus nos ensina a ser servo de Deus e servidor dos outros. Esta é a legitimidade evangélica do poder. Sem isso, ele se torna abuso do poder, assenhorar-se dos outros, como fazem muitos governantes (v. 43).

Jesus é um grande líder, que reúne a multidão em torno a si e ao projeto do Reino de Deus. Como a autoridade e o poder de Jesus implicam a participação? Em primeiro lugar, Jesus faz questão de tornar as pessoas co-protagonistas de sua ação libertadora. Muitas vezes, quando encontra alguém em situação de doença ou penúria, pergunta-lhe: "O que você quer que eu faça por você?" (Mc 10,51). A pergunta visa tornar a pessoa consciente de seu desejo e mobilizar suas energias na direção da mudança a ser alcançada. Após a cura, Jesus diz: "Sua fé salvou você" (Mc 10,52). A fé é a participação da pessoa no processo de sua libertação física, psicossomática ou espiritual. Se Jesus fosse um milagreiro em busca de fama, chamaria a atenção sobre si, dizendo talvez: "Fui eu que o salvei, com minhas mãos ungidas". Mas ele age de maneira diferente.

Em segundo lugar, Jesus é um educador do povo. Ensina a multidão a olhar os acontecimentos e a vida com outros paradigmas. Provoca um aumento do nível de sua consciência. Mas como sabe que a massa não alcança toda a novidade que ele propõe, aprofunda muitas questões somente com seus discípulos. Jesus escolhe um grupo menor, a fim de partilhar com eles sua experiência do Pai, o conhecimento do Reino e "o saber fazer" (cf. Mc 3,14s.). Pratica com os discípulos o que se chama hoje de "empoderamento". Dá-lhes autoridade/ poder para expulsar as forças do mal. Ensina-lhes a compreender em profundidade a mensagem das parábolas. Alerta-os para não se deixarem contaminar pelo fermento estragado do formalismo religioso (Mt 16,6).

Depois de um longo caminho percorrido, Jesus diz: "Eu não chamo vocês de servos, mas sim de amigos, pois dei a conhecer tudo o que ouvi do meu Pai" (Jo 15,15). Voltemos à figura de Moisés. Algumas vezes se diz na Escritura que ele falava com Deus, como um amigo a outro amigo. Noutras vezes, ele tinha de cobrir o rosto e ver a Deus de costas, em respeito à transcendência divina. Ora, Jesus vai além de Moisés. Partilha com seus discípulos o dom mais precioso, o mistério de onde emana seu poder e sua autoridade: a intimidade com o Pai. Jesus rejeita a forma autoritária de tratamento entre os senhores e seus servos. A estes competia obedecer, sem saber a razão, desconhecendo o que o patrão fazia (cf. Jo 15,15). Haverá texto mais lúcido para desautorizar a obediência cega? E Jesus propõe outra forma possível de se relacionar com o Pai: continuar o movimento começado por ele mesmo, de ouvir a Deus e propagar esta experiência. Existe forma mais original de compreender a obediência madura?

Jesus comanda um movimento itinerante. Com seus discípulos e discípulas não trilha somente o caminho do deserto, mas também aquele que passa por campos, lagos, pequenas vilas e cidades. O Reino de Deus não tem rei, a não ser Deus. O próprio Jesus não quer este título de rei. O reinado de Deus é despojado: sem palácios, nem corte, nem súditos.

Em linguagem moderna diríamos que Jesus é um grande empreendedor e um excelente gestor: transforma o sonho do Reino num projeto de vida concreto, mobilizando para isso a multidão e seus discípulos. Jesus usa bem o poder que tem em suas mãos: o poder da palavra iluminada, o poder da cura, o poder espiritual, o poder da liderança sobre a multidão, o poder de ensinar seus seguidores. Por outro lado, Jesus não aceita ser rei, nos moldes da cultura de seu tempo. A entrada festiva em Jerusalém sinaliza que o Filho de Davi não é o Poderoso, que não vem montado sobre um alazão, mas sim sobre um jumentinho, como príncipe da paz e profeta (cf. Mt 21,9-11). Jesus é rei na cruz, despojado de todo o poder. Recebe o poder pleno somente com a ressurreição. E novamente o partilha com os seus, comunicando-lhes o Espírito Santo.

Tiremos algumas conseqüências da reflexão sobre poder e participação, a partir de Jesus, confrontando-a com questões atuais.

– O poder é ambíguo. Tem algo de humano, pois concentra forças para realizar metas; de divino, enquanto instrumento, para que os projetos de Deus se realizem; e de diabólico, ao alimentar-se a si mesmo e inverter a relação: de servir para ser servido. Nós usamos o poder, mas o poder também nos usa. O que é dinâmico, como a água que gera energia, transforma-se num sumidouro, que consome as energias e se volta para si mesmo. Jesus usa o poder com liberdade e com limites, a ponto de renunciar a algumas de suas formas, quando não eram coerentes com a proposta do Reino e o coração do Pai.

– O exercício do poder passa pela mediação cultural. No correr de dois milênios de existência da Igreja, diferentes pessoas e grupos exerceram a autoridade formal, baseados na fé em Jesus e nas relações de poder da sociedade onde viviam. Os católicos herdaram uma estrutura piramidal, que acumulou elementos do direito romano e do modelo imperial. Altamente concentradora, dá pouco espaço para uma participação efetiva e o empoderamento aos leigos. As atuais estruturas de poder têm sua autoridade respaldada em Jesus e na primeira geração apostólica, continuada e assumida pela Tradição. O problema reside aí: muitas estruturas de poder foram indevidamente "sacralizadas", como se fossem em si divinas, mas constituem apenas formas necessárias e renováveis de exercício do poder, animadas pela fé em Jesus. Despir-se desta roupagem histórica exige da Igreja e das congregações religiosas uma grande purificação, a partir da figura de Jesus, num diálogo enriquecedor com a cultura contemporânea. Não se trata de contrapor poder à participação. E sim, a partir do Evangelho, recriar estruturas de poder e de participação, resgatando da Tradição as conquistas e os acertos, e superando seus limites.

– Nossos fundadores e fundadoras eram pessoas de muita liderança, movidas pela fé. Conquistaram autoridade, porque tinham palavras e ações que arrastavam os outros. Provaram uma intimidade com Deus que lhes deu uma "autoridade espiritual", como a *exousia* de Jesus. Exerceram o poder formal de maneira equilibrada, como expressão de sua liderança e autoridade. Foram gestores de processos e de pessoas, e se santificaram com isso. Hoje, porém, há entre os "superiores maiores" (!) pessoas que exercem o poder formal, mas têm pouca autoridade, aquela *exousia* que brota de um coração em sintonia com o Reino e o Pai. E quando faltam liderança e autoridade que vêm de dentro, o caminho mais fácil é usar a coersão para compensar sua fraqueza. O resultado é desastroso: conjugam-se autoritarismo e gestão ineficaz.

– Na Vida Religiosa, a participação do maior número possível de membros, de várias formas, é muito bom. Pois constituímos famílias religiosas, grupos de irmãos e irmãs que partilham do mesmo carisma e da mesma missão. Somos parte, membros integrantes. É importante cultivar este senso de pertença. Além disso, Paulo lembra que a comunidade cristã está edificada sobre o fundamento dos apóstolos e dos profetas (Ef 2,20). O mesmo se pode dizer da Vida Religiosa. O que a sustenta é tanto o poder formal, como também a autoridade conferida pelo profetismo. E ambas estão radicadas no compromisso com o seguimento de Jesus e o anúncio do Reino. Se elas perdem esta raiz, facilmente se degeneram.

– A participação também tem sua dose de ambigüidade. Ela pode degenerar na mera soma de vontades individuais, para que cada um faça o que deseja, sem ser perturbado pelos outros. Ora, não é essa a participação que se almeja na Vida Consagrada renovada. Além disso, participar não é somente dar idéias e criticar. Exige escuta mútua e cooperação. E, sobretudo, a assumir em comum uma estratégia: aonde queremos ir e que caminhos adotar. A participação, sem uma ação organizada e coordenada, leva à anarquia ou ao fracasso dos projetos históricos. Quem não se lembra daqueles grupos nos quais todos podem falar à vontade, mas que o único fruto da reunião é o agendamento para o próximo encontro?

– Na Vida Consagrada, em especial, a participação e o exercício do poder passam pelo crivo das seguintes questões: para que, para quem, como e com qual espírito. Elas, juntas, são o critério prático de sua validação. De forma breve:

– *Para que*: Exerce-se o poder com a participação, para cumprir de forma atualizada a missão que o Senhor confiou a cada instituto, de segui-lo e realizar o carisma do fundador. Em alguns casos, o poder e a participação contribuirão para retirar a Vida Religiosa de sua decadência e renová-la. Um movimento circular, no qual convergem as iniciativas da base e as da autoridade formal, alcança resultados duradouros.

– *Para quem*: O discernimento comunitário e institucional, à luz dos carismas e dos apelos de Jesus, remete à opção preferencial pelos pobres e para todas as categorias de necessitados.

– *Como*: A participação do maior, sob a direção de uma equipe de animação e governo, está ancorada numa visão estratégica, na adoção de metas quantificáveis e no monitorando dos resultados.

– *Com qual espírito*: Participação e poder são instrumentos para o discernimento, o diálogo e o serviço.

7. Alguns conselhos para a Juventude da Vida Religiosa

Por fim, ofereceremos aos jovens religiosos(as) algumas dicas para a estimular uma participação ativa e duradoura. Propositalmente, haverá uma mudança de linguagem: do indicativo para o imperativo, do analítico para o parenético. O que diríamos à juventude da Vida Religiosa, ansiosa por participar?

– Sejam *questionadores* do poder estabelecido, com *palavras e ações*. Lembrem-se de que os gestos valem mais do que as palavras. Paguem o preço de suas opções, com atitudes e gestos conseqüentes. Isso tornará digna de crédito a causa que vocês defendem. A conjugação de palavras e gestos testifica se alguém está movido pelo espírito de renovação do carisma, e não para realizar projetos egoístas.

– Tenham *paciência*. As congregações são instituições com uma longa história. Desconfiam de quem aparece de repente e se acha no direito de questionar tudo. Muitos de vocês já são líderes. Há sinais evidentes de liderança positiva entre os jovens religiosos(as): conversar com seus companheiros(as), ajudar as pessoas a refletir sobre os fatos, conclamar para ações inovadoras. Com o tempo, vocês conquistarão uma autoridade crescente, à medida que forem mais conhecidos(as) e assimilarem o carisma e a boa tradição de seu Instituto. As pessoas perceberão então que vocês não são uma ameaça, mesmo que as propostas de vocês retirem-nas de sua zona de conforto.

– Dosem *transgressão* e *respeito*. Em alguns momentos é preciso ir além da lei e da tradição e propor novas posturas e práticas. Mesmo que a transgressão seja dolorosa, tanto para quem estimula mudanças, quanto para aqueles que resistem a ela, isso é fundamental para abrir caminhos novos. A humildade e o respeito conferem um sabor evangélico aos processos de mudança. A transgressão, sem respeito, torna-se uma forma de violência e de dominação. A transgressão, com respeito às pessoas e com bom senso, pode ser um parto doloroso, mas profícuo.

– Façam *redes* e *parcerias*: Vivemos num momento em que as mudanças são mais custosas. Elas não virão nem da massa nem de indivíduos isolados, mas sim de minorias organizadas. Estreitem os laços afetivos e efetivos com seus companheiros(as) de congregação, com os religiosos(as) de outros institutos que estão na mesma causa. Há projetos de mudança, especialmente na área da missão, que só serão possíveis de forma intercongregacional, pois hoje os consagrados são poucos, e menos ainda são as pessoas que almejam mudanças em profundidade. Comecem iniciativas ousadas na missão e nas diferentes formas de viver a consagração.

– Renovem sua *adesão a Jesus*, cada dia. Alimentem a paixão pelo Senhor e seu Reino. Ou vocês serão homens e mulheres de Deus, ou se tornarão um sal sem sabor, figuras dispensáveis e sem significado (Mt 5,13). Hoje qualquer amor se desmancha facilmente, escorre pelas mãos como líquido. Para não esfriarem no Primeiro Amor (Ap 1,4), cultivem a intimidade com Deus, a partir de sua Palavra. O cultivo da espiritualidade, aliado a uma visão aberta do mundo, dará a vocês a consistência necessária para realizar mudanças e manterem-se felizes, em meio a muitos desafios.

Conclusão aberta

Dom Luciano Mendes de Almeida foi uma figura viva do poder, exercido em espírito de serviço. Homem de inteligência brilhante e de cultura invejável, jamais utilizou seus talentos para promoção pessoal. Sua humildade e santidade cativavam aqueles que conviviam com ele. Estava sempre preocupado com os outros. Fazia questão de agradecer sempre, a cada pessoa. Como bispo, promoveu iniciativas pastorais renovadoras e ousadas. A opção preferencial pelos pobres não era para ele uma pauta de discurso, mas uma convicção. Enquanto secretário e presidente da CNBB, orientou a Igreja do Brasil para realizar as grandes orientações de Medellín e Puebla. Sabia delegar o poder e trabalhar em equipe. Ficará em nossa memória como exemplo de pastor e gestor, empreendedor e santo!

O caminho de exercitar o poder e a participação, como serviço, é longo e penoso. Recebemos o pão que nos nutre, como maná no deserto, e temos a presença da nuvem luminosa, que acompanha o povo e cobre os discípulos no monte (Êx 13,21 e Mt 17,5). Somos alimentados pela Palavra de Deus, pelos sonhos históricos, pela convivência com irmãos e irmãs. Então, o caminho é também belo e fascinante. Enquanto peregrinamos, provamos que o Senhor é nosso mestre e companheiro.

Capítulo IX
AUTONOMIA E COMUNIDADE

Pe. Jailton de Oliveira Lino, PSDP[1]

Ao abordar este tema em relação a nossa autonomia e a nossas vivências, no movimento cotidiano da comunidade, é minha intenção afirmar que nossas comunidades, por mais diferentes que sejam, possuem algo em comum, muito parecido, presente em todas as pessoas: Na comunidade, todos(as) desejam ser amados(as) e apreciados(as). As pessoas querem ser valorizadas, ser levadas em consideração e ser importantes para os outros(as); querem ser e viver o mais plenamente possível; querem compreensão, realização entre si e aqueles que os cercam. Todos(as) carregamos um desejo insaciável de paz interior, paz com as pessoas com as quais nos relacionamos, e fazer sempre o bem para o outro e a outra.

Nesta reflexão procederemos considerando primeiro alguns aspectos relacionados com a autonomia; em seguida recolhemos observações desde o ponto de vista da comunidade; e por fim anotamos os espaços construtivos que se podem dar nessa experiência.

1. Autonomia: um processo

A autonomia é um dos conceitos fundamentais que exprimem a autocompreensão do homem e da mulher moderno(a). Suas raízes já se situam

---

[1] Graduado em Psicologia, em Filosofia e Teologia, membro da Congregação dos Pobres Servos da Divina Providência; educador de jovens para Vida Religiosa.

no mundo grego, significando a meta da "pólis" de poder deliberar e decidir sobre suas próprias questões sem depender de poderes estranhos. A modernidade fez, em seu início, a experiência dolorosa das guerras de religião e foi precisamente esse contexto que fez emergir um novo sentido para autonomia, que passou a significar a pretensão e o direito à autodeterminação religioso-confessional. A partir de então, ela passa a marcar toda a cultura emergente, e Kant teve o mérito de explicitar e pensar criticamente o conceito que exprimia a autocompreensão desta nova cultura. Para Kant, a autonomia caracteriza o ser humano enquanto tal e o distingue de todos os outros seres, uma vez que ela designa o específico do ser humano: a capacidade de autodeterminar-se, de construir a si mesmo a partir dos critérios de sua própria razão. O ser humano só é humano aí onde é autônomo, ou seja, a conquista da humanidade se faz enquanto processo de emancipação.

A criança torna-se progressivamente mais autônoma à medida que cresce e, ao tornar-se mais autônoma, torna-se menos heterônoma. Ou seja, à medida que a criança torna-se apta a governar-se, ela é menos governada por outras pessoas.

Ao falar sobre a educação e o desenvolvimento moral, Piaget (1948), afirma que a criança pode aprender, eminentemente, através de duas maneiras:

– *Visão empirista:* a pressão do meio social determina a internalização dos valores morais e das regras de convivência social. Assim, através das lições de moral e das sanções que o adulto aplica sobre a criança, frente a suas condutas e atitudes "desejáveis" ou "não desejáveis", ocorrerá o processo de "inculturação", e a criança, vista como um ser passivo (tábula rasa), acaba por absorver os valores morais e as regras de convivência selecionadas e determinadas pelo meio social no qual ela interage.

– *Visão interacionista:* Piaget postula que um valor moral e umas regras de convivência sociais só serão reais "para a criança quando ela possuir a liberdade de optar voluntariamente por esta regra em sua interação com o meio que favoreça o enfrentamento positivo responsável da criança nos processos de tomada de decisão".

Visão Empirista

O meio social passa para a criança os valores morais e as regras de convivência social.

Visão Interacionista
(Jean Piaget)

O sujeito reelabora os valores morais e as regras de convivência em sua interação com o meio social.

Para Piaget, o desenvolvimento moral atravessa três fases específicas:

– *Anomia:* o bebê, do nascer até em média um ano e meio, não desenvolveu o sentimento de respeito pelo adulto, e seu comportamento em relação aos outros é egocêntrico, não existindo, portanto, formas às regras ou normas; sua conduta é anárquica, caracterizando assim a fase do desenvolvimento moral denominada *anomia*. Na anomia, não existe a noção de certo e errado sob o ponto de vista da conduta social, e a criança não é capaz de obedecer a regras. O sentimento forte que deve estar desenvolvendo-se na relação da criança com seus tutores é o afeto, sentimento necessário à constituição futura do respeito.

– *Heteronomia:* é a fase do desenvolvimento moral que se caracteriza pelo surgimento do respeito às regras ditadas por aqueles que têm autoridade na relação com a criança. Enquanto heterônomas, as crianças dependem das decisões dos adultos sobre como devem ou não se conduzir. Para elas, o julgamento de uma conduta como "certa" ou "errada" está subordinado ao que acreditam que o adulto julgaria melhor ou pior. O respeito que a criança, nesta fase, tem pelo adulto é unilateral e tem origem em dois sentimentos que se mesclam: sentimento de afeto simultaneamente ao de medo das relações que os adultos possam ter diante de suas "desobediências". Piaget diz que um sentimento sem o outro não gera o respeito unilateral característico das relações heterônomas deste nível.

– *Autonomia*: ao atingir esta etapa do desenvolvimento, a pessoa é capaz de codificar as regras que norteiam sua conduta no grupo, sendo também capaz de modificá-las quando surgir necessidade, através da discussão crítica e chegada a um consenso. O desenvolvimento da autonomia vem acompanhado de um sentimento de respeito mútuo entre os companheiros que co-participam de um grupo de trabalho ou de um grupo social e é estimulado pelo diálogo do adulto com a criança. Para Kamii (1991), a autonomia não significa liberdade completa. A autonomia significa levar em consideração os fatores relevantes para decidir agir da melhor forma para todos. Não pode haver moralidade quando se considera apenas o próprio ponto de vista.

No entender de Piaget, ser autônomo significa estar apto a cooperativamente construir o sistema de regras morais e operatórias necessárias à manutenção de relações permeadas pelo respeito mútuo.

Na realidade, a maioria dos adultos não se desenvolve autônoma. A grande maioria interrompe seu desenvolvimento no nível anômalo e no nível heterônomo. Piaget (1948) disse que são raros os adultos verdadeiramente morais. Esta observação pode ser facilmente confirmada em nossos dias. Os jornais estão cheios de histórias sobre corrupção no governo e sobre roubos, assaltos e assassinatos.

Olhando mais de perto para nossas comunidades, será que também nós não desenvolvemos mais relações em nível de heteronomia do que de autonomia? Será que ainda carregamos uma idéia de obediência no sentido de submissão e dentro de uma dimensão vertical? A obediência é para nós uma relação entre pessoas que aderiram ao projeto de Jesus Cristo, em comunidade, e buscam, na comunhão e numa dimensão circular, realizar este projeto?

Creio que na VRC precisamos aprofundar ainda mais o conceito de obediência. Há ainda em muitos ambientes, não muito distantes de nós, uma concepção de obediência encarada de modo um tanto verticalizado. Vêem-se ainda a pessoa e as estruturas de cima para baixo. O autoritarismo prolonga a heteronomia. Não é raro escutar alguns religiosos dizerem "precisamos escutar a base". Ora, uma pessoa que carrega consigo essa cosmovisão de vida religiosa é porque desenvolveu uma moral heterônoma e, na relação com seus irmãos e irmãs, deixa transparecer esse jeito de atuar. Contudo, deste modo, gera insatisfação, angústia e feridas.

2. Comunidade: desafio de construção

A comunhão de vida da comunidade religiosa coloca-se como uma proposta evangélica no meio de uma sociedade que se debate entre a competitividade econômica, no mínimo de distribuição dos bens, e o egoísmo individualista, triste nódoa que mancha a convivência humana.

Na cidade estamos em contato com muita gente. Mas esses contatos são funcionais, burocráticos, quando não operativos e ameaçadores. Carecemos de relações humanas com significado pessoal, atenciosas, acolhedoras, com um mínimo de calor humano, respeito e valorização mútua.

Umas das razões de ser da comunidade é que seja um ambiente de relações pessoais, um conviver fraterno. Jamais deve ser apenas um lugar em que as pessoas moram, uma espécie de pensão. O estar no mesmo lugar não faz a comunidade. Se assim fosse, as celas dos presídios seriam lugar de comunidade religiosa. Não é ainda a comunidade apenas um grupo de trabalho, mesmo que este seja uma missão evangelizadora.

O viver em comunidade religiosa deve ser um sinal de Deus. Religiosos e religiosas somos convidados a tornar manifesto para todos que nos conhecem que a proposta do Reino é ainda hoje não só possível, como realizadora do desejo humano de vida feliz. "Vede como eles se amam", diziam os pagãos a respeito dos primeiros cristãos.

Contudo, sabemos que o encontro de pessoas, a grande riqueza da comunidade, é também uma grande fonte de problemas. Cada pessoa, única em seu modo de ser, tem sua individualidade distinta das demais, como aspectos que representam complementação mútua e outros que representam oposição e conflito. Nem sempre é fácil conviver; conviver é uma arte que se aprende no dia-a-dia, e quanto mais flexibilidade, maior as possibilidades de uma boa convivência.

A boa comunidade não é aquela em que não haja conflitos, mas aquela em que existe a capacidade de busca de convivência e de soluções humanas e cristãs. Um bom ambiente e equilíbrio comunitário não são indicados pela presença ou ausência de problemas, mas pela capacidade de seus membros para lidar com as tensões e dificuldades que eles provocam e resolvê-los.

A comunidade carrega minha marca e meu rosto. Quando nela as relações são pautadas a partir do respeito à autonomia, no sentido piagetiano, de seus membros, o clima comunitário gera uma boa convivência. Porém, quando as relações são levadas adiante em cima de uma moral heterônoma e, às vezes, até mesmo anômala, a convivência fica truncada e começam a surgir sintomas de insatisfação, angústia, doenças psicossomáticas etc. Claro que precisamos levar em consideração o processo de cada um, mas é indubitável que num clima de respeito e acolhida pelo humano que há em cada um(a) de nós, num clima de cooperação, de solidariedade, é mais fácil que sejam geradas personalidades mais saudáveis, alegres, entusiasmadas e construtoras de vida.

Vamos dar uma olhada no esquema abaixo para podermos visualizar melhor o que dissemos acima e para podermos pensar por onde anda nosso modo de ser comunidade. Acredito que uma boa reflexão neste sentido possa ajudar-nos a ser construtores de novas relações; daquelas relações sugeridas e vividas por Jesus Cristo. Uma boa reflexão, tanto pessoal quanto comunitária, pode ajudar-nos a prestar atenção se estamos vivendo, de fato, a fraternidade ou se estamos sendo pedra de tropeço na vida e desenvolvimento de nossos irmãos e irmãs.

Não tenho receio em dizer que um Instituto de Vida Consagrada, que uma Província que ainda insiste em gerar pessoas com personalidades heterônomas, que não é capaz de considerar as pessoas como seu grande patrimônio, não tem sentido de existir e não merece receber novas vocações. Deus, que tem um grande amor para seus filhos e filhas, quer vê-los(las) felizes. Já dizia um dos santos padres que "a alegria de Deus é a vida do homem". Pois bem, quando trabalhamos numa dimensão de geração de mais autonomia em nós e nossos irmãos e irmãs, estamos dando alegria a Deus, haja vista que estamos defendendo a vida de e em seus filhos e filhas.

Este breve esquema a seguir pode ajudar a visualizar melhor como se dão algumas principais relações na *Convivência comunitária:*

Harmônica	Conflitiva
Comunicação honesta	Comunicação difícil
Limites definidos	Limites indefinidos
Vínculo normal	Vínculos neuróticos
Responsabilidade dos membros	Alienação dos membros
Critério de prioridade	Não se observa critério de prioridade
Relações estáveis	Relações instáveis
↓	↓
Trabalham-se os conflitos e se os solucionam	Não se trabalham os conflitos. Não se os resolvem

Não se resolvem conduz a:

- Sintomas e enfermidades somáticas e psíquicas
- Fuga. Desintegração individual e comunitária

O processo de construção da fraternidade passa pelo *conflito*: conflito individual e comunitário. Não se pode percorrer o caminho da individuação e comunhão sem pisar o chão da cruz e da ressurreição, da Páscoa do Senhor. E quanto mais esse processo avança, intensificando a personalização e fraternidade, mais faz acontecer o Reino de Deus aqui e agora. Já quando a caridade não mora no coração nem está sendo experiência nem valor relevante do religioso(a) ou da comunidade, ambos estão despossuídos de um bem que lhes é inerente por sua vocação, limitados em sua realização existencial, vazios em seu ser e viver.

Nosso olhar como religiosos e religiosas, desejosos(as) em gerar novas relações, deve ser mais do que nunca o olhar do Bom Samaritano, não aprisionado em seus interesses e buscas particulares, mas atento ao assaltado e jogado à margem da vida. A atitude do Samaritano em parar atento ao apelo do ferido deve ser nossa atitude. Ao parar ele se deixa ferir, tocar no coração pelo sofrimento, a ponto de aceitar o desafio de mudar de rota, de si em direção ao outro. Só ele vence a resistência daquele chamado incômodo, saindo do mundo dos próprios projetos e dos afazeres pessoais. Ele entra na vida, passando da morte de si mesmo para reencontrar no outro sua ressurreição.

3. Espaços construtivos

O chão comunitário é o lugar onde cada religioso(a) vive e transita no dia-a-dia. Como é importante estar em harmonia com este ambiente. Nesse terreno lançamos nossas raízes e buscamos nossa realização como pessoas vocacionadas e missionadas.

Você se sente à vontade em seu ambiente? E em sua casa, em sua comunidade? Ou fica incomodado(a), descontente?

Você se sente uma pessoa predominantemente autônoma? Seu jeito de ser e conviver gera participação, edificação?

O fruto da relação com nosso ambiente concreto é o conseguir sentir-se à vontade com ele; é o específico, o que coube a cada um de nós ou ao que cada um deu forma – as pessoas e as circunstâncias que constituem a trama de nosso viver diário.

No seio da VRC, às vezes nos defrontamos com pessoas que pensam que para desenvolver autonomia e ter liberdade precisam "derrubar" o outro, a outra; a fim de construírem seu espaço essas pessoas desenvolvem atitudes como:

– Cortar os próprios irmãos e irmãs.
– Colocar os outros de "escanteio".
– Vivem no "escanteio", distantes da comunidade: daí a solidão afetiva, as dependências (vícios, ativismo...). Exemplo: TV, Internet, acomodação, doenças etc.
– Pressionar. Isolar. Perseguir.
– Reforçar o negativo da pessoa. Anular. Desvalorizar.

Os espaços construtivos não acontecem quando vivemos em nossas comunidades dinâmicas de punição e recompensas. Punições e recompensas inadequadas favorecem a heteronomia e impedem o desenvolvimento da autonomia.

Os espaços construtivos são construídos quando cresço e me desenvolvo com o crescimento do outro. O outro cresce e se desenvolve quando eu cresço. A relação autoridade e pessoa é circular e não piramidal. Acontece a vida grupal.

Nosso espaço é sadio e vitalizador porque "geramos" e vivemos uma autonomia que não é funcional, dependente de cargos e funções constituídas, delegadas por superiores e superioras. Não é dependente estruturalmente, mas é uma autonomia colocada a "serviço" do bem comum. A relação torna-se dual, construtiva, criadora, animadora.

Em nossos dias não podemos mais admitir superiores/superioras, mestres de formação... que são possessivos e assumem a dinâmica do controle das pessoas. Isto até que pode favorecer a coesão interna do grupo, os relacionamentos interpessoais, facilitando o clima emotivo da comunidade. Mas, ao mesmo tempo, pode transformar-se num recurso para "cortar as asas", impedindo novas experiências capazes de revelarem-se frutíferas para a pessoa e para a difusão do Reino. Para ajudar a crescer é preciso favorecer um justo equilíbrio entre senso de pertença à comunidade, ao grupo e capacidade de autonomia.

A VRC é convidada a ser testemunha e sinal da vida, do entusiasmo, da fraternidade. Deus nos convida a proclamarmos ao mundo, através de nosso modo de ser, muito mais do que através de nossas palavras, o "vede como eles se amam".

Referências bibliográficas

KAMII, Constance. *A criança e o número: implicação educacionalista da teoria de Piaget para a atuação junto a escolares de 4 a 6 anos*. Campinas, São Paulo: Papirus, 1991.

LUCAS, Miguel. *A auto-estima no desenvolvimento da personalidade*. São Paulo: Paulus, 2000.

MARTÍNEZ, José Luís. *De corpo e espírito*. São Paulo: Paulus, 1996.

PIAGET, J. e GRECO, P. *Aprendizagem e conhecimento*. São Paulo: Freitas Bastos, 1974.

RANGEL, Ana Cristina. *Educação matemática e construção do número pela criança*. Porto Alegre: Artes Médicas, 1992.

SCHUTZ, William C. *O prazer, expansão da consciência humana*. Rio de Janeiro: Imago, Editora Ltda., 1974.

Capítulo X
DESAFIOS DA ECONOMIA E DA PARTILHA NA VIDA RELIGIOSA

Ir. Eurides Alves de Oliveira, ICM[1]

Neste breve capítulo, procurarei identificar alguns problemas e desafios presentes em nossas comunidades e congregações acerca da visão e prática econômica. Tenho presentes dois projetos econômicos que se interagem hoje em nossa sociedade e também em nossas Instituições: o de uma cultura acumuladora e individualista, e o sonho da Vida Religiosa da partilha. Faço uma tentativa embrionária de vislumbrar alguns "caminhos-horizonte" que nos possam ajudar a crescer na partilha dos dons, do saber e dos bens, de forma humana e solidária, com escolhas livres, processos formativos integrados, com valores consistentes e práticas transformadoras na Vida Religiosa, na Igreja e na sociedade.

As idéias, intuições e provocações propositivas que aqui partilho não são apenas minhas. Constituem um conjunto de buscas, experiências, aprendizagens, elaborações e convicções de uma rede de pessoas, mulheres e homens. É uma tentativa de ler, compreender e intervir na realidade, a partir da economia e de suas diversas conexões com a cultura, a política, a religião, a ecologia, as relações, o cotidiano das pessoas e grupos. Trata-se de refletir, produzir conhecimentos e colocar setas no caminho.

---

[1] Graduada em Ciências Sociais pela Universidade Federal do Piauí; mestre em Ciências da Religião, pela UMESP – Universidade Metodista de São Paulo; membro da Congregação das Irmãs do Imaculado Coração de Maria; assessora para movimentos sociais, grupos e organizações de mulheres, economia solidária e educação popular. Reside em Teresina, Piauí.

1. Projeto econômico neoliberal – uma economia de morte

Não é novidade que o sistema neoliberal tem como sua base de sustentação a *economia capitalista*: competitiva, produtivista, de exploração, de desperdício, especulativa, de mercado, privada, caracterizada e justificada por uma concepção econômica mercantilista e excludente, na qual as pessoas se tornam mercadoria e são regidas pelo interesse do capital. Seu valor, sua dignidade e sua cidadania são determinados por sua força produtiva e sua capacidade de consumo.

Acredito ser consenso entre nós que esta lógica é perversa e antievangélica, pois absolutiza o dinheiro e o lucro acumulados como caminho único para a felicidade, em detrimento da dignidade e das relações humanas.

Centrado no capital, o neoliberalismo econômico transforma tudo e todos em mercadorias que estão à venda por um preço. Tendo transformado a concorrência no *ethos* (visão) dominante, ele joga indivíduo contra indivíduo, empresa contra empresa, raça contra raça e país contra país. Sua preocupação com a riqueza material acima da dignidade humana desumaniza o ser humano e sacrifica a vida pela ganância. Trata-se de uma economia da morte.[2]

Coberto com o manto ideológico da globalização econômica, o neoliberalismo se apresenta como um império imbatível, unindo potências econômicas, culturais, políticas e militares, que formam um sistema global de dominação dirigido por nações e organizações poderosas que, para defenderem seus interesses, são capazes de "requintadas atrocidades". Injustiça sistêmica que exclui, provoca uma alarmante desigualdade econômica e social, violando a dignidade humana e a integridade da criação.

Hoje 1,5 bilhão de cidadãos e cidadãs de nosso planeta, a maioria dos quais são mulheres, crianças e povos indígenas, têm para seu sustento menos de um dólar por dia. Os 20% mais ricos do mundo consomem 86% dos bens e serviços globais. A renda anual do 1% mais rico equivale à dos 57% mais pobres, e 24 mil pessoas morrem todos os dias de pobreza e desnutrição. Problemas ambientais, como o aquecimento global, o esgotamento de recursos naturais e a perda da biodiversidade, representam ameaças cada vez maiores.

---

[2] Conselho mundial das Igrejas, 2005.

Nós, enquanto Vida Religiosa consagrada, convivemos com esta realidade no cotidiano de nossa vida de várias maneiras, em diferentes lugares e situações sociais, institucionais, comunitárias e individuais. Sabemos teoricamente que este paradigma econômico-político e ideológico é mortífero e, à luz da Palavra de Deus, expressão do anti-Reino. Sentimo-nos perplexos(as) e impotentes, sabemos pelo Evangelho que é impossível "servir a Deus e ao dinheiro".

Entretanto, não podemos negar que, de forma explícita ou não, conscientes ou inconscientes, somos muitas vezes seduzidos(as) por essa lógica, sobre o pretexto de que temos direito aos benefícios do progresso, de que o mundo mudou, e se a gente não acompanhar o progresso seremos engolidos(as) por ele. Que se quisermos sobreviver, "salvar nossas obras", precisamos competir e entramos na onda da "qualidade total", do "marketing ideológico", das "alianças de interesses", na política de que "o fim justifica os meios".

Com estas e outras justificativas, vamos sutilmente assumindo valores e práticas individualistas, consumistas, indiferentes e/ou coniventes, que nos aburguesam, obscurecem a profecia e descaracterizam nossa Consagração-Missão, focando nossas atenções e forças para nós mesmos enquanto pessoas e/ou instituições, tornando-nos sem impacto e visibilidade social, distanciando-nos da inserção no mundo dos pobres, contentando-nos apenas a oferecer-lhes pequenas ajudas. Vamos enfraquecendo a partilha comunitária dos bens dentro e fora da comunidade. Em nossas relações e valorização das pessoas, nos deparamos muitas vezes com a prevalência do critério da produtividade, em detrimento da gratuidade e do cuidado... Enfim vamos criando uma subjetividade, uma mística voltada para o "eu sem o nós", uma crença ideológica centrada no *eu* – "eu quero", "eu preciso", "eu mereço". Esse individualismo vai confinando-nos em nós mesmos e em nossas instituições. Terminam deixando-nos sem força de atração e sem uma proposta alternativa lógica neoliberal.

> A cultura do Eu-Sem-Nós é o fundamento da guerra, da agressão, da competição, da violência contra o Outro e contra a natureza. Ela pode também ser chamada de Cultura patriarcal e tem como emoções que motivam o comportamento das pessoas o egoísmo ou a consciência "egológica", característica de um masculino dominante; o desejo de controle, do poder como um fim, e não como um meio; a hierarquia, o autoritarismo, o dogmatismo, a dominação, de um lado; e a dependência e a subordinação, do outro...[3]

---

[3] ARRUDA, Marcos. *Economia Solidária e Cultura de paz*, 2004.

Poderíamos continuar elencando situações, reações, relações presentes em nós e entre nós que evidenciam a marca da economia neoliberal, da cultura patriarcal, mas penso que estas são suficientes para nos provocar e desafiar a uma outra racionalidade e prática econômica, a repensar nossa forma de organização, nossos processos formativos, nossa relação com as pessoas e os bens, nossos posicionamentos políticos, nossa escala de valores, nossa opção pelos empobrecidos, nosso lugar geográfico e social, nossos projetos, em síntese nossa fidelidade evangélica enquanto Consagrados(as) do Reino no atual contexto.

2. O Projeto Econômico solidário
– uma economia de comunhão e partilha

À VRC se impõe outra racionalidade econômica, a do "Eles(as) tinham tudo em comum e não havia necessitados(as) entre eles(as)" (At 4,32ss.) Essa racionalidade hoje se concretiza nos princípios e práticas de uma economia solidária. Um paradigma novo, que vem gestando outra forma de compreender e relacionar-se com a economia, com os recursos naturais e materiais. Uma forma alternativa de produção, consumo e distribuição de riqueza centrada na valorização do ser humano, e não no capital. Voltada para a produção, o consumo e a comercialização de bens e serviços de modo compartilhado. Caracteriza-se pela autogestão, autonomia e igualdade de direitos e deveres.

Para a parcela da humanidade que não compactua com a globalização econômica neoliberal, a Economia Solidária constitui o fundamento de uma globalização humanizadora, de um desenvolvimento sustentável, socialmente justo e voltado para a satisfação racional das necessidades de cada um e de todos os cidadãos e cidadãs da Terra, seguindo um caminho intergeracional de desenvolvimento e qualidade de vida.

A economia solidária surge primeiramente como formas associativas e cooperativas de organização do trabalho, da produção e do consumo com vistas à sobrevivência da grande massa de trabalhadores(as) do mercado capitalista de trabalho; foi caracterizada como economia informal e/ou economia popular, através de inúmeras e diversas iniciativas locais. Aos poucos, foi percebendo-se que esses empreendimentos no nível micro não sobreviveriam às investidas neoliberais se não se articulassem entre si. Daí foram tomando corpo as redes de colaboração solidária.

As sessões do Fórum Social Mundial nos mostram que os segmentos populares da sociedade civil passaram a se organizar tanto na resistência às diversas formas de opressão, quanto na proposição e realização de alternativas de superação da lógica capitalista da concentração de riquezas e exclusão social, de destruição dos ecossistemas e de exploração dos seres humanos, afirmando a construção de novas relações sociais, econômicas, políticas e culturais, formando redes de colaboração solidária.

A integração solidária dessas redes coloca no horizonte de nossas possibilidades um caminho concreto para a realização planetária de uma nova revolução, uma outra globalização, capaz de subverter a lógica capitalista de concentração de riquezas e de exclusão social e diversas formas de dominação nos campos da política, da economia e da cultura, por uma racionalidade e prática econômica mais humanizadora, solidária, inclusiva e sustentável, caracterizada pela geração do trabalho e da renda de forma compartilhada, pela mudança do paradigma econômico da competição e acumulação para a solidariedade e a inclusão que garantam vida digna para todas e todos.

A valorização da pessoa e de seu trabalho; o bem-estar pessoal e social como razão primeira da criatividade tecnológica e de toda atividade econômica; a cooperação, a solidariedade e a democracia, a busca de novas relações com a natureza; a ética em todas as atividades e relações são um princípio fundamental da economia solidária. Princípio que fundamenta práticas e relações inspiradas por valores culturais e humanos que colocam a pessoa humana como sujeito e finalidade da atividade econômica. Uma alternativa à economia capitalista para a qual o dinheiro e o poder se unem, sob os princípios da acumulação e concentração da riqueza nas mãos de poucos.

A globalização solidária da economia não é um projeto futuro, mas algo que já está em curso e que devemos promover das mais diversas formas, respeitando as diversidades de culturas, formas organizativas dos diversos atores, fortalecendo a participação democrática e a autogestão das pessoas, grupos e instituições dos setores solidários da sociedade civil nos diversos países, estados e municípios.

Considerando a inserção e o envolvimento, ainda que tímido e embrionário da VRC neste campo, a XX AGO da Conferência dos Religiosos do Brasil incluiu em seu quadro programático um *realce*, convocando-nos a "fomentar uma economia solidária e a partilha de recursos humanos e materiais, em vista de um testemunho mais efetivo".

A partilha dos dons e dos bens sempre foi um ideal da VRC. Ao longo de sua trajetória este ideal foi sendo concretizado de diferentes formas, em alguns momentos da história de forma mais efetiva e visível, em outros de forma mais opaca, revelando nossa dificuldade de romper com as influências sistêmicas e/ou os entrincheiramentos institucionais, políticos, ideológicos e culturais.

Em nossos dias, em meio à tamanha exclusão e disparidade social, o apelo à partilha se torna um grito eloqüente, uma necessidade urgente, um imperativo evangélico decisivo para que a imagem do Deus criador seja resgatada, dignificada, valorizada, promovida na vida humana e no planeta.

A criação inteira geme e sofre como em dores de parto, e junto com ela também nós consagradas e consagrados que, mesmo contando com os dons e frutos do Espírito, percebendo e sentindo a necessidade de dar passos novos, de entrar nesta dinâmica das redes de economia solidária, através da partilha de nossos recursos humanos, materiais e culturais, tanto no interior de nossas comunidades e instituições como nos espaços da sociedade civil, preferencialmente com os empobrecidos e empobrecidas, gememos em nós mesmos(as), aguardando a adoção, a redenção de nosso Ser das armadilhas do sistema que nos aprisiona em nossas máscaras, resistências, medos, incoerências, fechamentos, comodismos, aburguesamentos, sentimentos e ações egocêntricas, apegos materialistas e posturas centralizadoras (cf. Rm 8,22.19.23).

3. Relações econômicas à luz das primeiras comunidades cristãs: um projeto de solidariedade possível

As *relações econômicas* nos Atos dos Apóstolos acontecem a partir de uma utopia, um projeto de partilha e solidariedade em prol da vida. Este projeto, que inspirou a ética das primeiras comunidades cristãs, nasce como memória do Cristo Ressuscitado. Aquele que, partilhando a vida, venceu a morte.

A fé na Ressurreição de Jesus trouxe para os membros das comunidades uma nova racionalidade econômica e social que as possibilitaram romper com as relações econômicas, sociais e políticas desiguais e discriminatórias. "Não há judeu nem grego, não há escravo nem livre, não homem nem mulher, pois todos vós sois um só em Cristo Jesus" (Gl 3,28).

A ética econômica da Ressurreição era o ponto central na vida das comunidades. A fé na vitória da vida sobre a morte produziu uma nova organização comunitária. A comunhão dos bens tornou-se a base concreta da comunhão dos corações. Uma "economia de vida". Professar a fé em Jesus ressuscitado era comprometer-se em construir afetiva e efetivamente relações de partilha solidária, sororal e fraterna com todo o Ser, toda a força, todo o coração e com todos os bens humanos, espirituais, materiais, culturais. A necessidade dos irmãos e irmãs era o grande critério que os questionava e os convocava à vivência da "economia da vida". A administração e distribuição justa dos bens materiais era resultado de um processo diário de conversão pessoal e comunitária que ia acontecendo num processo gradativo de despojamento para a partilha.

Esse modo de viver dos primeiros cristãos assumia papel crítico/profético dentro de uma sociedade fundada no capital, na qual o povo era esmagado pelo comércio exterior e pelos tributos. Falar de economia solidária nesse contexto era questionar com ousadia profética o poder opressor da época.

O estilo de vida das primeiras comunidades cristãs sinalizava uma alternatividade econômica que incomodava os poderosos e promovia os pobres. Elas assumiam isso com alegria, simplicidade e perseverança, mesmo em meio a perseguições. Essa experiência das primeiras comunidades nos indica um caminho novo: substituir as leis comerciais, que beneficiam a poucos, por relações autênticas entre as pessoas e os grupos, numa circulação partilhada dos bens de acordo com as necessidades de todos e de cada um. A vivência deste projeto de vida mantinha a comunidade fiel na prática da partilha: "Ninguém considerava seu o que possuía, tudo era comum entre eles" (At 4,32). "E ninguém passava necessidades" (At 4,33).

Esta experiência foi sempre um referencial na história da VRC. A partilha é uma das mais ricas experiências que fazemos em nossas comunidades, instituições e com o povo, em especial o povo pobre. Ela se torna projeto de vida a serviço da vida. Sinal profético de uma nova organização social possível. Nos primórdios da história me parece que este sinal-testemunho era mais expressivo, hoje, infelizmente, estamos um tanto distante desta vivência e a justificamos de muitas formas, como bem sintetizou Delir Brunelli: "Vivemos com mais conforto do que a maioria das pessoas e podemos até acumular e, na hora de repartir, temos dificuldade. Há sempre mil justificativas... A faixa etária elevada, os gastos com a saúde, a diminuição das entradas, as exigências jurídicas contábeis que não permitem, o futuro... E com essas justificativas temos medo de arriscar". E com essas práticas e temores nosso testemunho se enfraquece, nossa força de atração também.

3.1. Setas no caminho

Neste movimento histórico, permeado de um lado por contradições, dificuldades e entraves, e do outro, por buscas, iniciativas, respostas e conquistas, a Vida Religiosa consagrada se depara com interrogações e idéias, mas também com algumas setas indicando os caminhos. Ela pode assim firmar os pés e dar passos em direção a uma nova prática econômica que favoreça a realização das pessoas consagradas, a vivência da solidariedade e da partilha com os pobres e um testemunho mais efetivo, capaz de contribuir no resgate criativo de sua força atrativa e profética. Algumas setas deste caminho podem ser:

– Mudança de paradigma: acolher e assumir a economia como um convite ao cuidado, ao zelo pela "casa comum" e pela *vida*.

– A inserção nos meios populares, com um estilo de vida simples, modesto, sem o supérfluo, pois o lugar no qual pisamos define nossa racionalidade econômica, nossa visão de mundo.

– A inserção no trabalho junto com os pobres.

– A soma de esforços pela redistribuição dos recursos humanos, descentralização no País (Plano Amazônia) e para além de nossas fronteiras (Missionariedade).

– Intercongregacionalidade e parcerias.

– Inserção e atuação em grupos de economia solidária, participar dos fóruns, Conselhos e Secretarias nos Estados e Municípios.

– Financiar empreendimentos solidários, cuidando do sustento e manutenção de seus membros.

– A Partilha do saber: Capacitar seus membros para contribuir na formação dos grupos de economia solidária.

– Fomentar as Redes de Consumo solidário e ecológico.

– Introduzir e/ou intensificar a prática da auto-gestão no interior das Congregações, institutos e comunidades.

– Introduzir o tema e a prática da economia solidária como conteúdo do processo formativo através de estudos e experiências concretas de partilha, gerenciamento coletivo, inserção no mundo do trabalho, acompanhamento a grupos, participação.

4. Considerações finais

Rompendo com o paradigma econômico propagador da morte, que é a globalização econômica neoliberal, defendemos uma visão afirmadora da vida, que é a da *oikoumene* – uma comunidade da terra onde todos os povos vivem em relações justas entre si, com toda a criação e com Deus.

Como VRC, somos chamados(as) a não nos conformarmos com as estruturas de injustiça, mas a anunciar uma nova criação, uma nova história. A Palavra de Deus o tempo todo nos fala da novidade de Deus. Isto seguramente significa que em nosso tempo e lugar somos convocados(as) a ser uma comunidade de alternativas: visões alternativas, espaços alternativos; espiritualidade alternativa, idéias e práticas econômicas alternativas, através de pequenas ações locais e globais que vão pouco a pouco configurando uma realidade nova, transfigurada pela vivência de uma mística da partilha e da solidariedade – uma economia da *vida*! Uma economia de Deus!

Uma economia de Deus para a vida, na qual a terra e os bens da terra sejam administrados de forma justa, participativa e sustentável. Uma economia que promove a partilha, a solidariedade, a dignidade das pessoas, o amor e o cuidado pela integridade da criação; uma economia cuja justiça de Deus e sua opção preferencial pelos pobres sejam princípios inegociáveis.

Referências bibliográficas

ARRUDA, Marcos. *Globalização e cooperativismo popular: desafio estratégico*. Rio de Janeiro, 1996.

_____. *A Nova Economia: Transformações no Mundo do Trabalho e seu Futuro*, PACS, Rio de Janeiro, 2001.

BÍBLIA PASTORAL.

BOFF, Leonardo; ARRUDA, Marcos. *Globalização: desafios socioeconômicos, éticos e educativos: uma visão a partir do Sul*. Petrópolis: Vozes, 2000.

CANTEIRO ECONOMIA SOLIDÁRIA DO PSES. Pólo de Socioeconomia Solidária. "Caderno de Propostas", in *Aliança por um Mundo Responsável, Plural e Solidário*, Assembléia Mundial de Lille, dezembro, 2001.

Construindo a Socioeconomia Solidária do Espaço Local ao Global, PACS, Série Semeando Socioeconomia, n. 1, Rio de Janeiro, 1998.

Construindo a Rede Brasileira de Socioeconomia Solidária, PACS, Série Semeando Socioeconomia, n. 4, Rio de Janeiro, 2000.

DELIR, Brunelli. *Economia Solidária e partilha de recursos humanos e materiais.* Publicações CRB: Para onde vamos? Leitura Teológica Quadro programático 2004-2007. Rio de janeiro, 2005.

Equipe de justiça, paz e criação. Conselho mundial de Igrejas. *OIKOUMENE* – Globalização Alternativa comprometida com a humanidade e o planeta Terra. Genebra 2005.

FREIRE, Paulo. *Pedagogia do oprimido.* Rio de Janeiro: Paz e Terra, 1982.

KRAYCHETE, Gabriel (Org.). *Economia dos setores populares: entre a realidade e a utopia.* Petrópolis: Vozes; Rio de Janeiro: Capina; Salvador: CESE: UCSAL, 2000.

MOURA, Suzana et al. *Gestão do desenvolvimento local, economia e solidariedade.* Salvador: EAUFBA/NEPOL (Oficina sobre Metodologias de Avaliação de Projetos de Desenvolvimento Local), 2001 (no prelo).

Redes de Economia Solidária: a expansão de uma Alternativa Global. *II Fórum Social Mundial,* Porto Alegre, fevereiro de 2002. www.milenio.com.br/mance/fsm2.htm

REVISTA DEBATE INTERNACIONAL. CUT, maio, 2000.

SANTOS, Milton. *Por uma outra globalização: do pensamento único à consciência universal.* Rio de Janeiro: Record, 2000.

SINGER, Paul. *Globalização e desemprego. Diagnóstico e alternativas.* São Paulo: Contexto, 1998.

"Texto-Base para a Economia Solidária" – Fórum Social Mundial 2002.

Capítulo XI

EXPERIÊNCIA BÍBLICA DE PARTILHA NA ECONOMIA: UMA LUZ PARA A VIDA RELIGIOSA

Um enfoque bíblico-espiritual

Pe. Ângelo Perin[1]

Considerar a economia e a partilha sob a perspectiva bíblica é, em certo sentido, um convite para se sintonizar com a caminhada da Conferência dos Religiosos do Brasil, que há longos anos faz da Palavra de Deus a sensibilização maior para a caminhada de refundação da Vida Religiosa Consagrada em terras brasileiras. A Palavra de Deus torna-se assim a referência fundamental para captar os compromissos e desafios que a VRC é convocada a trilhar hoje, especialmente no campo da economia e da partilha.

A Palavra de Deus, ao mesmo tempo, remete-nos à experiência maior de que nenhum processo e caminho de partilha solidária se sustentam sem uma profunda mística e espiritualidade. Daí o enfoque do presente tema (economia e partilha na VRC) sob o prisma bíblico espiritual.

Convém ainda salientar que o viés da Bíblia e a espiritualidade nos ajudam a não cair na armadilha do jurisdicismo e legalismo com os quais, comumente, se costumam tratar as questões de economia na VRC.

---

[1] Mestre em Teologia; Professor de Teologia pastoral no Instituto teológico de Curitiba; membro da Congregação dos Missionários de Nossa Senhora da Salette; assessor teológico e co-fundador do CEBI – Centro Ecumêmico de Estudos Bíblicos.

1. Economia e partilha em duas aproximações bíblicas

Minha intenção primeira é, com a ajuda de dois textos bíblicos paradigmáticos, trazer uma luz para uma melhor compreensão dos desafios atuais da economia e partilha para a Vida Religiosa Consagrada. Ambos os textos envolvem o desafio do pão a ser partilhado.

1.1. Mc 6,30-44: o episódio dos pães

Este texto é particularmente rico para iluminar a temática da partilha e da economia. Convém lembrar que Marcos narra duas vezes o episódio dos pães (Mc 6,30-44 e 8,1-9); isso ressalta sua importância. Em seu evangelho, Marcos quer mostrar quem é Jesus e qual o perfil do discípulo que ele procura.[2]

O contexto remoto de Mc 6,30-44 pode ser encontrado em Êxodo 16, "episódio do maná". Aqui está, no dizer dos exegetas, o ponto culminante em que Marcos constrói sua narrativa. Trata-se da "pedagogia do deserto": Deus dá o maná para ser partilhado de sorte que cada um tenha o suficiente e necessário para comer.[3] O excedente, que era guardado para o dia seguinte, apodrecia. Não estaria aqui uma primeira incidência para o tema da economia e partilha na VRC?

O contexto próximo de Mc 6,30-44 está na cegueira (parece crônica) diante da pergunta quem é Jesus? Cegueira, sobretudo dos discípulos que, no texto, não conseguem superar a lógica do mercado diante do fato da fome das multidões. Cegueira da qual a VRC parece não estar imune e livre nos dias de hoje.

Convém ainda ressaltar que "o episódio dos pães" se dá no "deserto"; biblicamente, no contexto de Marcos, o deserto é o lugar onde se gera a novidade, lugar do nascimento do novo.[4] Onde estariam hoje os "desertos" que a VRC é chamada a percorrer?

Três aspectos merecem destaque especial nesse episódio dos pães narrado por Marcos:

---

[2] BORTOLINI, José. *Multiplicação ou partilha? Mc 6,30-44 como metáfora da Eucaristia.* Revista Vida Pastoral, maio/junho 2006, n. 248. São Paulo: Paulus, p. 14.

[3] BORTOLINI, José. *Idem,* p. 14

[4] BORTOLINI, José. *Idem,* p. 14.

– A compaixão de Jesus diante da situação do povo (6,34).

Marcos mostra que a compaixão é a atitude maior de Jesus diante de situações-limite de uma ou mais pessoas (1,46; 6,34; 8,2; 9,22). Para nós hoje a palavra compaixão está acompanhada da solidariedade: tornar próprio o sofrimento alheio. Jesus dá-se conta do fato de o povo estar como ovelhas que não têm pastor. Aqui está o ponto crucial da compaixão.

– A cegueira dos discípulos (6,35-38).

Os discípulos parecem estar longe da compaixão de Jesus pelas "ovelhas sem pastor". Eles tomam a iniciativa de propor a Jesus que despeça o povo faminto. Eles não vislumbram nenhuma saída para a fome do povo, a não ser a tradicional, isto é, comprar. Jesus responde desafiando os discípulos: "Vocês é quem têm de lhes dar de comer". Contrapõe o *dar* ao *comprar*. Por não levarmos suficientemente a sério esse desafio, dois terços da humanidade morrem de fome.

Pode aqui nos ajudar a referência à narrativa que João faz desse episódio dos pães (Jo 6,1-15). Diante da fome do povo dois discípulos intervêm: Felipe e André. O primeiro vincula a solução de saciar a fome da multidão ao "ter dinheiro", na lógica do "comprar e vender". O critério para Felipe é ter dinheiro. André abre um caminho alternativo, caminho marcado pela humanidade e em sintonia com a compaixão de Jesus, ressaltada por Marcos. André lembra que há um menino decidido a partilhar cinco pães de cevada e dois peixes. Em grego, o termo utilizado é *paidárion*, isto é, o menor trabalhador não remunerado, alguém que serve na gratuidade.[5] Está aqui a "pedra de toque" para entender o episódio dos pães: a partilha do que se tem para que não falte a ninguém o pão cotidiano. O que isso diz concretamente à VRC? Não estará a VRC também imersa na cegueira própria dos discípulos?

– As sobras (6,42).

Em Êxodo 16, o excedente apodrecia; na narrativa de Marcos, as sobras são recolhidas e não se estragam. Vale aqui a sábia recomendação de Carmine di Sante, estudioso da liturgia judaica: "O maná partilhado (símbolo de todos os bens da terra) é pão de vida... enquanto o maná acumulado (símbolo de todas as formas de negociação indevida e injusta) é germe destruidor".[6]

---

[5] BORTOLINI, José. *Ibidem*, p. 15.

[6] DI SANTE, Carmine. *Liturgia judaica, fontes, estrutura, orações e festas*. São Paulo: Paulus, 2005, p. 47.

As sobras que não se estragam levam-nos a uma profunda reflexão: O sentido simbólico dos "doze cestos" não nos remeteria à humanidade inteira, à totalidade do povo (12 tribos), onde há comida abundante e suficiente para todos? Esses "doze cestos" não nos lembrariam o fato de que não basta alimentar os famintos uma só vez e ponto final, mas que é um desafio permanente? A sensibilidade de Jesus diante das sobras (Jo 6,12) não soa a nossos ouvidos como um alerta profético contra o desperdício em nossa sociedade?

1.2. Emaús (Lc 24,13-35): a partilha que abre os olhos

Episódio largamente refletido pela VRC na América Latina através do projeto "Pelos caminhos de Emaús", proposto pela CLAR e prontamente assumido pela CRB. No caminho de Emaús duas constatações se evidenciam. Em primeiro lugar fica bem ressaltado no texto que o coração dos discípulos se aquece no contato com as Sagradas Escrituras. "Não é verdade que nosso coração ardia, quando Ele pelo caminho nos falava, quando nos explicava as Escrituras?" (24,32). Entretanto (aqui está o segundo ponto importante), o salto decisivo para os discípulos, relatado no texto pela expressão "abrir os olhos", só acontece no dar graças e no partir do pão. "Então seus olhos se abriram e o reconheceram; Ele, porém, ficou invisível diante deles" (24,31).

O que proporciona o "abrir os olhos" é a prática da partilha solidária. Nosso refletir e nosso falar atingem credibilidade quando precedidos pelo testemunho profético da partilha solidária. *Não estaria aqui um detalhe sumamente importante do episódio de Emaús para interpelar a VRC hoje?*

2. Um enfoque a partir da espiritualidade

Inicio este segundo ponto de nossa reflexão com a sábia observação de Santo Inácio de Loyola: "a pobreza é o muro forte da VR (religião). O dia em que ele cair, tudo cai". Dito de outra forma, a vivência da pobreza na VRC convoca-nos para a experiência do absoluto de Deus. Só assim é possível acompanhar o caminho radical de Jesus em relação à pobreza e nos tornar seguidores neste caminho de entrega e doação total.

Uma constatação prévia é importante: *a partilha dos bens, do dinheiro na VRC só é possível como experiência espiritual.* Ela só tem sentido quando há comunhão de vida, isto é, comunhão de fé e missão. Mais do que dar bens materiais, somos convidados a dar a nós mesmos. Aqui está o sentido profundo da oblação e entrega da vida. O desafio humano parece claro: aprendendo a dar-se a si mesmo torna-se fácil partilhar o fruto do trabalho, o pão cotidiano.

Quatro observações, que parecem importantes, decorrem desse fato:

– *A economia e a partilha na VRC têm a ver com o estilo simples de vida.* Aqui está provavelmente o testemunho mais evidente de que somos chamados a dar, numa sociedade marcada pelo consumo, pelo desperdício e ostentação.

– *A economia e a partilha na VRC não podem ser entendidas como uma despreocupação,* onde vivo tranqüilo, despreocupado e indiferente em relação à dor, às angústias e aos sofrimentos de milhões de seres humanos. A economia na VRC não pode ser um oásis de tranqüilidade e despreocupação num mundo de tanta miséria e exclusão.

– *A economia e a partilha na VRC têm de ter um olhar voltado para os pobres.* Trata-se de uma economia apostólica e missionária. Ter bens (Congregação) não é para viver na segurança econômica, mas para colocá-los a serviço dos mais pobres, nos projetos em favor da vida.

– *A economia e a partilha na VRC são profecias, caminhando na contramão do capitalismo neoliberal.* O modo como gerimos nossos bens tem de ser uma espécie de denúncia do sistema capitalista. Trata-se de afirmar com clareza que a economia na VRC deverá ser, antes de tudo, profética e evangélica. Faz-se necessário combater a cultura do individualismo radical, a mentalidade reinante de que o conforto torna-se valor supremo e referência última.

3. Um convite para as Novas Gerações

O tema das Novas Gerações na VRC não está só relacionado com a questão das faixas etárias. É, sobretudo, uma questão de espírito. Novas Gerações criadas pelo Espírito serão pessoas libertas do desejo de posse, do desejo de ter e acumular. São Novas Gerações despojadas, solidárias com os excluídos da participação deste mundo. Novas Gerações têm, sobretudo, a ver com a volta aos fundamentos da VRC. A economia na VRC – mais do que bens, coisas, leis e normas – é uma espiritualidade de solidariedade e partilha.

Novas Gerações capazes de repensar o voto de pobreza no sentido da liberdade interior da pessoa para o serviço missionário, não idolatrando os bens deste mundo, servindo onde a presença é mais urgente e gritante.

Novas Gerações têm a ver com a tentação da acumulação, da preguiça, da lei do menor esforço, da fuga da cruz e dos conflitos. Isto é incompatível com o projeto da VRC. Novas Gerações libertas da tentação do poder, de ocupar cargos, lugares e obras importantes, para servir na força e na leveza do Espírito.

Convém aqui lembrar que estamos imersos na mentalidade da pós-modernidade. Ela anuncia o abandono das grandes causas da humanidade, o retorno à casa, a um ideal pequeno-burguês, com um pensamento *light*, que se contenta com os pequenos prazeres da vida. O individualismo reina, cada qual buscando seu maior conforto. Defende-se o fim das utopias. Sem risco, sem sonhos, sem aventura, sem compromisso, sem responsabilidade, sem doação, o mundo perde seu encanto e sabor.[7]

É nesse contexto que as Novas Gerações devem mostrar a razão de sua fé e a razão da esperança, buscando respostas ousadas e criativas na força do Evangelho, que é uma alegre notícia de que a utopia do Reino é possível e que já está em curso no meio de nós.

4. Três apelos conclusivos

Depois do caminho percorrido, três apelos emergem com força e clareza:

– *É urgente redimensionar a economia especialmente em relação a seu lugar e função.* João Paulo II nos recorda: "Chegou o momento de uma nova e profunda reflexão sobre o sentido da economia e seus fins. Parece ser urgente reconsiderar a concepção do bem-estar, para que não seja dominada por uma estreita perspectiva utilitarista, deixando assim na marginalidade valores fundamentais como os da solidariedade e do altruísmo".[8]

---

[7] COMBLIN, José. *Quais os desafios dos temas teológicos atuais*. São Paulo: Paulus, 2005, p. 6-13.

[8] JOÃO PAULO II. "Mensagem de Janeiro de 2001, n. 15", in *L'Osservatore Romano*.

– É urgente incluir no horizonte da VR a questão da economia. Nossos projetos de refundação não alcançarão profundidade se não tocarmos em algumas implicações sobre: o modo como adquirimos nossos bens; a maneira como conduzimos a gestão financeira; a quantidade de bens que acumulamos; o uso de nosso patrimônio e de nosso dinheiro; a maneira como partilhamos o que temos. É importante que haja uma estreita relação entre nossos recursos econômicos, os valores evangélicos e a missão.[9] Tocamos aqui em nossa identidade religiosa e na credibilidade do testemunho da VRC.

– É necessário ampliar os espaços da liberdade a partir dos valores evangélicos, tornando-nos livres face à idolatria do ter e do poder, anunciando a graça do evangelho de Jesus pelo testemunho do serviço fraterno, da partilha, da solidariedade e da doação total da vida.

Vale lembrar a síntese de sonho e de esperança, colocada em versos, em uma forma própria dos místicos e poetas:

> Bastariam cinco pães e dois peixes
> e o milagre do amor
> para acabar com tanta fome,
> para acabar com tanta dor.

---

[9] Unione dei Superiori Gererali. *Economia y misión en la vida consagrada hoy,* p. 103.

Capítulo XII

CAMINHOS DA AUTONOMIA NA VIDA EM COMUNIDADE

Ir. Patrizia Licandro, USC[1]

O tema da autonomia, colocado em comunidade, abre-se para várias questões e desafios, especialmente porque à primeira vista ambos parecem ser conflitantes. Veremos aqui alguns aspectos que possam ajudar as comunidades a se abrirem para os novos tempos, marcados pela autonomia.

1. Alguns marcos históricos

Os apóstolos seguiram Jesus porque ficaram fascinados pela pessoa dele e por isso aceitaram ser enviados para anunciar a boa notícia ao mundo inteiro. O seguimento se dava a partir da convivência com o itinerante que não tinha onde encostar a cabeça. A partir deste momento, as primeiras comunidades – caracterizadas pela escuta dos relatos dos apóstolos, pela partilha, pela oração assídua e pela fração do pão – tornaram-se fonte de inspiração por todos(as) aqueles(as) que queriam ser cristãos: irmãos e irmãs de um só coração e uma só vontade.

As cartas de Paulo às primeiras comunidades cristãs contêm muitas exortações nesse sentido; são palavras bem concretas, escritas por quem bem conhece a beleza e o valor da vida fraterna, mas também experimentou

---

[1] Formada em Psicologia pela Universidade de Pádua, Itália, e em Ciências Religiosas pela Universidade Teológica de Milão, Itália. Membro da Congregação das Irmãs Ursulinas de São Carlos; educadora para a Vida Religiosa em Goiânia (GO).

quanto seja difícil traduzir no concreto esse projeto. "Acolhei-vos uns aos outros como também Cristo vos acolheu. Admoestai-vos mutuamente" (Rm 15,7.14). "Com amor fraterno, tende carinho uns para com os outros, cada um considerando o outro como mais digno de estima. Tende a mesma estima uns pelos outros" (Rm 12,10.16). "Sede bondosos e compassivos uns com os outros, perdoando-vos mutuamente, como Deus em Cristo vos perdoou..." (Ef 4,32). Mas é na carta aos Colossenses que encontramos uma síntese da vivência comunitária, e o convido a fazer uma leitura comunitária deste texto (Cl 3,8-17).

A partir do século IV, esta experiência singular de comunhão – na qual se lavam os pés uns dos outros, na qual o primeiro é chamado a escolher o último lugar e quem manda a agir como aquele que serve, contestando o espírito de dominação e testemunhando um outro mundo possível, onde as pessoas se reconhecem em profunda interdependência umas das outras – torna-se também o arquétipo de todas as formas de Vida Consagrada até hoje.

Por esse motivo, acredito que um elemento irrenunciável e que caracteriza a VRC é a vida em comunhão (um só coração e uma só vontade). Uma leitura retrospectiva da história da VRC mostra como, ao longo do tempo, foram diferentes e múltiplas as expressões da única comunhão, e nenhuma dessas deve ser absolutizada, e sim reconduzida à manifestação típica de épocas diferentes, eclesiologias diferentes, teologias da VRC diferentes. O documento *A vida fraterna em comunidade* (10) recorda isso ao dizer que a história da VC testemunha diferentes formas de viver a única missão. O documento *Vita Consecrata* (n. 3) acrescenta que historicamente será possível uma ulterior variedade de formas. Depois de quase uma década, o documento *Partir de Cristo* (n. 12) afirmará que as pessoas consagradas são obrigadas a procurar novas formas de presença. É a tomada de consciência do relativismo histórico de toda forma e de que se sai da crise da modernidade só caminhando adiante.

2. Desafios atuais

Este novo milênio está exigindo da VRC mudanças exemplares de esquemas, em particular daqueles que se referem ao tornar explícita e fecunda a *koinonia*. Como ser comunidade é um dos nós mais problemáticos para a

VRC tradicional, não podemos não reconhecer que se está encontrando dificuldade para acolher, assumir elementos vitais das novas gerações, porque muitas vezes esses novos elementos não se apresentam por si como um novo modelo de sociedade fraterna e igualitária.

Para que isso aconteça, é preciso submeter à crítica histórica muitos dos pressupostos culturais que arrastamos de outras épocas, entre esses o de identificar a *koinonia* como vida em comum, sob o mesmo teto, como a dizer que se existe a segunda necessariamente existe também a primeira. Enquanto a comunidade é uma situação de fato, em nível estático, a *koinonia* é comunhão e, portanto, é o elemento dinâmico que constitui a comunidade.

Como passar da vida em comum à fraternidade, isto é, do ser estrutura a ser modelo de relações sem as quais não existe comunidade, mesmo se a convivência formal é perfeita?

Um dos fenômenos que mais nos sacudiu é esta urgência de redesenhar o espaço e o sentido da comunidade que até pouco tempo atrás se definia pelo simples viver juntos, pelo trabalho lado a lado no mesmo serviço.

As pessoas de nossos tempos entendem a comunidade como palestra de espiritualidade e ao mesmo tempo oficina de nova humanidade, ambiente capaz de responder ao desejo de co-responsabilidade, simpatia, relações autênticas, verdadeiras.

Em tudo isso não pode faltar a ascese como valor pedagógico, mas do mesmo modo não pode faltar a alegria da comunicação, pois "uma fraternidade sem alegria é uma fraternidade que se apaga".

João Paulo II nos alertou para não utilizar instrumentos exteriores de comunhão que são "aparatos sem alma, máscaras de comunhão mais que caminhos de expressão e crescimento", convidando-nos a experimentar a comunhão com o irmão a partir de bases sempre mais realísticas e concretas, "para saber partilhar suas alegrias e seus sofrimentos, intuir seus desejos e cuidar de suas necessidades, oferecer-lhe uma autêntica e profunda amizade".

3. Da identidade individual ao pensar em comum

Ser irmãos, ser irmãs, deve ser o ponto de convergência de uma instância espiritual e humana sem que uma seja em contraposição a outra. A instância humana hoje acentua o valor da pessoa em sua individualidade, sem confundi-la com o individualismo ou contrapô-la à objetividade.

A nova concepção da identidade individual leva a descobrir o ideal da fidelidade ao próprio modo de ser como prioritário frente a outros tipos de imperativos ou constrições externas. Tudo isso pode ser visto como abertura aos eflúvios da pós-modernidade, mas o conceito de subjetividade não poder ser rotulado, mesmo existindo o perigo de uma atitude involutiva e queda no relativismo. A revitalização da vida comunitária depende de cada membro de nossas instituições, pessoas adultas, e por isso líderes do cotidiano. Precisamos de liderança difusa, partilhada, adulta e, por isso, divergente.

Pe. Giuseppe Tacconi, SDB, em uma palestra proferida durante a última assembléia geral da CISM, e cuja síntese está publicada na revista italiana *Testimoni*, sugere que os conselhos – provinciais e gerais – sejam pensados como espaços de pensamentos. E por que não pensar também nas comunidades como espaços de pensamentos? Mas de que pensamentos?

O autor sugere que não seja só do pensamento racional, cognitivo, mas também daquele pensamento denso, criativo, que leva em conta as emoções, os desejos, as dimensões mais profundas do ser humano, de sua espiritualidade.

Que tal uma comunidade onde se geram novos pensamentos, alimentam-se percepções, fomenta-se consciência sobre os pensamentos, aqueles que estão implícitos no que vivemos e fazemos, assim que possam emergir, tornar-se explícitos? Comunidades onde não se temam pensamentos divergentes, pelo contrário se apóiem e alimentem, pois são responsáveis pelo processo de autonomia de pessoa. Favorecer pensamentos e lideranças divergentes para que nossos corações possam convergir no único amor e no único projeto do Reino.

Trata-se de abrir espaços para um pensar positivo, criativo. Quantas vezes, afirma Pe. Tacconi, as mudanças são bloqueadas não por não serem possíveis, e sim porque não conseguimos pensá-las como possíveis.

Pensar positivamente nos ajuda a superar aquele sentimento de depressão coletiva que pode aparecer quando nos sentimos envelhecidos(as) e cansados(as) por ter lidado com processos de transformação e mudanças epocais.

A comunidade deveria ser o lugar onde não se tem medo de pensar, onde se enfrentam e se discutem com coragem os nós, mesmo os mais problemáticos, não só da VRC em si, mas também e, sobretudo, da concreta experiência na vida cotidiana na comunidade.

Não é possível fazer das comunidades "lugares aconchegantes", lugares de relações intensas, sem antes mudar a lógica de fundo e a função exercida pelos diferentes modelos do passado, quando não só existia – mas também se pensava que não pudesse que existir – um único modelo de comunidade religiosa. O grande desafio, hoje, é conseguir passar de um único jeito de pensar-se a uma pluralidade de pensamentos que dialogam e se interrogam entre si, problematizando-se e relativizando-se, e assim fazendo tornam mais fértil a reflexão.

4. Subjetividade e co-responsabilidade

Além de cuidar do pensamento, precisamos repensar uma idéia bastante difundida que se tem da subjetividade. Precisamos reconhecer que a idéia predominante que temos dela é ainda muito negativa, como se agisse contra o bem da comunidade e da congregação. Não é raro encontrar quem pense que o espaço concedido à pessoa possa tornar-se potencialmente ameaçador, perigoso.

E como não lembrar que, até um passado ainda próximo, os "bons" religiosos eram aqueles que quase não conheciam o desejo de auto-realização? Hoje o contexto social e cultural é muito diferente. Mesmo sem perceber respiramos uma atmosfera marcada por novas sensibilidades e, ao mesmo tempo, por novas vulnerabilidades. Os valores da autonomia e da diversidade estão tomando sempre mais o lugar dos valores hierárquicos e conformistas herdados do passado. Como afirma Tacconi, a cultura de nosso tempo é uma cultura que penetra dentro de nossas comunidades, e isso não deve ser visto como negativo, já que este tempo é o único tempo que temos.

Não é mais possível hoje negar a idéia fundamentalmente positiva da subjetividade pessoal, isto é, da exigência das pessoas consagradas de serem tratadas como pessoas adultas dentro do próprio instituto.

Mesmo assim, também hoje se continua pensando que entre a subjetividade pessoal e o contexto da comunidade se cria necessariamente um conflito, ou que "ter fortes subjetividades enfraquece a congregação. E se fosse verdade o contrário? Se fosse verdade que as subjetividades consistentes e fortes tornam consistentes e fortes as comunidades?".

Para responder a essa questão é preciso repensar o conceito de co-responsabilidade, fazendo uma releitura crítica da idéia de poder que temos internalizado, convertendo nossos conceitos para que o poder seja entendido como a capacidade de potencializar os outros; um poder que potencializa e dá novo vigor. Um poder participação, que devolve à pessoa a percepção de construir algo novo, de transformar a realidade, de poder-se envolver mais profundamente nas coisas que se fazem na comunidade e na congregação.

Trata-se de afirmar o valor da individualidade, que gera autonomia e nos permite fazer a experiência da pluralidade. Por isso, precisamos que nossa identidade seja sólida, consciente de sua vulnerabilidade, pois não existe autonomia sem vulnerabilidade. A experiência da pluralidade cria e valoriza percursos de comunhão, favorece encontros no jogo harmônico e livre da diversidade, tece relacionamentos, procurando apaixonadamente o que une no caminho de fé e de serviço.

Muitas vezes a diversidade constitui uma espécie de ameaça às próprias seguranças e gera medo, desestabilizando as redes dos próprios interesses particulares e a tranqüilidade do próprio grupo de referência. Isso não é problema, e sim oportunidade.

Se não conseguirmos instaurar uma verdadeira e real circulação de idéias, permanecerão sempre, atrás do respeito formal, desconfianças, reservas, que não levam com certeza a um sentimento de alegre pertença e a uma colaboração dinâmica e favorecem, pelo contrário, um individualismo resignado.

5. Conflitos e mudanças: provocações

Os conflitos podem ser um ótimo espaço para se perceber a disponibilidade de uma comunidade de repensar não só suas próprias idéias, mas também os próprios comportamentos. Que tal pensar no conflito como um dos elementos de vitalidade da comunidade e não como algo que precisamos evitar, pois despedaça a unidade do grupo? Um grupo sem conflitos é um grupo pobre, que não consegue revigorar-se e enriquecer-se pela diversidade de opiniões.

O conflito favorece a circulação de idéias e a convicção de que o aprender de um se torna patrimônio de todos. Sabemos que não é mais possível pensar em cada religioso(a) como simples executor de decisões que descem de cima pra baixo. Hoje prevalece o conceito, e se espera também a prática, que pessoas envolvidas em um projeto, que fazem parte desta aventura humana e espiritual, crescem como pessoas e como comunidade. Sabemos pelas ciências humanas que, para o crescimento da co-responsabilidade, é importante que em cada pessoa se desenvolva o sentimento de pertença ao grupo, pois isso estimula o autocrescimento.

Ao mesmo tempo, um dos maiores desafios que se apresentam numa comunidade é saber lidar com a mudança. A mudança pressupõe uma capacidade de ver, de individuar novos caminhos, mesmo sabendo que estamos em mar aberto. A mudança implica o conhecimento de uma realidade que podemos perceber só se olharmos por ângulos diferentes. Implica também a capacidade de avaliar, de olhar além do horizonte, de utilizar o carisma como chave de interpretação na leitura da realidade, de pensar a longo prazo, de construir significados partilhados. Se faltar essa visão partilhada, então será preciso construí-la com urgência, certamente com dificuldades, mas também na consciência de sua fascinante perspectiva.

"Só então será possível desenterrar os pensamentos incorporados em nossas ações e em nossas afirmações, individuar todas as metáforas utilizadas por nossas comunidades para se pensar, não dar por adquirido que todos pensem no mesmo jeito, olhar para os conflitos e os diferentes pontos de vista como algo que gera vida, saber ver o outro como oportunidade que me permite iluminar um ponto de vista que não tinha pensado, aspectos da realidade que eu não percebia."

É importante crescer na co-responsabilidade e fazê-la crescer a nosso redor. Uma co-responsabilidade que vai ser exercitada e proposta por pessoas, com as pessoas, pelas pessoas que compõem a comunidade. É fundamental, portanto, cuidar das pessoas, potencializando suas capacidades e conferindo toda a confiança necessária para ajudá-las a evoluir nesse sentido. Só se uma pessoa respira confiança ao próprio redor conseguirá dar o melhor de si.

Apesar de partilhar essa idéia, estamos ainda "muito concentrados(as) nas necessidades, nas carências, no que falta, nas exigências, e exploramos muito pouco as potencialidades geradoras de desejo". Mas nós somos marcados pela subjetividade, e ela se caracteriza pelos desejos que nos guiam e que, portanto, precisamos conhecer.

6. Favorecendo a vida religiosa adulta

Desenvolver pertenças adultas significa cuidar de toda uma série de contextos que possam favorecê-las, desde o desenvolvimento dos próprios dons e idéias até do próprio protagonismo. Em outras palavras, trata-se de colocar as pessoas em condições de poder escolher responsavelmente o que tem a ver com elas. É dar vida a uma responsabilidade difusa dentro da comunidade, sem medo de colocar em discussão algumas práticas que geram passividade, que não se responsabilizam e que ainda subsistem dentro dela.

As congregações hoje precisam de pessoas adultas, de pessoas que "sejam disponíveis a investir mais inteligência, mais criatividade e mais energias para desenvolver suas tarefas". Uma pessoa se torna adulta quando é envolvida na gestão das mudanças, facilitada em seu processo de autonomia, quando se percebe a natureza gerativa de seu trabalho, quando lhe se reconhece a legitimidade do próprio ponto de vista a respeito da realidade, quando a se escuta de verdade, se considera sua história e sua experiência como uma riqueza e um recurso valioso.

Como entender a co-responsabilidade e como favorecê-la? Antes de tudo é pensar, ou repensar, numa série de processos, como fazer circular as informações e ativar, sempre que for possível, uma ampla participação aos processos decisórios, privilegiando a solução coletiva dos problemas. Além disso, é reduzir ao mínimo as decisões piramidais, socializando horizontes e valores, delegar o mais possível o poder decisório, favorecer o nascimento de novas aprendizagens, encorajar a discussão aberta dos temas que podem criar conflito, acolher os riscos e a experimentação.

Um(a) superior(a), afirma Tacconi, favorece a co-responsabilidade quando a partilha com todos os membros da congregação a encoraja, facilita soluções de grupo, pede ajuda aos irmãos, às irmãs, favorece a comunicação e a discussão, é flexível e disponível em mudar direção, acredita na experimentação e avalia continuamente os resultados.

Pelo contrário, o(a) superior(a) que não sabe delegar as responsabilidades e não favorece o crescimento da co-responsabilidade acaba produzindo desinteresse e uma participação passiva à execução de um projeto que não é sentido como próprio.

Coragem e confiança se fortalecem quando nossas potencialidades são valorizadas. Com efeito, a pessoa cresce não tanto quando são frisadas suas limitações, e sim quando é reforçada em suas capacidades e potencialidades.

Como todas as coisas importantes, também a co-responsabilidade não pode ser feita de improvisação. Precisa saber prever as condições organizativas, isto é, tempo, compatibilidade, convivência na comunidade. Precisa que esteja na pauta da formação inicial desde o primeiro dia como um valor a ser perseguido, adquirido, treinado, internalizado.

Um relacionamento comunitário baseado na co-responsabilidade, na autonomia da pessoa, na experiência da alteridade e de pluralidade, ajuda as pessoas a viver e trabalhar também fora da aconchegante cumplicidade de uma comunidade, a lidar com a solidão e o isolamento que brota em algumas situações de missão.

7. Superando a acomodação

Em campo político se nota a tendência das correntes à acomodação, à identificação com um líder, a esperar por ele para todas as questões serem tratadas e a depender dele para a avaliação do próprio comportamento. É uma prática tão difundida que muitas pessoas se estão perguntando se esta força política poderá sobreviver ao desaparecimento, mesmo só eleitoral, do líder.

Analistas sérios afirmam que não, porque durante este tempo de "dependência" não foi criada uma plataforma de valores partilhados pelos membros, não se deu espaço a outras pessoas válidas, capacitadas, reconhecidas, valorizadas. Podemos fazer, mesmo com todas as diferenças, uma aplicação destes conceitos à Vida Consagrada. Se por acaso aos níveis mais altos (gerais e provinciais) acontecer a mesma coisa, isto é, aparecem figuras "fortes" como imagem-síntese exclusiva do instituto, quando chegar o momento da troca – porque vai chegar – o que vai acontecer? Quem vai conseguir sair dos escanteios de uma colaboração nunca pedida até este momento e do silêncio prolongado da não ingerência?

Ennio Bianchi, num artigo publicado na revista *Testimoni*, parte dessa pergunta para aprofundar a reflexão e afirma que a tudo isso se acrescenta, como conseqüência compreensível, a falta de coragem de falar, porque muitas vezes na suscetibilidade dos consagrados existe esta convicção: se durante um debate surgir um dissenso com o líder religioso, isso é sempre lido como um ataque, enquanto pode (e deve) ser lido como uma contribuição à discussão, um esclarecimento e um acréscimo às teses expostas; e se também fosse a denúncia de alguma coisa que precisaria ser mudada ou melhorada, deve ser acolhida em sua positividade de participação e discutida francamente e fraternalmente.

Ainda mais porque a presença ou a falta de comunicação está ligada à percepção e ao conceito de comunidade e, mais em geral, de vida consagrada. Se predominar o conceito da forte e exclusiva autoridade, teremos uma comunicação muito pobre: será só unidirecional, em que a autoridade "diz" e os outros devem escutar e agir, sem poder manifestar a própria opinião, que pela verdade nem é pedida.

8. Repensando a vida religiosa em comunidade

Se a comunidade for vista como o lugar da participação, da partilha dos objetivos e dos itinerários, a relação será rica, fundada em verdadeiras e autênticas relações pessoais, nas quais não prevalece o gregarismo mais ou menos acentuado, não existe uma dependência psicológica que evidencia uma disparidade reconhecida e aceita, mas existe um diálogo pautado na igualdade, que favorece a escuta e a acolhida das palavras e permite a resposta, que pode ser também de não completo acordo. Mas este eventual desacordo abre ao aprofundamento das questões, faz crescer a co-responsabilidade e manifesta a valorização das pessoas que se sentem escutadas.

Essa reflexão leva-nos a olhar a obediência por um outro ângulo. Apareceu com clareza a passagem da autoridade que preserva a si mesma (instituição), utilizando as pessoas à autoridade a serviço das pessoas. Uma conseqüência imediata disso é que, quando refletirmos sobre a obediência, precisará libertá-la conceitualmente do binômio superior-súdito, porque se não fizermos isso, sempre a desobedecer não poderá ser o súdito, enquanto o discurso sobre a obediência deve ter uma forte referência à vontade de Deus.

Num novo modelo de comunidade, onde a autonomia da pessoa leva a uma profunda interdependência e criatividade, deve desabrochar a obediência fraterna, isto é, um modo de ser e de caminhar juntos, uma mediação da vontade de Deus para o outro, cada um responsável e necessitado da presença do outro. Em uma época de discernimento e incerteza como a nossa, Amedeu Cencini afirma:

> Torna-se fundamental recuperar plenamente a liberdade interior
> de buscar juntos, aprendendo também a obedecer um ao outro. E o mo-

tivo é muito simples: num clima de profundas mudanças socioculturais, como o que vivemos, ninguém sozinho pode julgar saber como será o futuro da vida consagrada, como realizar a inculturação da mensagem evangélica e de nossos carismas, como enfrentar o processo invasor da secularização...; por causa disso, é necessário unir os esforços, mesmo que seja apenas no plano da lógica humana, pois só conjuntamente poderemos discernir o caminho do Espírito. E nesse discernimento, deveremos também estar tão livres no coração e na mente a ponto de aprendermos a obedecer um ao outro.

Sempre, segundo esse autor, a obediência a Deus é o que nos torna comunidade, ou seja, é o que nos ensina a obedecermos uns aos outros; a obediência entre nós é o que, por sua vez, nos torna realmente irmãos, irmãs; e é a condição para a refundação da VRC.

Um grupo de jovens religiosos e religiosas, que na Itália preparavam um grande encontro eclesial, foi perguntando-se a respeito da crise que a VRC vive hoje. "Por que muitos de nossos antigos carismas têm dificuldade em projetar-se no futuro enquanto estão surgindo com vigor novos carismas?" A esta pergunta respondeu um desses jovens, citando as palavras de S. P. Arnold:

> Morremos porque somos exageradamente prudentes e sábios. O Espírito, em sua loucura, não encontra mais frestas por onde passar e animar. É possível que seja por isso que se direcione, hoje como nos tempos de nossos fundadores e fundadoras, a setores menos sábios, menos prudentes e menos formados teologicamente, mas capazes de arriscar de novo a loucura do Evangelho na vida real, e não só nas palavras.

Sempre, segundo esse autor, sairão da crise as Congregações que conseguirem viver o momento presente como fato paradoxalmente providencial e com aquele dinamismo que só um fato novo pode suscitar, colocando-se frente ao inédito, livres das pré-compreensões e predefinições que vêm de mundos que não existem mais, sabendo que as novas formas de VRC têm nascido de pessoas apaixonadas por Cristo e pela humanidade, pessoas apaixonadas pela Igreja, e ao mesmo tempo críticas e livres frente qualquer discurso *a priori*.

Uma coisa chama logo a atenção nessas novas formas de VRC e o que fundamentalmente nos distingue delas: o modo diferente de viver e expressar a pobreza e a *koinonia*.

O Espírito nos convida a estar abertos(as) a novos modelos de comunidade religiosa que, além de tornar visível o estar juntos, testemunha a fraternidade; uma comunidade que harmonize a experiência de Deus partilhada, a oração, a celebração comunitária da fé e da vida, a comunhão dos bens, a prática comunitária da reconciliação, a missão participada. Tudo isso se deixando guiar pela prática concreta e histórica de Jesus. A exemplo, dele é urgente "reinventar a pobreza à escola dos pobres, a castidade à escola do amor verdadeiro e encarnado, a obediência à escola da liberdade evangélica".

Capítulo XIII
PODER E PARTICIPAÇÃO NA VIDA RELIGIOSA

Uma leitura comentada

Fr. Luiz Carlos Susin[1]

Este ensaio é uma leitura comentada sobre a reflexão desenvolvida pelos participantes do projeto *Novas Gerações*. Dentre os três temas gerais que podiam ser escolhidos, "Poder e Participação" foi o tema que contou com a opção da metade dos grupos, sendo a outra metade dividida entre "Afetividade e sexualidade" e, um pouco abaixo, "Memória e Futuro". Nada de surpresa quanto ao último: estamos em tempos de pouca memória e pouca profecia. Mas surpreende a correlação entre Poder/Participação e Afetividade/Sexualidade: o interesse maior em se confrontar com os desafios do poder e da participação, por si, parece sinalizar marcadamente as relações entre os membros das comunidades e congregações como o lugar principal e epocal da Vida Religiosa (VR) em seus problemas e desafios. Afetividade e sexualidade têm naturalmente uma carga de intimidade e de individualidade junto com as relações. Mas poder e participação enfocam diretamente as relações.

Aqui assumimos apenas as reflexões sobre poder e participação na Vida Religiosa. Os textos são quase todos de boa qualidade. São variáveis em sua

---

[1] Doutor em Teologia, pela Universidade Gregoriana de Roma, Itália; licenciado em Filosofia; professor da Pontifícia Universidade Católica de Porto Alegre (RS); autor e coordenador de várias obras. membro da Ordem dos Frades Capuchinhos; ex-presidente da Sociedade Brasileira de Teologia.

forma literária: alguns grupos formalizaram um texto bastante teórico, dando ênfase à bibliografia e a uma reflexão bem ordenada teoricamente. Grande parte seguiu mais ou menos explícita e intuitivamente o método *ver, julgar, agir* sugerido pela coordenação do Projeto, enunciando este esquema de diferentes formas. Outros conservaram a memória de cada encontro com seu tema específico. Outros, em menor proporção, guardaram testemunhos de pessoas do grupo, com linguagem pessoal contundente, tomada da experiência e do cotidiano. Poucos pontualizaram apenas de forma esquemática os resultados.

O conjunto dos textos revela uma consciência média dos grupos com as seguintes características: historicidade da VR e da organização e exercício do poder nas relações em comunidades religiosas; realismo histórico para encarar limites e defeitos no exercício da autoridade; realismo quanto à existência e à necessidade de poder, de tomar o poder nas mãos e organizá-lo e exercê-lo conforme o carisma evangélico; referência às fontes evangélicas e às fontes da renovação conciliar. A "participação" é vista unanimemente como o caminho adequado do exercício do poder. A capacidade crítica, a fundamentação e as linhas de orientação revelam pessoas, grupos e ambientes em que a VR realmente veio renovando-se, mesmo quando tropeça em limites e antiquariatos ou velhos paradigmas, que são bem advertidos pelos grupos.

Na seqüência, em três pontos, retomo o esquema mais seguido pelos grupos para dar alguns destaques do que foi mais comum, fazendo alguns comentários e conexões com a complexidade do poder e da participação na VR hoje.

1. "Vejam os grandes deste mundo...": Poder na VR, um lugar histórico de contradições (Ver)

É praticamente unânime a percepção, narrada através de uma linguagem que remete a uma experiência sincera e serena, de que o exercício do poder ou da autoridade na VR porta as marcas da história, da cultura, do mundo contraditório que se torna uma herança e uma lição a ser aprendida.

Uma das imagens, para sublinhar o caráter problemático e ambíguo do poder e da autoridade na VR, é evocada por um dos grupos: a divindade romana de Jano, de duplo rosto, com capacidade de ser Patulcius e Reclusius – poder de abrir e de fechar – divindade portadora da chave e do báculo, guardiã da porta da cidade e da casa. Os romanos tiveram a genialidade da instituição jurídica do poder, e esse carisma para a dimensão institucional foi herdada pela Igreja Latina, pela cultura cristã do Ocidente. Esta figura de Jano, por exemplo, com sua chave e seu báculo, mais tarde e sob certa medida, foi absorvida por Pedro na porta do céu e pelo Papa nas portas da Igreja: a chave e o báculo que vinham da cultura menos sofisticada de Israel. Na VR esta figura, senhora dos tempos, é vista pelo grupo que a estudou no exercício do poder, que, por sua vez, pode estar cristalizado nas autoridades constituídas. Alguns grupos observaram que o "mando" e o poder para tanto parecem cumulativos e "para sempre", uma espécie de hipóstase divina que não sai mais de dentro das pessoas que ocuparam e continuam perpetuamente ocupando cargos nas relações com as comunidades.

1.1. Poder e hierarquia

Uma observação reiterada por muitos grupos, em termos de crítica histórica, é a visão hierarcológica do exercício do poder, ligando a VR a uma forma histórica de ser da Igreja, a uma eclesiologia hierarcológica, que, por sua vez, se situa num mundo grego e romano, filosófico e político, em que a Hierarquia estrutura toda a realidade. Basta lembrar as hierarquias neoplatônicas que influenciaram o cristianismo histórico já nos primeiros séculos. As raízes gregas e romanas da hierarquia estão no exército e na concepção de "ser" da metafísica de Aristóteles, que, para justificar a unidade do ser, cita Agamenon dirigindo-se aos chefes gregos antes de partir para a guerra contra Tróia: "Não é bom que muitos comandem: um só seja o chefe". A pirâmide que coloca o "Um" no ápice, emanando de cima para baixo toda a força, comando, substância, passa à filosofia, e passa também para um monoteísmo filosófico e imperial: os grandes impérios foram monoteístas, centralizados e hierarquizados. Essa união de pensamento e realidade política e social, que se espelha até dentro de uma família no patriarcado, perpassa o cristianismo histórico. Estrutura essencialmente o feudalismo medieval. E, na teologia, atinge hierarquias celestes, os anjos.

Em termos eclesiológicos, a fonte evangélica e comunitária e esta tradição hierarcológica e feudal bateram-se com o impasse do "poder supremo" na Igreja: Pontifício ou Conciliarista, centralizado ou consensual e sinodal? Quem tem a última palavra, a última decisão, o voto de Minerva? Esse impasse pendeu para o sistema pontifício como "poder supremo, imediato e universal". No final da Idade Média os "conciliaristas" mediram forças com os "papistas", mas foram reprimidos. No Vaticano II o equilíbrio do pêndulo foi buscado com uma correção ao peso dado ao primado pontifício do Vaticano I. Sublinharam-se, na *Lumen Gentium* (cap. III), a colegialidade e o consenso entre o poder pontifício e o poder do conjunto dos bispos. Mas isso supõe a "mão invisível" do Espírito afinando as partes.

À parte, a boa vontade teológica e conciliar, a política do poder na Igreja continua a favor do centro, como disse sem rodeios o Cardeal Kasper durante a Assembléia do Conselho Mundial de Igrejas em Porto Alegre. Ora, isso é sentido também na VR, e em todo o tecido da Igreja. Em que medida a VR pode ser criativamente profética no exercício de novas formas de Poder dentro dessa tendência? Ao menos um grupo acenou para esta "vocação profética" da VR diante da forma hierárquica e centralizada de exercício do poder na Igreja. Pode-se reconhecer o papel participativo dos capítulos desde a tradição monacal, que se acentua em decisões comuns e circulação dos cargos na VR medieval, inclusive influenciando e sendo influenciada pelas comunas e repúblicas emergentes. Hoje, porém, enquanto a Igreja apresenta uma modernização das relações de poder mescladas com heranças pré-modernas de hierarquia, a VR tem histórias de atraso em relação ao tempo ou se sente nas mesmas encruzilhadas do exercício do poder e da autoridade constitucional que afetam as instituições em geral hoje. Isso se comprova pelo estranho fenômeno pós-moderno de não encontrar quem queira assumir encargos.

1.2. Poder e patriarcado

Outro aspecto observado por uma maioria de grupos do Projeto, mas aspecto ligado ao primeiro, é o caráter androcêntrico do poder, que desumaniza tanto homens como mulheres no conjunto da Igreja e da VR. Alguns grupos advertiram sobre as diferenças entre comunidades de homens e de mulheres, buscando soluções tipicamente masculinas na medida em que os homens ainda utilizam privilégios, como o fato de que boa parte dos homens da VR são presbíteros – mais "padres" do que "religiosos". Enquanto padres, a maioria tem um espaço de poder assegurado na hierarquia. Assim, as relações entre homens e mulheres na VR tendem a ser assimétricos e criam uma série de impasses antifraternos por sua própria "ontologia", muito bem simbolizada pelo "caráter" sacerdotal – sempre masculino.

Esta estrutura patriarcal do exercício do poder acaba influenciando inclusive comunidades de mulheres, que acabam mimetizando – imitando por internalização da estrutura patriarcal do exercício do poder. Desta forma, as comunidades femininas estão mais expostas à infantilização de relações assimétricas também internamente, o que se constata na área das "permissões" e da economia.

Nas iniciativas de conjunto e nas questões que dizem mais respeito à eclesialidade, como o sacramento e a liderança (em retiros, cursos, orientação espiritual etc.) também se faz ainda marcante a assimetria e a visão hierarcológica androcêntrica.

1.3. Poder, economia e saber

O poder atua, além disso, intrinsecamente conectado à dimensão econômica da vida das pessoas e das comunidades. Há um nível de unidade essencial, intrínseca, entre recursos econômicos e poder. Afinal, "poder e dinheiro se beijam". Ou brigam entre si, sobretudo quando os encargos de mando ou de coordenação de comunidade e o da economia estão distribuídos entre diferentes pessoas que rivalizam espaços de poder. Criam-se poderes paralelos, e freqüentemente a coordenação da comunidade cede diante do poder das finanças. Diversas observações foram incisivas: não é possível transformar as relações de poder sem transformar as relações econômicas.

É bem conhecida a afirmação de que "saber é poder". Em nossa sociedade de conhecimento tal afirmação ganha um sentido ainda maior: o conhecimento se tornou um incremento de valor do capital, do trabalho, portanto da economia e do mercado. Compra-se, contrata-se, concentra-se, acumula-se saber, conhecimentos. Mas o conhecimento é também constitutivo do ser humano como tal, do "*homo sapiens*", e o conhecimento mais humano se chamou sempre "sabedoria". Portanto, o conhecimento é faca de dois gumes, enquanto é um valor humano e enquanto se transforma numa forma de poder de domínio, inclusive de uns sobre outros. No caso da VR, é intolerável que aconteça uma hierarquia de valor e de poder segundo os acúmulos de conhecimentos. A concentração e o "poder de manobra" concedido a pessoas por seus conhecimentos torna-se perigoso e desagregador, a menos que isso signifique sabedoria transformada em liderança, o que vamos abordar adiante.

1.4. Poder e questões psicológicas

Há uma porção de relatos e observações sobre a dimensão psicológica do poder como auto-afirmação e status pessoal, expressão de narcisismo e da libido deslocada – o "prazer" do mando – formas perversas de relacionamento, alguns aparentando serem bons, como o paternalismo (ou "maternalismo"). E a resposta é freqüentemente tão patológica com o exercício perverso ou imaturo do poder: infantilismo, submissão, rebeldia, agressividade, revolta silenciosa, resistência, desagregação etc.

O poder, com sua ambivalência, cria "rivalidades carismáticas", e um grupo ilustrou com o provérbio "Dois leões não moram no mesmo capão!". Alguns trabalharam a distinção entre autoridade e autoritarismo, outros entre autoridade e poder, conotando à autoridade um poder autêntico e ao poder o autoritarismo. Um grupo fez a distinção entre "mando" e autoridade: o mando é o exercício do poder sem gozar de verdadeira autoridade, mas apenas de uma delegação hierárquica que acaba sendo imposta também desde fora, hierarquicamente. Evidentemente, essas distinções semânticas são úteis para os conceitos distintos, mas podem ser trabalhadas de diversas maneiras, todas úteis para uma didática do assunto.

A confusão entre poder e afetividade, o uso de poder simbólico e, na prática, a dominação até das expressões emocionais e corporais, as relações de amizade e estima etc. também foi advertida por alguns grupos, com a conseqüente necessidade de trabalhar esta confusão de relações.

Há algumas constatações coincidentes e intrigantes sobre os "eternos superiores" ou as "eternas madres" (ou seria o *tu es sacerdos in aeternum* – "tu és sacerdote eternamente") de caráter indelével que funde pessoa e encargo para sempre? Alguns observam que, mesmo sendo "ex", continuam mantendo espaços de poder institucional, privilégios etc. Esta "hipóstase eterna" de poder, substancialização do poder e incapacidade de renunciar ao poder e se "des-colar" do poder, merece uma reflexão na segunda parte. Alguns grupos apenas constataram, sem entrar neste grande *mysterium potestatis* – o mistério, o segredo e o fascínio praticamente divino do poder.

Todos os grupos afinam na constatação de que o Concílio Vaticano II é um evento-chave para entender a volta às fontes e a renovação da autenticidade no exercício do poder. A partir do Concílio podem-se encontrar bons textos e, mais do que isso, testemunhos e espaços de amadurecimento e de esperança através da categoria-chave de "participação".

2. "Entre vós, porém...": o poder evangélico que vem de Deus e sua experiência humana (Julgar)

Não foi difícil, para todos os grupos, contrapor a face diabólica, perversa, de um poder de dominação, tirania e despotismo, mesmo sob disfarces eclesiásticos e de VR, a um poder que provém da Escritura ligado ao nome de Deus "Todo-Poderoso" e a sua expressão evangélica de "poder-serviço", uma das expressões mais usadas pelos grupos.

2.1. Poder como substância e poder como verbo: "potestas e potentia"

A palavra "poder", como a palavra "autoridade", mereceram atenções teóricas e até etimológicas, inclusive algumas tipologias extraídas da bibliografia. Por exemplo, poder manipulador, castrador, dominador, "nutriente"... é de grande utilidade a distinção de Gerald Arbouckle entre poder, autoridade e liderança, sobretudo esta última: quem tem liderança para guiar realmente e profeticamente um grupo de VR? Retomamos o desafio da liderança mais adiante.

Em termos mais filosóficos e inclusive "metafísicos", escolho aqui uma análise que acompanha o exercício histórico do que seja este *mysterium potestatis*: Os últimos séculos, marcados pelo Iluminismo e pela Revolução Francesa, com os ideais de autonomia e igualdade, e sobretudo o século XX, com as revoluções da nova física, da emergência feminista, da questão ecológica, das existências que superam as essências e as instituições, o "nome" poder (*potestas*) foi perdendo sua hipóstase e se transformando no "verbo" poder (*potentia*) como potencialidade, energia.

Explicando-me: *Potestas* é substancialização do poder feito "hipóstase para sempre", *in aeternum*. É substância dura, determinista e mecânica. Tem um caráter jurídico, institucional, delegado, posição dentro de um sistema de relações jurídicas e hierárquicas. Mas é poder vivo: obriga a agregar cada vez mais poder, a jamais perder poder, "não morrer" enquanto espaço de poder, mas garantir-se e subir nas hierarquias de poder, mesmo que seja transferindo e compensando perdas de espaços com o ganho de espaços equivalentes ou mais compensadores, porque se torna coincidência entre ser pessoa e ter poder. Esse drama que afeta até o cotidiano das comunidades e províncias tem a ver com a *potestas,* poder enquanto substância, nome, instituição.

Hoje a palavra "poder", mais como exercício do verbo "poder" do que uma substância institucional, está ligada ao "empoderamento", à "energização", à potencialização, às potencialidades etc.

O velho modelo do mecanicismo e do determinismo, da relação "sujeito-objeto", que estava embutido no "manda quem pode e obedece quem deve" não funciona no novo paradigma quântico, que é autopoiético e existencial: pela *autopóiesis* cada organismo se estrutura e se organiza a partir de dentro, desde seu íntimo, como "auto-organização", mas numa rede de relações e de comunicações, cada ser vivo se pondo numa rede existencial, conjugando-se com outros verbos, outros seres, outros poderes.

Hoje uma das boas conceituações de "poder", que dê conta da nova realidade conhecida e vivida, é a de Hannah Arendt depois da Segunda Guerra. A filósofa judia, buscando diferenciar poder e violência, afirma com precisão agostiniana: "Poder é a capacidade de ação em conjunto". Isso é "afinação", sintonia fina, participação, empoderamento, comunhão, diálogo, criatividade comunitária.

A metáfora da orquestra com seu maestro ajuda a entender a ambigüidade e as possibilidades do exercício de poder no atual paradigma. Uma orquestra sempre comporta diferentes instrumentos, diferentes qualidades de sons e de melodias, de contrapontos e complementaridades. O maestro de música se originou do dono dos instrumentos e professor que arregimentava o conjunto dos músicos na batida de seu ritmo. Por isso ele tem um poder que pode ser exercido de forma despótica, ditatorial, fazendo-se valer por cima da orquestra inteira. É a *potestas*. Mas o preço será uma orquestra sem alma, mecânica, pouco afinada e com pouca vibração, sem inspiração, ou seja, "som sem música". Pelo contrário, o maestro é convidado a exercer o "poder" como "verbo auxiliar", como potencialização da orquestra: os verbos auxiliares são os que não valem por si mesmos, mas estão sempre diante do verbo principal, que eles auxiliam para que ganhem sua substância e tenham potência. Os verbos auxiliares "potencializam" os verbos principais. Assim é o bom maestro: dá energia, sustenta, transmite inspiração, partilha emoção, afinando e inspirando a orquestra, fazendo as diferenças se harmonizarem numa potente comunhão e unidade inspirada.

Talvez a melhor orquestra para a metáfora que estamos examinando seja a atual orquestra de *jazz*. Nela não há maestro. A afinação provém de uma grande convivência do grupo e de uma sensibilidade para a diferença e a inspiração do outro, de cada um. Por isso os músicos se alternam nos solos improvisados que conduzem a música, enquanto os outros se tornam acompanhantes e dão força a sua centralidade. Há circularidade, como em uma ciranda, de tal forma que cada músico pode espontaneamente soltar sua inspiração improvisada e sua liderança, aquecidas pelo entusiasmo comum. Nas orquestras de *jazz* nunca há muitos músicos, é verdade, porque só um grupo relativamente pequeno pode confiar-se à espontaneidade. Talvez o tempo vá revelando que, no fundo, há alguma liderança mais intensa em algum membro, um maestro em potencial. Quando cresce em número e complexidade a orquestra precisa de maestro.

Bem, a comunidade que não tem condições de fazer a experiência do poder como uma orquestra de *jazz* ou como uma orquestra com maestro, sempre pode fazer a experiência da ciranda e fazer rodar, circular e colocar no centro quem diga seu verso improvisado. É um bom exercício do "poder como capacidade de ação em conjunto", com a vantagem de lembrar que deles é o Reino dos Céus.

É preciso, enfim, neste novo paradigma quântico, ecológico, feminista, dar adeus à hierarcologia, à enfeudalização etc., para entender a emergência do novo modelo do poder, inclusive na Igreja e na VR. Esta necessidade, mesmo sem a explicação mais sofisticada acima, é sublinhada unanimemente e reiterada com as expressões mais comuns do "diálogo" e da "participação".

2.2. Um pouco de psicanálise do poder

Diversas observações de grupos nos impelem a buscar recurso na psicanálise para entender o poder. A psicanálise, de fato, tem ajudado para desconstruir o velho paradigma de poder e para abrir caminho a uma aproximação evangélica do mesmo.

O fato de que o adjetivo mais recorrente na Escritura, na Liturgia e na "psique eclesial" seja o de Deus "Onipotente" ou "Todo-Poderoso" teria, segundo a contundente crítica da psicanálise, uma gênese muito forte no narcisismo e em sua luta por auto-afirmação e sobrevivência, busca de proteção contra a própria fragilidade e, em última instância, busca da própria imortalidade.

A utilização de pessoas poderosas para proteger o narcisismo, quando se é infantil, e a transferência para uma transcendência metafísica, quando se torna insustentável escorar-se no poder da família e da sociedade, passando da decepção com instituições e pessoas visíveis para uma teologia da onipotência divina, é algo que se pode descrever psicanaliticamente. Para Freud, depois da crítica do ritual como neurose obsessiva, a religião se prestaria para essa transferência do narcisismo no poder divino.

2.3. Poder e "kénosis" pascal

Ora, voltando à Escritura, o poder divino passa gradativamente e cada vez mais radicalmente do "poder de fogo" para a "brisa suave", do sacrifício para a compaixão e a misericórdia. O poder passa pela prova do despojamento e do dom na fragilidade, pela *kénosis,* da encarnação, do "não-sucesso" e da fragilização da cruz, e não retorna recuperado com a Páscoa: O Senhor transfigurado pela ressurreição porta as marcas da crucificação e não utiliza poder se não o mesmo de sua *kénosis.*

A prova máxima dessa inversão do poder divino é que a vitória da Cruz e da Páscoa é o paradoxo de uma vitória sem vencidos, poder de redenção, de agregação, de comunhão, graças ao vazio da *kénosis* que se torna seio de gestação e remissão. Esta é a boa notícia e a "evangelização" do poder, inclusive da perigosa imagem da Onipotência divina. E isso tem ou deve ter reflexos no exercício do poder na comunidade de Jesus, na Igreja e nas comunidades de VR: poder-serviço, despojamento da *kénosis* e energia da *diaconia*, esvaziamento e serviço que afastam da tentação do poder de dominação percebido nas tentações de Jesus e nossas. O ressuscitado continua servindo na diaconia de seu senhorio sem idolatria e imposição de si mesmo. Os grupos afirmaram em coro: poder cristão é serviço, é diaconia, de servos que fizeram simplesmente o que lhes cabia fazer.

2.4. Poder e linguagem

O poder que está no serviço, para não ser humilhação do servido, começa na linguagem comum e no reconhecimento de autoridade, em seu assentimento. Nesse sentido, o diálogo entre Jesus e Pedro, no lava-pés joanino, permite uma análise brilhante. Pedro resistia à conversão do poder em serviço que se inclina diante dos servidos. A sua resistência, Jesus se coloca na palavra e, através da linguagem, associa Pedro a sua forma de poder sem humilhá-lo.

A autoridade – e o poder em seu melhor sentido – é uma relação em que se participa começando pelo reconhecimento de autoridade, abrindo-se para o exercício da autoridade do outro, ou seja, "dando autoridade" para que o outro a exerça. Como está ilustrado no final do sermão da montanha em Mateus: o povo estava fora de si de contentamento porque Jesus falava com autoridade e não como os escribas. Estes falavam com o poder que lhes conferia a Lei, a instituição e a hierarquia, abstraindo e universalizando impessoalmente o poder da Lei. Nisso os romanos foram os maiores mestres, com a instituição do poder jurídico, do *jus* humano e divino, administrado sob medida, na correlação de atos e méritos, de tal forma que o Direito romano deu solidez e funcionalidade ao poder, o mais sólido que se conhece. E disso a Igreja recebeu um forte legado institucional.

Mas Jesus falava com outro critério de autoridade e de poder: a "ex-ousía", o poder que saía dele, de seus lábios e de suas mãos, poder do Reino que se aproximava através de suas palavras e ações e servia concretamente, existencialmente e pessoalmente, os pequeninos, os enfermos, os indefesos, os confusos. Essa fonte de poder, que brotava em suas palavras e ações, dava-lhe autoridade inclusive para "desobedecer" os padrões de obediência religiosa ensinados pelos escribas e declarar "eu, porém, vos digo". Portanto, uma autoridade e um empoderamento que libertavam e criavam vida. No entanto, em Nazaré, como era "o filho da vizinha", muitos não lhe deram autoridade e ele não "pôde", de fato, exercer lá seu poder.

A linguagem e o reconhecimento de autoridade, em contrapartida aos de sua pátria, está também exemplificado no centurião, o estrangeiro e pagão que reconhece, a partir de sua própria experiência, o poder que está na linguagem, na "palavra": ele dá autoridade a Jesus, ele lhe "credita poder", crê que Jesus pode dizer uma palavra transformadora, pois será certamente eficaz, algo vai acontecer a partir de sua palavra "poderosa": a cura, a vida nova. Palavra com poder, com autoridade, com "ex-ousía", como que uma essência que sai do íntimo, é palavra que carrega consigo o ser autêntico de quem a profere e que cai no vazio se não se encontra com quem reconhece autoridade.

2.5. Poder e Espírito

Uma linguagem supõe uma "comunidade de poder", assim como o poder autêntico só pode ser exercido numa "comunidade de linguagem", na comunicação. Como acabo de acenar acima, é necessário que o poder esteja movendo o ouvinte tanto quanto o que fala, sintonizando, afinando, de forma comunitária e conciliar, criando uma *comunidade de pertença baseada na confiança,* na entrega recíproca e comunitária, na promoção recíproca, no poder como promoção do bem dos outros, de uma inteira comunidade.

Ora, isso tem a ver com o Espírito Santo enquanto poder de Deus e poder na comunidade. Ele é a "pessoa nas pessoas", ou "pessoa comunitária", ou ainda "pessoa pública": O Espírito reúne as outras pessoas e, desde seu íntimo, também as abre à comunhão e à ação comum e pública. Revela-se na força da "colegialidade" e nos carismas e ministérios colocados realmente a serviço. Do ponto de vista cristão, a experiência do poder provém intrinsecamente da experiência do Espírito.

Os grupos do Projeto fazem referência, alguns mais implicitamente, outros explicitamente, a esta dimensão comunitária, dialogal, circulatória, conciliar, do poder. Para uma porção de grupos, no entanto, a fonte – o Espírito Santo – permanece velada, passando-se da fonte exemplar, que é Jesus, à comunidade e às relações. Nada trágico, do ponto de vista do Espírito, enquanto o Espírito é a luz e o poder no qual tudo se vê e se pode, sem que ele pretenda ser visto ou reconhecido. Mas é perigoso do ponto de vista das relações, na medida em que na comunidade é necessário imitar também o Espírito, aprendendo do Espírito: servir sem busca de reconhecimento e sustentar poder sem auto-afirmação, ser luz com o pudor de quem está invisível, como fez Jesus "no" Espírito sem ceder a um messianismo do próprio poder-serviço. O messianismo pode tornar-se uma perigosa consciência do próprio poder religioso, quando não tem essa consciência humilde de ser habitado por um poder que é o Espírito Santo, que é "outro" sem confusão. "Engolir" e identificar-se com o poder do Espírito torna alguém muito perigoso. A experiência do fracasso e dos equívocos no exercício do poder, quando integrados, ajuda a manter a diferença.

A busca de um ambiente de participação, de diálogo e de circularidade no exercício do poder, quando não está amparada por uma inspiração do Espírito divino, pode apenas ser a secularização da famosa tendência "cristomonista" do Ocidente. Enquanto os orientais dão importância à liturgia de invocação e glorificação e à visibilidade do poder na liturgia, portanto na experiência espiritual, os latinos confiaram na herança jurídica do Direito romano, na visibilidade institucional. A Igreja, como seguidora de Cristo, deveria ser bem organizada para cumprir sua tarefa. Ora, quem continua a obra de Cristo e a leva à plenitude é o Espírito, e seu poder é que suscita verdadeiramente a comunidade seguidora de Jesus.

O Ocidente baixou a guarda da consciência da presença e do poder do Espírito e cedeu a uma inflação de poder eclesiástico e político. O que aconteceu nos últimos séculos foi uma reação anti-eclesiástica na cultura da democracia: o poder vem do povo, das bases, não do alto. Esse espírito típico do Iluminismo e das revoluções modernas – inglesa, americana, francesa – desenharam-se nas "repúblicas", no espírito da coisa pública, do bem comum, do interesse comum. A atual crise republicana sob o poder esmagador do livre mercado, da tecnologia e do individualismo mostra que faltou um "espírito comum". O poder está confiado na "razão instrumental", na tecnologia e suas utilidades, e no poder de consumo dessas utilidades e afirmações de vaidades. Até o "poder simbólico", que provém através de símbolos de reconhecimento de pessoas significativas, metamorfoseou-se na direção do poder científico, tecnológico, do mercado e do consumo. Os laços de solidariedade que dão consenso e conspiração para a ação comum, como diz Hanna Arendt a respeito do verdadeiro poder, tendem a se degradar, deixando os indivíduos sozinhos, cada vez mais despotencializados. Onde foi que erramos?

2.6. Ausência de poder?

A dificuldade de encontrar membros do grupo dispostos e hospitaleiros para aceitar encargos que significam poder – e responsabilidade que corresponde ao poder – é hoje um dos grandes "sintomas do tempo". A ausência de poder e de autoridade, no entanto, conduz à fragmentação, ao individualismo impotente e indefeso, ao caos, à tentação de autoritarismo e à violência para impor nova ordem, com ânsia de mais organização e funcionalidade. A ausência de um verdadeiro poder dá espaço ao surgimento do poder violento do fundamentalismo. Alguns grupos advertem a necessidade institucional do poder, como também a institucionalização de sua limitação, correções, circulação, término etc. Em outras palavras: É necessário que exista poder, como é necessário regular as relações de poder. As Constituições, nas congregações religiosas, encarregam-se disso. A Igreja, herdeira da cultura jurídica romana, é perita nisso. Mas a instituição tem sua própria carga de violência, de constrição e parciais perdas de liberdade. Segundo o realismo de Hobbes, é a necessidade do Leviatã, o "monstro", o Estado. Nenhuma comunidade humana está livre desse monstro necessário, e sempre vai precisar de um São Jorge forte, ou seja, evangélico, para domar o monstro, para manter com a lança da liberdade evangélica, e até da objeção de consciência, os limites do monstro. Ainda que de forma pouco articulada, essa questão veio à tona em passagens de reflexões de parte significativa dos grupos.

2.7. Assumir poder

Trata-se de assumir uma vocação divina na contingência humana: aceitar o poder e o reconhecimento de autoridade que provém da confiança e do reconhecimento do carisma e do ministério por parte da comunidade, sem se identificar e sem se hipostasiar, sem se fundir com o poder, mantendo-se com distância crítica do próprio exercício do poder, é possível quando se mantém fidelidade às fontes e à pertença comunitária, quando se está sempre pronto a renunciar, sem necessidade de poderes delegados e institucionais para se sentir vivo e membro ativo e participante da comunidade. As autênticas lideranças, em quem o grupo reconhece autoridade, provém de pessoas que, segundo Gerald Arbouckle, portam essas caracterísiticas: sentido de pertença, convicção a respeito do carisma, aposta nas potencialidades dos membros do grupo – maestro de orquestra.

Enfim, parece que os jovens e a VR em geral tomaram a sério o desafio proposto por Puebla como forma de interpretação da Comunhão eclesial: não há comunidade e nem comunhão se não há participação. Quanto à categoria de "comunhão" como hermenêutica da eclesiologia conciliar, estamos todos de acordo. Quanto a sua realização, se é obséquio à hierarquia como eixo estruturador da comunhão ou se é participação em formas intensas de empoderamento, participação criativa, aberta, dialogal etc, este é o desafio prático por excelência. Pode-se, inclusive, inverter a ordem das palavras: "Participação e Comunhão" ou "Participação e Poder", pois a participação vem lógica e existencialmente antes: ela é o *modus operandi* que cria comunhão e poder. A firmeza dessa experiência de exercício da VR e das relações fraternas e sororais permite confiar que a VR tem condições de oferecer à Igreja e à sociedade, de forma profética, um modo conciliar, sinodal, colegiado, de poder. Em seu pequeno mundo, muitas famílias vivem dessa forma, em relações novas, mas a VR e a Igreja têm sempre o desafio de se abrir a toda a família humana, em sua imensa biodiversidade cultural e antropológica: mãe e irmãos são os que ouvem a Palavra de Deus e a praticam.

3. "Portanto, quem quiser ser o primeiro...": algumas orientações práticas

Alguns grupos elencaram "proposições", concluindo com atitudes práticas para o bom exercício de um poder evangélico, sinal de Deus na diaconia e na *kénosis*. Essa orientações permanecem "no ar", no risco de um ideal, um sonho que é sempre "possível", ou seja, um "poder ser", uma capacidade, mas que só será real na medida em que for realmente exercitado e testemunhado. Alguns pontos muito sintéticos podem ser extraídos:

– Por ser uma realidade humana, o exercício do poder, a exigência do empoderamento, necessita de uma contínua vigilância crítica, profética e evangélica a respeito de sua fonte e de seu exercício.

– A tomada de consciência, o saber, faz parte do crescimento, do amadurecimento, da saída da condição infantil para a condição adulta do exercício do poder. Desde o Concílio Vaticano II se insiste que a única forma conhecida de fecunda participação é dada pela formação permanente, continuada. Sem formação permanente, bloqueia-se a participação e se introduzem o medo, a submissão, a defasagem e a perda de potencialidade. A formação permanente tem possibilidades que vão desde o cotidiano a tempos e situações especiais de aprendizagem e especialização.

– A palavra, o diálogo, a colegialidade, a conciliaridade, a sinodalidade, o consenso, a explicitação das diferenças, a capacidade de renúncias, são métodos decisivos para o exercício do poder e da participação.

– O bem do outro, da comunidade, da missão, do Reino de Deus como horizonte, é a justificativa saudável e necessária do poder e da participação.

– A advertência de heranças biológicas, psíquicas, históricas, culturais, patriarcais, hierarcológicas, viciadas e patológicas, faz parte da consciência necessária a respeito do poder para liberar a participação e o empoderamento de forma crítica e positiva.

– Trabalhar a formação e o exercício de autêntica liderança, com sentido de pertença, de sensibilidade aos outros e suas potencialidades, de profetismo, de confiabilidade, de descentralização e rotatividade, isso é tarefa para todos.

– Trabalhar as implicâncias das convergências entre os planos afetivo, econômico, de missão e de instituição como verdadeiros "nós" ou encruzilhadas do poder e da participação.

– Cultivar uma "espiritualidade" do poder que vem do evangelho, da missão, da cruz e da Páscoa, do Espírito e sua unção. A auto-estima e a estima dos outros no exercício do poder e dos ministérios, distribuídos e participativos, virá desta sadia espiritualidade evangélica do poder-serviço. É possível manter, assim, "os mesmos sentimentos de Cristo", considerando os outros superiores a nós mesmos e reconhecendo-nos humanos na diaconia e no serviço até a morte (cf. Fl 2,1-8).

Capítulo XIV
CRISES E UTOPIAS DA VIDA CONSAGRADA

Um Testemunho

Ir. Márian Ambrósio, DP[1]

Minha vida, como mulher consagrada, continua indelevelmente marcada por algumas experiências muito intensas. Durante o Noviciado, com certeza devido a minhas demonstrações de rebeldia, eu ouvi repetidas vezes de minha Mestra a frase: "repreendo e educo aquelas que eu amo". A frase é de Apocalipse 3,19 e me fascinava, não pelo enfoque da repressão, mas por sua continuidade: "se você ouvir minha voz e abrir a porta, entrarei em sua casa e cearei com você, e você comigo!" (Ap 3,20).

Talvez a racionalidade ou a materialidade de nossos tempos faça parecer ingênua ou romântica esta *utopia* maior de minha vocação: a espera cotidiana e vigilante por este encontro único com a pessoa a quem eu consagrei minha vida. Nem os anos de intensa militância estudantil, seguida de engajamento social e protesto político tão característicos de minha juventude, apagaram em mim a primeira definição de consagração religiosa.

Num abençoado momento de minha caminhada, o encontro determinante com a Leitura Popular da Bíblia me confrontou com uma lei: eu não poderia ter lido somente esse versículo do terceiro capítulo do Apocalipse.

---

[1] Graduada em Pedagogia com habilitação em administração escolar; especialização em Teologia Espiritual pela Pontifícia Universidade Gregoriana de Roma; membro da Congregação das Irmãs da Divina Providência; ex-provincial; assessora da Comissão Episcopal Pastoral para a Ação Missionária e Cooperação Intereclesial – CNBB.

Sofridamente determinada, eu aprendi o segredo da nova-velha espiritualidade que me levaria a uma nova opção vocacional. Foi no exercício da Leitura Orante da Palavra de Deus que a paixão de minha utopia se chocou com a dureza de minha grande crise. Eu acabava de ler o versículo anterior àquele da ceia com o amado de minhas vigílias: "aconselho-te: compre de mim ouro purificado no fogo, vestes brancas para cobrir a nudez de tua vergonha, e colírio para curar teus olhos e para que possas ver" (Ap 3,18).

E então eu conheci a crise! Não é possível optar por Jesus sem optar por seu projeto. Precisei reconhecer que o ouro do Carisma estava embrulhado em todas aquelas coisas que "meu fazer" tinha acumulado... Precisei admitir que a repetida troca de roupagem – tentativas de me manter atualizada – estava dificultando o testemunho transparente e fiel de minha promessa primeira... Precisei confessar que meu olhar estava desviado do foco central... Eu conheci a crise! E precisamente nela – na crise – eu reencontrei a utopia: a certeza de que o convite para a ceia continua valendo! Porque Jesus, o provocador da crise, continuava convidando-me a cear com ele! A utopia continua sendo muito maior que a crise.

É esta a verdade que eu recordo hoje: a pessoa de Jesus. Ele sempre, sempre ele, definindo e redefinindo todas as regras sobre utopia e crises da Vida Religiosa. Como um divisor de águas, separando luz e trevas, vida e morte. Ele, cuja encarnação trouxe ao mundo uma crise radical, e ao mesmo tempo a mais transformadora de todas as utopias – *o Reino de seu Pai*.

Este Jesus, que não só chama ou convida pessoas, mas formula sua proposta (utopia) de forma tão absoluta, que obriga a uma tomada de posição sem meios-termos.

Ao longo destes anos de experiência no acompanhamento de tantos e tantas jovens vocacionados, uma certeza foi cristalizando-se em mim: é possível ser feliz! O desafiador em Jesus é o conceito que ele tem de felicidade, que nada tem a ver com as felicidades que o mundo nos propõe: Ele insiste que ser pobre, renunciar, perder, deixar, partir, dar..., garantem a felicidade, enquanto todas as mídias do mundo gritam: seja rico, ganhe, vença, venha, tire proveito.

Neste contexto, neste mundo, a utopia da Vida Religiosa continua inegociável, irrenunciável, límpida e permanente: Seguir Jesus de Nazaré, assumindo seu projeto de vida – o Reino – e concretizar esse projeto como profecia para o mundo. Assumir este jeito alternativo de ser feliz, a partir de critérios que viram o mundo de cabeça para baixo.

Gosto de contemplar alguns encontros de Jesus com pessoas com história vocacional conhecida. Gosto de perceber como Jesus exige o tripé anunciado no versículo do Apocalipse acima citado (o ouro tem de ser purificado; a veste tem de ser branca; e o olhar deve receber o colírio que lhe dará transparência):

– *O anônimo homem rico* (Lucas 18,18-23). A ele não faltava a utopia que o atraía. Ele conhecia Jesus, procurou-o, formulou a pergunta correta. E recebeu a resposta correta. A crise surgiu quando Jesus o convidou a purificar o ouro, passando pelo fogo da partilha – para tornar-se discípulo, ele tinha de perder seus bens... E ele queria ser feliz sem se deixar acrisolar. Queria ganhar sem perder. E escolheu outro caminho...

O problema não está no fato de ele não ter seguido Jesus por um determinado caminho vocacional. Lucas nos diz que ele foi embora, triste. É tocante ler que Jesus viu a tristeza dele; e é aterrador ler que Jesus elaborou uma frase que nós tentamos sempre disfarçar quando tratamos da crise na Vida Consagrada: "é muito difícil, para quem tem muitos bens, entrar no Reino..." (nossa tentação é dizer: "entrar no céu", porque parece que a gente sempre dá um jeitinho final de entrar no céu. A palavra de Jesus é *entrar no Reino, realizar a utopia*). O Reino é um projeto para esta vida. É aqui e agora que nós somos chamados a visibilizar o Reino.

(Eu tentei seguir os passos deste jovem ao longo do Evangelho e os olhos de minha imaginação o reencontraram muitas vezes seguindo Jesus de longe, sem coragem de entregar-se *à perda* que lhe garantiria a felicidade.)

– Gosto de contrapor este gesto ao gesto do menino do Evangelho de João, aquele que tinha cinco pães e dois peixes, e os entregou a Jesus para a *partilha* que resultou na inaudita superação da fome de milhares de irmãos – realização da *utopia* de Deus. Não se fala mais nenhuma palavra sobre ele, nos Evangelhos. A não ser que foram seus pães e peixes, tudo o que ele tinha, que se tornaram símbolo maior do "perder para ganhar". Ele sim aceitou o "colírio", viu a chance de realizar o sonho de Deus para a vida de todos. O que será que ele fez depois dessa experiência?

Os dois – o homem que tinha muitos bens e o menino do milagre da multiplicação – foram convidados a perder o que tinham, para alcançar uma forma alternativa de ser feliz. Ambos estavam no caminho do seguimento de

Jesus, e ambos se viram – olho no olho – com a crise: dar para receber, perder para ganhar, morrer para viver. Dinâmica Pascal. Morte que gera vida. Jesus.

Nesse dinamismo pode esconder-se nossa verdadeira identidade, numa época de tantas perguntas sobre o significado e o valor da Vida Religiosa: o desafio de perder para ganhar, morrer para viver, transformando isso num estilo de vida, numa missão que se insere na missão de Jesus: "buscar e salvar o que estava perdido" (Lc 19,10).

Num mundo que sabe somente ganhar, a Vida Religiosa redefine sua dimensão essencial de sinalizar para uma felicidade que é contracultural, isto é, não se acomoda à figura deste mundo.

– Talvez seja mais definitiva ainda a parábola contada pelo próprio Jesus em um de seus discursos apocalípticos, aquela das dez jovens amigas da noiva, na noite festiva do casamento (Mt 25,1-13). Vamos aproximar-nos de duas delas, conversar com elas: uma das cinco chamadas "prudentes", e uma das cinco chamadas "tolas". As duas perdem, as duas gastam o óleo das lamparinas, as duas dormem enquanto esperam. A atitude das jovens – durante este tempo de vigília – é que faz a diferença. Uma delas usa este bem precioso (o óleo), com critérios meramente materiais: "se o óleo acabar, eu uso o de minha colega, se o dela também acabar, eu compro. Se neste meio tempo chegar o noivo, eu negocio com ele, desculpo-me sobre meu atraso, grito, bato na porta. Sou dona do meu óleo, sou dona do tempo, sou dona de mim".

Com a segunda, a prudente, acontece algo de diferente. O dito "óleo de reserva", do qual ela dispunha ao se apagar a lamparina, não estava guardado num recipiente material (caso fosse esta a realidade, ela o teria partilhado, simplesmente porque o egoísmo não cabe em nenhum conceito de Jesus). Não, o óleo gasto tinha-se transformado em luz dentro dela. Ela estava visível, luminosa diante do noivo, foi por ele reconhecida e convidada a entrar na sala da festa. Espiritualidade é viver de tal forma o dom que me foi dado, à medida que eu o vivo, ele se transforma em luz.

(Eu tentei seguir os passos da jovem tola ao longo do Evangelho e os olhos de minha imaginação a reencontraram muitas vezes, de festa em festa em busca do noivo, sem descobrir o horizonte sagrado, cujo nome é amor.)

Perder para ganhar é uma atitude fundamental da Vida Religiosa. Por exemplo, quando perdemos uma casa, uma obra, uma instituição simplesmente por perder a casa, a obra, a instituição, sem que o fato de perdê-la *se torne gerador de luz para o mundo,* reproduzimos a atitude da jovem tola...

O que define a prudência na atitude, o divisor de águas proposto pela parábola, está no fato de perder a casa *para que as pessoas que nela viviam se tornem livres para concretizar o projeto do Reino, para entrar na sala do noivo, para assumir a "utopia de Deus"*.

Faz bem podermos identificar, enumerar, dar nome a muitas religiosas e religiosos, que perdemos casas para ganhar frentes missionárias; que perdemos a segurança da instituição para nos tornarmos peregrinos; que perdemos a grandeza numérica para nos tornarmos fermento do Reino.

O número de exemplos bíblicos é muito grande: o fermento que se perde na massa, a semente que morre para produzir vida, os jovens que deixam suas redes para conquistar o discipulado, a moça que esbanja o perfume aos pés do mestre para ganhar o perdão e o amor, a viúva que entregou sua moeda para tornar-se paradigma de quem merece o Reino.

A Vida Religiosa é convidada a assumir a dialética pascal, como chance de refundação. *Kairós*, tempo em que o essencial se torna urgente. Crise, crisol, que purifica o ouro das gangas, separando-o de tudo o que se incrustou ao longo dos processos históricos de nossa caminhada. É por isso que a crise é fundamental: ela permite o reencontro com o ouro puro. Ela funciona como o colírio que desimpede nosso olhar. A crise é o processo normal dos processos vitais.

Não custa repetir: no centro desta crise está ele, Jesus, como um divisor de águas, um separador de luz e trevas, de vida e morte. Jesus, exigente e radical: "Se alguém quer vir em meu seguimento, renuncie a si mesmo, tome a sua cruz e siga-me. Pois quem quiser salvar sua vida, perdê-la-á. Mas quem perder sua vida por minha causa, salvá-la-á" (Mt 16,24-26).

Concluo sublinhando os três elementos pedagógicos deste fundamental discurso de Jesus:

– *O desejo*. "Se alguém quiser seguir-me." Note-se o *quiser*. O seguimento de Jesus é colocado ao alcance de toda pessoa que deseja abraçá-lo.

– *A perda*. Esta aparece imediatamente depois, como conseqüência inevitável do seguimento, como sua verificação crítica, como prova da autenticidade do desejo inicial: "negue-se a si mesmo e siga-me".

– *O ganho*. Este elemento deve ser entendido como outro lado da medalha do elemento anterior. Ganhar está sempre em relação direta com a capacidade de perder e entregar. Está relacionado também com a causa e a gratuidade da entrega, da perda: "Por causa de mim e do Evangelho... por causa do Reino de Deus".

Eis, pois, a meu ver, o segredo para alimentar a utopia:

– Despertar, acalentar, renovar em nós os *desejos*, sonhos, aspirações, o primeiro amor, o reencantamento por Jesus.

– Manter viva a memória do dinamismo pascal expresso na dialética do *perder/ganhar*, como a amiga da noiva que, a cada perda, se transforma em luz.

– Tornar-se uma geradora, um construtor de um *estilo de vida alternativo de felicidade*, pautado na lógica paradoxal do projeto de Jesus, que bate a nossa porta, convidando-nos para cear.

Biografia

– Ir. Maris Bolzan

Presidente da Conferência dos Religiosos do Brasil.
Pertence à Congregação do Divino Salvador. Graduada em Enfermagem pela *Nursing School*. Fez mestrado em Psicologia pela Pontifícia Universidade Gregoriana e especialização em Saúde Mental, Psicopatologia e Psicanálise na PUC-Paraná. Freqüentou cursos em Administração Hospitalar – São Camilo (SP). Fez o IBRADES (RJ). Cursou Inglês em Londres. Bíblia e Espiritualidade na Universidade Teresianum – Roma. CIAP – Curso para Agentes de Pastoral, Florianópolis. Participou de encontros internacionais na área de formação religiosa e psicologia. Por dois períodos foi Coordenadora Provincial. Presidente da CRB Regional de Florianópolis (SC) por um triênio. Foi membro do Conselho Superior da CRB Nacional – por dois triênios consecutivos – 1995 a 2001. Eleita Presidente da Conferência Nacional dos Religiosos do Brasil, em 2001, e reeleita para o triênio 2004-2007.

– Pe. Márcio Fabri dos Anjos

É Redentorista. Professor de Teologia no ITESP e Faculdade Nossa Senhora Assunção, em São Paulo; membro da Equipe de Reflexão Teológica da CRB Nacional; (e com a Ir. Neiva) coordenador geral deste congresso. É pesquisador de Bioética do Centro Universitário São Camilo; membro da diretoria da Sociedade Brasileira de Bioética; membro da Câmara técnica de Bioética do Conselho Estadual de Medicina de São Paulo. Autor de várias obras e artigos.

– PE. CARLOS PALÁCIO

Durante 30 anos atuou como professor. Primeiro na PUC do Rio de Janeiro e depois no Centro de Estudos Superiores dos Jesuítas em Belo Horizonte. De 1977 a 1980 fez parte da Equipe Teológica da CRB Nacional. Integrou também a equipe teológica da CLAR e da CNBB. É autor de muitos livros e inúmeros artigos. Atualmente exerce a função de Provincial em uma das Províncias da Companhia de Jesus, no Brasil.

– PE. JALDEMIR VITÓRIO

Doutor em Ciências Bíblicas; professor do CES – Centro de Estudos Superiores (Belo Horizonte-MG) –, sacerdote jesuíta e autor de várias obras.

– PE. DALTON BARROS DE ALMEIDA

Pertence à Congregação do Santíssimo Redentor. Foi da Diretoria Nacional da CRB. Participou desde a fundação da Equipe de Reflexão de Psicólogos da CRB. Membro da SOTER e atualmente coordena um projeto na Arquidiocese de BH – Centro de formação contínua para os Presbíteros. Projeto dito NATUS.

– PROF. WILLIAM CÉSAR CASTILHO PEREIRA

Doutor pelo Centro de Filosofia e Ciências Humanas da Universidade Federal do Rio de Janeiro. Professor da PUC Minas, do ISTA e do ISI, em Belo Horizonte. Analista Institucional. Autor de livros e artigos. Membro da Equipe de Religiosos Psicólogos.
Rua Lavras, 935 / 502. Bairro São Pedro
Belo Horizonte-MG – CEP 30330-010
Telefax: (031) 3227-7357 Cel.: (31) 9313-3332
E-mail: williamccastilho@uol.com.br

– Profª. Juliane Corrêa

Graduada em Pedagogia. Foi Orientadora Educacional desde 1986 com atuação em Escolas Particulares e na Rede Pública Estadual e Municipal. Atualmente é Professora da Faculdade de Educação da UFMG, Coordenadora da Cátedra da Unesco de EAD e Pesquisadora sobre Ambientes virtuais de ensino aprendizagem.
Doutorado na Unicamp em Tecnologia Educacional e Mestrado na UFMG em Sociologia da Educação.

– Ir. Annette Havenne

Nascida na Bélgica. Graduada em Psicologia em Lovainha e Teologia em Lumem Vitae (Bélgica). Membro da Congregação das Irmãs de Santa Maria. Como Juniorista esteve cinco anos na África. Tem 30 anos de presença no Nordeste do Brasil, morando em inserção e trabalhando como professora em cursos de segundo grau e no seminário maior de Aracaju. Atualmente acompanha o processo formativo de jovens que buscam a VR e presta assessoria à CRB. É membro da Diretoria da CRB Regional de Salvador.

– Ir. Afonso Murad

Irmão Marista. Licenciado em Pedagogia e Filosofia, com especialização em Comunicação Social e Gestão, Doutor em Teologia Sistemática pela Pontifícia Universidade Gregoriana de Roma. Autor de várias obras de teologia e de pastoral, entre as quais: *Introdução à Teologia* (com J. B. Libânio), e *A Espiritualidade como caminho e mistério* (com M. Maçaneiro), Ed. Loyola).
Foi membro da Equipe de Reflexão Teológica da CRB (Conferência dos Religiosos do Brasil) e da CLAR (Conferência Latino-Americana dos Religiosos). Durante muitos anos, assessorou Comunidades Eclesiais de Base e colaborou na formação de lideranças da Pastoral de Juventude.

Foi Provincial dos Irmãos Maristas, nos anos de 2000 a 2003. Atualmente, é professor de Teologia na FAJE, Faculdade dos Jesuítas, em Belo Horizonte (MG), membro-diretor da Fundação L'Hermitage e diretor do Curso de Gestão Pastoral no ISTA, também em Belo Horizonte.

– PE. JAILTON DE OLIVEIRA LINO

Membro da Congregação dos Pobres Servos da Divina Providência. Nascido em Feira de Santana, BA. Desde 1980 mora no Rio Grande do Sul. Estudou Filosofia na Faculdade de Filosofia Nossa Senhora da Imaculada Conceição e Teologia na PUC-RS (Pontifícia Universidade Católica do Rio Grande do Sul). Graduou-se em Psicologia pela UNISINOS (Universidade do Vale do Rio dos Sinos). Fez Escola para Formadores em São Paulo.

Sempre trabalhou no campo da formação. Atualmente acompanha a etapa do Postulado e Juniorato. Também assume o serviço de vice-provincial e coordenador do setor de formação da Província.

Pe. Jailton (jolino@calabria.com.br): Cx. Postal 1708
CEP 91740-320 – Porto Alegre-RS

– IR. EURIDES ALVES DE OLIVEIRA

É da Congregação das Irmãs do Imaculado Coração de Maria. Graduada em Ciências Sociais pela Universidade Federal do Piauí. Mestre em Ciências da Religião, pela UMESP – Universidade Metodista de São Paulo.

Reside na cidade de Teresina-PI. Sempre viveu inserida no meio dos pobres e atuou na animação das CEBs e na Formação com assessoria às Pastorais e Movimentos sociais, grupos e organizações de mulheres, com análise da realidade, leitura popular da Bíblia e questões de gênero, economia solidária, educação popular. Atualmente é Coordenadora Provincial, Presidenta da CRB Regional do Piauí e membro da Diretoria da CRB Nacional. Participa do Fórum das Pastorais Sociais do Piauí e assessora pontualmente Congregações religiosas, Regionais, Pastorais e movimentos sociais.

– Pe. Ângelo Avelino Perin

Religioso da Congregação dos Missionários de Nossa Senhora da Salette, nasceu em Concórdia-SC.

Fez seus estudos acadêmicos em Curitiba e especialização pastoral na Bélgica. Exerceu a função de presidente da CRB-Regional Curitiba-PR. Por duas vezes participou da Diretoria Nacional da CRB e por uma vez do Conselho Superior. Foi professor vários anos no CETESP e CERNE.

Foi assessor da CNBB Regional Sul 2 e professor de Teologia pastoral no Instituto Teológico de Curitiba. Participou da fundação do CEBI (Centro Ecumênico de Estudos Bíblicos) e da Pastoral Operária da CNBB.

Atuou como Coordenador Provincial dos Missionários Saletinos no Brasil e atualmente reside em Belo Horizonte.

– Ir. Patrizia Licandro

Da Congregação das Irmãs Ursulinas de São Carlos. Natural da Itália, está no Brasil desde 1996. Nesses dez anos morou sempre em Goiás e, desde sua chegada, colaborou com a CRB de Goiânia. Formada em Psicologia pela Universidade de Pádua (1982) e em Ciências Religiosas pela Universidade Teológica de Milão (1995). De 1997 até 2002 foi formadora nas diferentes etapas da formação inicial.

Desde 2001 é Presidente da CRB Regional de Goiânia.

– Frei Luiz Carlos Susin

Da Ordem dos Frades Capuchinhos. Licenciou-se em Filosofia pela Faculdade de Filosofia, Ciências e Letras de Ijuí, atual UNIJUI, em 1972 Teologia no Instituto Franciscano de Petrópolis-RJ, mestrado em Teologia em 1981 e doutorado em Teologia em 1983, pela Universidade Gregoriana de Roma, Itália

Participou da fundação da Sociedade de Teologia e Ciências da Religião (SOTER), da qual foi Presidente no triênio 1998-2001. Foi contemplado com o prêmio "Jabuti" pela Câmara Brasileira do Livro por organizar a publicação *Mysterium Creationis* – um olhar interdisciplinar sobre o Universo (São Paulo: Paulinas, 1999). É membro da Equipe de Reflexão da CRB Nacional e da CRB Regional de Porto Alegre.

Assumiu trabalhos de docência em diferentes Institutos de Teologia. Atualmente é Professor da Escola Superior de Teologia e Espiritualidade Franciscana, de Porto Alegre, e Secretário Executivo do Fórum Mundial de Teologia. Autor de 11 livros e de inúmeros artigos. Desde 1970 presta assessoria à música e canto pastorais. Tem um variado repertório de composições de gênero litúrgico.

– IR. MÁRIAM AMBROSIO

Graduada em Pedagogia com habilitação em administração escolar; especialização em Teologia Espiritual pela Pontifícia Universidade Gregoriana de Roma; membro da Congregação das Irmãs da Divina Providência; ex-provincial; assessora da Comissão Episcopal Pastoral para a Ação Missionária e Cooperação Intereclesial – CNBB.

Você tem em suas mãos um livro da EDITORA SANTUÁRIO. Sem dúvida, gostará de conhecer os outros livros que publicamos e de receber informações sobre nossos próximos lançamentos. Para isso, basta que nos mande preenchida a ficha abaixo, para o endereço:

EDITORA SANTUÁRIO
Rua Pe. Claro Monteiro, 342
12570-000 – Aparecida - SP

Nome: ....
CPF: .... RG: .... Sexo: ☐ Fem. ☐ Masc.
Data de nascimento: ___ / ___ / _____   Estado civil: ....
Escolaridade: .... Profissão: ....

Endereço residencial: ....
Cidade: .... CEP: ....
Tel. Res. .... Fax: .... E-mail: ....

Endereço comercial: ....
Cidade: .... CEP: ....
Tel. Res. .... Fax: .... E-mail: ....

De que forma tomou conhecimento deste livro?
☐ Jornal   ☐ Internet   ☐ TV   ☐ Indicação
☐ Revista   ☐ Rádio   ☐ Mala Direta   ☐ Outros

Endereço para recebimento de correspondência: ☐ Residencial ☐ Comercial

Indique suas áreas de interesse:
☐ Religião   ☐ Vida de santos ☐ Mariologia   ☐ Espiritualidade ☐ Liturgia
☐ Auto-ajuda   ☐ Devocionários   ☐ Catequese   ☐ Bíblia   ☐ Teologia

☐ Economia   ☐ Filosofia   ☐ Psicologia   ☐ Sociologia   ☐ Direito

**Outras maneiras fáceis de receber informações
sobre nossos lançamentos e ficar atualizado:**

- ligue grátis: 0800 16 00 04 (de 2ª a 6ª feira, das 8 às 17:30 horas)
- mande um e-mail para: vendas@redemptor.com.br
- visite nosso site www.redemptor.com.br